KB155605

백성성립

일본 근세 농민의 위상과 농가 경영

Hyakusho Naritachi by Katsumi Fukaya
Copyright © Katsumi Fukaya, 1993
All rights reserved.
Original Japanese edition published by Hanawashobo Co., Ltd.
Korean translation rights © 2017 by Sungkyunkwan University Press
Korean translation rights arranged with Hanawashobo Co., Ltd., Tokyo through
EntersKorea Co., Ltd. Seoul, Korea

이 책의 한국어판 저작권은 ㈜엔터스코리아를 통해 저작권자와
독점 계약한 성균관대학교 출판부에 있습니다.
저작권법에 의해 한국 내에서 보호를 받는 저작물이므로
무단 전재와 무단 복제를 금합니다.

동아시아
자료총서 | 20

백성성립

일본 근세 농민의 위상과 농가 경영

百　姓　成　立

후카야 가쓰미(深谷克己) 지음
배항섭 · 박화진 옮김

동아시아자료총서 20

성균관대학교
출판부

이번에 이 책의 한국어판이 완성되어 한국에서의 간행을 맞이하게 되었습니다. 저자로서 진심으로 기쁘게 생각합니다.

이 책은 일본 근세(에도 시대: 17~19세기 중반) 국가와 사회, 통치자와 피치자(被治者), 정통과 이단, 정당함(정의)과 비도(非道, 사악함), 정치(지배)와 투쟁(불복종) 등에 대해 폭넓은 시각에서 고찰한 것입니다. 두 세기 반 정도의 기간 동안 지속된 일본 근세사는 어떤 견고한 정치·사회 구조에 의해 지탱되고 있었다고 간주되었습니다. 따라서 역사 연구에서도 역사 교육에서도 '막번 체제'라는 용어가 사용되어왔습니다. 이 책은 내가 40대 시절 학계가 쌓아온 연구사를 재검토하고, 내 자신의 연구 경력을 짚어가면서, 또한 현실의 문제를 해결하기 위한 역사학이 되길 바라면서 "막번 체제 인식의 정수"(「후기」)로 정리한 근세사론입니다. 책 속의 주요 논점은 그 후에도 내 등을 떠밀어주는 힘이 되었고, 지금까지 여기서 정리한 주요 논점을 확대하는 방향으로 역사 인식을 심화하는 노력을 계속해왔던 것입니다.

이 책은 일본 근세사에 관한 고찰이지만, 이번에 한국어판이 출간되게 된 것은 한국의 역사 연구자들에게 이 책이 한국사에 대한 논의에도 관련될 가능성이 인식되고 있었기 때문이 아닐까 생각하고 있습니다. 이 책에서 나는 다양한 논의를 시도하였는데, 그 중심에 있는 것은, 통치의 정도론(政道論)과 민·백성의 관계를 어떻게 인식해야 할 것인가에 대한 것입니다. 이 문제는 한국사에서도 심화되어야 할 논제이며, 일본사와 한국사를 모두 같은 씨름판 위에 올려 대비할 수 논제라고 생각합니다.

이 책은 개별적으로 발표한 몇 가지의 논고가 밑받침이 되었습니다만, 그들을 기초로 하여 새로 한 권으로서 정리한 것은 50대 초반의 일입니다. 그리고 이 책에서 서술한 바와 같은 일본 근세 역사상의 윤곽이 제 마음 속에서 두꺼워질수록, 동아시아의 각 지역을 연구하는 역사학자들과 의견을 나누고 싶다는 욕구가 강해졌습니다. 따라서 같은 생각을 가지고 있는 몇몇 친한 일본사 연구자들과 상담하여 국제적인 연구 교류를 계획하게 되었습니다.

그리하여 1991년에 처음으로 10인 정도의 인원을 꾸려 한국을 방문하여 한국사 연구자들과 함께 발표와 토론을 할 수 있었습니다. 그 후에도 그러한 교류회에서 발표와 질의 · 응답을 진행하는 과정에서, 이 책이 토대로 삼고 있는 역사상이 천천히 농익었습니다. 10여 년 후에는 '정치 문화'라는 용어를 사용하게 되었고, "유교 정치 문화"를 논할 수 있게 되었습니다. 또한 70대에 들어서면서부터 "동아시아 법 문명권"이라는 문구로 동아시아를 넓은 지역 역사로 엮은 후, 유교 정치 문화의 공유와 대항적 개성, 그리고 일본사에 공격성을 가지고 온 특유의 "안전 강박" 의식 등에 대한 생각을 진행하여 「동아시아 법 문명권 속의 일본사』(이와나미서점, 2012)을 발표했습니다. 이는 이 책보다 조금 일찍인 2016년에 한국어판이 한국에서 출판되었습니다. 이 책과의 관계는 앞에서 이야기한 바와 같습니다. 가능하다면 함께 검토해주시길 바랍니다.

마지막으로 다시 한 번 이 책의 번역을 위해 수고해주신 연구자분들과 간행을 허락해주신 출판사에 감사드립니다.

2017년 3월 22일
와세다대학 명예교수 후카야 가쓰미(深谷克己)

'백성성립(百姓成立)'에 대하여

1657년(明曆3) 2월 21일, 포고된 마에다 도시쓰네(前田利常: 1593~1658)의 인판장(印判狀)[1]은 가가번(加賀藩) 초기 백성 지배정신을 나타내는 것으로 알려져 있다. 이 「아오바의 고인모쓰(青葉 御印物)」 제5조를 살펴보면, "조세를 완납하고 나아가 실로 백성이 굳건히 성립할 수 있도록 항상 유념해야 할 것이다"(若林喜三郎, 『加賀藩農政史研究』上, 吉川弘文館, 1970)라는 명령을 내리고 있다. 또 1684년(貞享1) 8월 22일, 도도번(藤堂藩)의 「전답 매매 증서에 관한 지방 다이칸(代官)의 문서(田畑賣買証文之事鄕代官御書付渡覺)」에는 "전답을 팔게 되면 백성성립이 어려워지므로"(『宗國史』)라는 문구가 있다.

내가 이 책의 제목으로 사용한 '백성성립'이라는 용어는 앞의 사료 속 용례와 같이 농업경영의 성립 및 지속을 의미한다. 한편 백성들이 영주에게 제출했던 수많은 탄원서, 소송장 등에서는 오히려 '백성상속(百姓相續)' '백성계속[百姓取續]' '백성홀로서기[百姓相立]' 등과 같은 문구로 표현되거나 때로는 '영속(永續)' '홀로서기[立行]'로 표현되어 있다. 그중에서 가장 빈도가 높다고 생각되는 것이 '상속'이다. 이것은 '자손들에게 장기적으로' 유지·경영되는 연면성(連綿性)을 기대한 소가족

---

1   (역주) 전국시대 무장들이 발급한 문서로 그때 찍는 도장에는 주인(朱印)과 흑인(黑印)의 두 종류가 있으므로 구별하여 주인장, 흑인장 등이라 칭했다.

농민의 생활 감정을 매우 잘 반영하고 있다. 이 단어가 많이 사용되는 근거는 충분히 있었다.

그러나 현재 사용되는 '상속'이라는 말은 가족 전원이라는 면에서 자손들이 오래 유지된다는 의미보다는 유족 중 특정한 법적 계승자 개인에 의한 자산인수인계라는 의미가 더 강하다. 또 단순히 가산(家産)이 있을 뿐만 아니라, 재생산 가능한 경영 수준을 유지한다는 의미는 전달되기 어렵다. 그리하여 나는 여러 해 동안, '백성성립'이라는 표현으로로 대신하여왔다. 이 용어를 책 제목으로 선택한 것은 본서를 통하여 일본 근세 농민의 위상 및 실태에 대해 전반적으로 고찰함으로써 그 경영 유지를 막번(幕藩)제 사회의 존속 논리와 일체화하여 명확하게 하기 위해서이다. 또 '백성성립'은 '농업'을 유지하는 것이기는 하지만 협의의 농경생활이라 말하는 것도 정확한 개념은 아니다. 근세 후반에 이르면 농서 등에서도 '농가'라는 표현이 확대되고 있는데, 이 경우에는 경영 속에 육아·양로 등 생로병사와 관련된 생활현상의 모든 것이 포함되어 있었다. 그런 의미에서 '백성성립'이란 개념은 농업경영 유지보다도 농가경영 유지 쪽이 보다 그 말뜻에 적합하다.

근세 민중사회가 중세의 민중사회보다 자유로웠는가에 대한 질문은 질문 자체의 타당성 여부를 포함하여 대답하기 어려운 문제이지만, 상당히 오랫동안 중세사 연구 및 근세사 연구 양쪽에 자극을 준 것만은 틀림없다. 본서는 이 질문에 대한 대답도 겸한 것으로, 근세사회로의 이행은 법적·기구적 지배로 향하여 나아간 것이며, 여기서는 민중적인 제반권리가 공동체 방어능력으로서 발휘되기보다는 백성 신분으로서의 정치적·사회적 지위가 역사적으로 약속된 수준을 획득하게 되었고, 그에 따라 보다 안정화되었다고 이해한다. 나는 그 핵심을 '백성 성립'이라고 부르기로 한다. 그리하여 본서는, 그 역사적 약속이 도요토미 히데요시(豊臣秀吉: 1537~1598)나 도쿠가와 이에야스(德川家康: 1543~1616) 등 최고 권력자의 의사로 표명되는 일도 있지만, 이는 도요토미 히데요시 또는 도쿠가와 이에야스의 개인적 자질에만 속하는 생각·은혜·자의(恣意)에 의해서가 아니라 시대 구성원이던 상하의 신분이 함께 발휘했던 다양한 힘들이 상호 영향을 미친 결과로 나타난 것으로 설명하려고 한다.

막번제라는 하나의 '체제'가 유지되기 위해서는 그 사회의 '정당성'의 기준이나 공유되는 관념이 준비되어야만 할 것이다. 그것은 근대국가처럼 전 국민에 대한 의무로 명시되는 것은 아니었지만, 하나의 약정으로서 통치 과정 중에 어떤 말이나 문서에 의해 표출되고 있었다. 본서는 그것이 단지 존재하기만 하였을 뿐만 아니라, 언무(偃武)환경[2]·

---

2 (역주) 무기를 보관하여 사용하지 않는다는 뜻으로, 전국시대의 오랜 전쟁이 종결된 이후 장

해금(海禁)환경이라는 근세사회의 두 가지 큰 틀 안에서, 전국(戰國)시대부터 점차 그 활동력을 증가시킨 민중세계가 드디어 폭넓은 민간사회로 발달하였고, 그에 따라 통치 방향에 대해 끊임없이 제약을 가함으로써 보증되어왔다는 점을 말하려고 한다. 그리고 그 약정이 단지 통치자의 내적 마음가짐에서만이 아니라 항상 피지배자의 양해를 전제로 성립한다는 점에 바로 근세사회의 특징이 있다고 생각한다. 막번체제 국가가 빈번하게 설득과 이해를 거듭하는 교유(敎諭) 국가로서의 모습을 보인 것은 바로 이 때문이었다. 근세의 민간사회는 그 선악에서가 아니라, 그 복잡한 관계를 내용으로 한 깊이 때문에 이미 군대의 말발굽에 걷어차이거나 불태워지는 미약한 존재가 아니었다. 그리하여 민간사회 변동과 그로부터 분출되어 나오는 강한 사회적 요구가 지배층에 대하여 민정(民政)기술 및 행정양식을 요구하는 힘, 즉 관료제화를 전개하는 사회적 압력이 되었다. 다만 이 관료제화는 신분제와 세습제를 수반했으며, 또 나아가 법에 의한[法度] 지배 과정에서 인품에 바탕을 둔 조절(높은 인격적 영향력)이 수반되는 것에 바로 근세적 특징이 나타나 있다. 그리하여 무사는 이렇게 통치자로서의 성장을 보이는 반면, 그 문화의식이 민간사회 문화동향에 의해서도 크게 규정받게

기 평화를 구가한 도쿠가와 막부시대를 가리키는 용어로 사용.

되었다. 수많은 무사들이 조닌(町人)문화를 흡수하고, 거기에 참가하여 때로는 성장하는 데에도 도움을 받았다는 사실이 그 증거이다.

이러한 막번체제(막번제 국가와 사회)는 세계사에서 확실히 어떤 위치를 차지하였던 하나의 역사적 정치·사회 체제였다. 또 그것은 단지 실재했을 뿐만 아니라 그 내실이 지속적 체계성을 지닌 하나의 체제였다는 점에서 세계성을 지닌 것이기도 하였다. 일본 근세시대에 잉태되었던 제반 요소 및 그 속에서 싹트게 된 여러 가지 요소들은 특수하고 우연적인 것으로 파악되어야 할 뿐만 아니라 동시대의 아시아와 유럽 양쪽 사회 모두와 통하는 공통성을 지니고 있다. 그 지속력의 기간, 정치적·경제적·문화적 양식의 견고함, 민간사회의 밀도와 두께라는 점에 있어서도 역사상 아시아와 유럽에서 점차 대두하기 시작한 세계 국가 중의 하나로서 그 존재성을 나타내고 있다고 말할 수 있다.

이 세계성이란 점에서 동시에 파악해야만 할 것은 내가 보편적 요소로서 강조하는 '백성성립'이 실제로 생존이라는 측면에서는 불굴의 힘을 발휘하였지만 그 연장선상에 민주라든지 자유와 같은 근대 이념과는 접속하기 어려웠다는 점이다. 모든 인간관계에 각각 덕목을 부여하고 인간 존엄성 논리를 갖추었던 근세의 도덕률은 전쟁이 없는 세상 속에서 생존보장이라는 생존권적 주장으로서는 강인함을 발휘하였지만, 시민적 인권이나 정치적 자유 옹호 등으로는 전개되지 못했다.

또 '백성성립'은 어디까지나 사회를 외부에서부터 규정한 이념에서 추출된 것으로 실제 농민생활이 항상 그 수준에서 영위되었다는 것은 아니다. 그러나 그것이 이념인 이상, 이를 무시하면 규약 위반으로 비판과 항의에 직면하게 되었으며 때로는 지배 기구 및 책임자를 뒤흔들어버림으로써 사회적 정당성을 가졌음을 명시하고 또한 강화했다. 그 이의신청의 가장 격렬한 형태가 백성 잇키였던 것이다. 그리고 '농경 전념'이라는 이념적인 백성상과 여러 부업에 의존했던 실제적인 농민상 간의 괴리가 '백성성립' 그 자체의 모순을 첨예하게 표면화하는 힘이 되었던 것이다.

Ⅰ 근세 백성의 위치

1. 부담(負擔)과 구제(御救)

들어가며

　근세사회의 특질을 파악하기 위해 명확히 밝혀져야 할 것은 근세의 백성이 납부했던 연공(年貢)[3]과 각종 부역을 역사적으로 존재했던 특정 사회의 '부담'이라는 전체적 구조하에서 파악하고 그러한 부담을 당대인들이 어떻게 인식하고 있었는가라는 점이다. 이 장에서는 이러한 문제의식을 바탕으로 근세사회의 성격을 파악하기 위한 우리의 인식을 심화시키고자 한다. 근세사회의 봉건적 억압 아래에서 백성에게 가해졌던 부담이 가렴주구(苛斂誅求)였음을 부인하는 것은 아니다. 그러나 백성이 조세를 상납할 때, 그들이 기꺼이 조세를 부담한 계기와 행위를 모두 가혹했다는 식으로만 설명한다면 오히려 당대를 살았던 백성들의 각기 다른 견해와 그들이 발휘했던 지혜, 또 그들이 지불한 수많은 고충을 보지 못하고 놓칠 우려가 있다.

　오늘날의 인식과는 분명 차이가 있겠지만 근세의 백성들도 오랜 시

3　(역주) 매년 전답 · 저택 · 토지 등에 부과되었던 조세를 가리킨다.

간 동안 일본 열도에서 형성되어 전해진 백성 존재에 대한 그들 나름의 역사인식을 가지고 있었다. 그리고 그러한 연속된 의식에 서서 근세를 살았던 사람으로서, 근세의 백성들은 또한 그들 스스로에 대해서도 독자적으로 파악하면서 시대의식을 형성하고 있었다. 이러한 시대의식 중 하나가 영주가 부과하는 조세와 백성이 상납하는 조세의 관계에 관한 것이었다. 이러한 관계에 대해 근세의 백성들은 지역을 떠나 거의 유사한 인식 방식을 구축하고 있었다. 상대적으로 지식인층이 많았던 촌락의 상층계층은 그러한 인식을 구축, 확산시키는 데 주도적인 역할을 담당했다. 동시에 영주들도 백성들이 상납을 자신의 부담으로 납득하도록 교유(敎諭) 정치를 행했다. 그뿐만 아니라 그와 반대편에 있었다고 할 수 있는 백성들의 불복종, 이의제기, 집요한 농민 항쟁 등도 하나로 어우러져 당대인 모두가 납득할 수 있는 일종의 역사적 약정(約定)과 같은 것을 만들었다. 영주가 이러한 약정을 공표한 적도 있었다. 농민들의 항의, 저항, 희생을 동반한 영주와의 지그재그 과정을 거치면서 피치자들에게는 그들이 보기에 다소 미묘한 정당한 조세와 부당한 조세의 경계가 무엇인지에 대한 그들 나름의 인식이 거의 생활의식이라고 말해도 좋을 정도의 형태로 정착했다.

　이러한 문제의식하에서 백성 부담의 중심이었던 조세와 각종 부역(諸役), 그리고 영주가 백성구제(御救)를 위해 직접 제공했던 부식비(夫食貸), 종자 대여, 백성 상호 간의 구제 형태에 대해 살펴보고자 한다. 이 과정에서 근세의 지배와 피지배가 어떤 관계를 형성하고 있었는지, 특징은 무엇인지, 이 시대에 형성되어 있었던 정당함과 부당함의 관계는 어떠했는지를 생각해보고자 한다.

1) 백성(御百姓)이라는 존재

촌락이라는 세계 안에서의 경험을 통해 주된 지식을 얻고 있었던 근세 생활자들의 세계에서는 어떤 종류의 지식이든 지역과 계층에 따른 지식 불균등의 정도가 현대 생활자들의 세계에서보다 컸을 것이다. 그러나 현대는 전문 분야 내의 지식은 균등할지 몰라도 그 이외의 것에 대해서는 상당할 정도로 지식이 불균등한 사회이다. 그와 비교하면 근세사회가 오히려 실제 체험을 바탕으로 축적된 지식을 향유하고 있었기 때문에 지역과 계층이 같다면 그들이 공유한 지식의 동질성이 오히려 컸다고 본다. 근세의 생활자도 이러저러한 경험을 통해 획득한 정보에 근거해 자신들이 살아온 사회를 장기 시간축의 변화상 속에서 인식하고 있었다. 어떻게 인식하고 있었는지 명확히 파악하기는 어렵지만 몇 가지의 특징을 추출할 수는 있다.

여러 종류의 조세와 각종 부역(諸役)의 부담을 스스로가 상납해야 하는 의무로 여겼던 것은 분명하다. 수많은 백성들이 그들이 진 부담에 대해 저항했지만 부담 자체의 전면 폐기를 요구하지는 않았다. 물론 백성들이 자신들이 진 부담에 대해 기꺼이 정직하게 응했던 것은 아니다. 생활을 위해서는 가능한 조금이라도 부담을 덜고 싶었기에 부담의 조건에 대해서는 백성 측에서도 세세한 부분에 이르기까지 실로 집요한 이의제기를 반복하였다.

스스로 무장을 준비하는[武裝自辨] 고대 이래 병역권을 박탈당한—관점에 따라서는 그로부터 해방된—백성은 중세의 긴 시간을 거쳐 역사상 자신들보다 나중에 등장하는 무사들에 의해 지배당하는 지위로 전락해 있었다. 근세에 이르면 신분제도에 따라 이러한 관계가 보다 명확해졌다. 그러나 관점을 바꿔 생활자의 입장에서 본다면 근세에 이르러 오히려 이전 시대보다 확실하게 자신의 존재 기반을 구축했다. 이러한 시기를 거친 백성은 이전에는 볼 수 없었던 새로운 단계인 '국가의 백성'으로서 스스로를 변증할 논리를 찾기를 바라고 있었다. 기술과 공동체의 변화는 제쳐두고 농서의 출현 자체가 사상사적 측면에서 이러한 의의를 가지고 있었다. 17세기경부터 일본사에 등장하는 농서는 단순히 농업기술을 말할 뿐만 아니라 일본 농업 생산의 기원을 설명하며 고된 노동과 불결함이 동반된다 하더라도, 일본 역사상 큰 의의를 가지는 것으로 농업을 강조한다. 이러한 강조는 물론 백성들이 상납·완납을 그들 자신의 책무로 받아들이도록 만들기 위해서였다. 농서가 출현한 각각의 상황에 따라 차이가 있던 것도 사실이지만, 전반적으로 백성이 사회 안에서 점하고 있던 자랑스러운 지위를 표출시킨 것이었다.

『농업전서(農業全書)』(『日本農書全集』 12·13)에서는 중국의 성인(聖人)시대까지 거슬러 올라가 농업의 의의를 지적하고 있다. 1683년(天和3)에 서술된『田畓難題物語』(『栃木縣史』史料編近世 8)에는『古事記』와『日本書紀』에 근거한 신화적인『五穀出生之言』이 기술되어 있다. 『百姓傳記』(『日本農書全集』 16·17)에는 전장의 무사의 공적인 일[奉公]과 '토민(土民)'의 농사[野良仕事]를 대등한 것으로 꼽고 있다. 또한 이 저서에서는 상인·직인의 생활방식과도 대비시켜 농업인의 지위를 논하고 있다. 상인과 직인은 어느 쪽이든 농사·농업인과 같은 높은 지위를 얻고자 했다. 동시에 농업인들의 납득도 얻고자 했다. 상인과 직인의 이러한 시도는 농업인과 농업이 이미 획득해놓은 높은 지위에 대해 자신들의 지위가 그와 다른 것에 대해 그 유래를 설명할 필요가 있기 때문일 수도 있다. 농서 중에 표현된 '토민'이라는 말은 자기비하의 표현이 아닌 가직(家職)과 연관된, 자랑스러움을 내포한 자기표현방식으로 책 제목의 '백성'과 같은 뜻이다.

　농업경영행위에 높은 지위를 부여하는 한편 백성이 긴 시간 연속해서 형성되었다는 전제 아래 일본사 중 다른 시대와 달리 근세만이 가진 시대적 특성에 대해 일례를 들어보고자 한다. 『地方凡例錄』에 실린 「고금조세에 관한 역사(古今租稅之史)」에는 원래 백성 신분이었지만 백성 잇키(一揆)가 원인이 되어 텐메이(天明)[4] 시기 다카사키번(高崎藩)의 군봉행(郡奉行)[5]이 된 에도 중기의 농업학자 오이시 히사다카(大石久敬: 1725~1794)의 이야기가 나온다. 그는 이전의 '군현시대'와 달리 근세는 '봉건시대'의 특징을 가진다고 보고 있다. '군현'과 '봉건'의 차이는 군현제가 중앙 정부로부터 파견된 관리에 의해 지배되는 형태인 데 반해 봉건제는 영지권을 가진 다이묘(大名)가 각자의 영지를 지배한다는 점에 있다. 근세라는 시대는 군현제로부터 봉건제로 바뀐 시대에 해당한다. 동시에 고대 이후로 백성에 부과된 과세의 기준이 '사람(人)'에서 '단베쓰(反別)'[6]로, 나아가 '단베쓰'가 '무라다카제(村高制)'[7]로 변모해 '무라다카'가 제도상의 부과 대상이 된 점, 또 그 조세 부담액이 과거 어떤 시대보다도 늘어났다는 점도 언급하고 있다.

　지배 시스템 차원에서 살펴보자면 나는 막번체제가 국가적 통합의 강화, 바꾸어 말하면 중앙통일정권인 막부의 전제성을 특징으로 한다고 이해하고 있다. 그러나 어떤 범위를 일탈하지 않는 한 개개의 영주권은 결코 약화되지 않았다. 오히려 막번체제의 집권성은 개별 영주

4　(역주) 1781~1788년.

5　(역주) 가마쿠라(鎌倉)시대 이후로 행정·재판 사무 등을 담당하는 직명.

6　(역주) 토지 면적 단위로 조세를 부과하는 것.

7　(역주) 촌락 전체 토지에서 생산되는 총량을 기준으로 조세를 부과하는 제도.

권의 강력한 결속력에 의해 강화되는 특성을 가지고 있었다. 다이묘는 중앙의 막부에 의해 임명되거나 면직되고, 그가 행하고 있는 지배자 노릇은 감시당하고 있었고 '공의의 명분'을 지켜야 하는 입장에 처해 있었다. 그러나 영지가 허락되는 한 자신의 봉토 안의 '자기지배권(自分仕置)'은 인정받았다. 또 살아남기 위해 다이묘들은 가능한 빠른 시일 내에 자기가 장악하고 있는 부하집단의 성격을 전쟁에 임하는 무장한 무사들의 '군단'에서 이익과 재무·행정 관리 능력이 뛰어난 유능한 가신을 '행정기구(行政機構)'로 바꾸어야만 했다.

전국의 번(藩)에서는 근세 초, 다양한 모순에 직면하였고 이를 극복해가면서 영주와 영지 백성들의 관계를 이념적 수준에서 일상적 수준에 이르기까지 각 단계에 맞춰 규정하기 위한 기초 골격을 만들었는데, 대개 17세기 후반의 일이었다. 막부 직할지[幕領]에서도 마찬가지였다. 막부가 일종의 단일한 정치론을 바탕으로 명확히 제시된 문구를 통해 휘하 번에 영주와 영지 내 백성들의 관계에 대해 명령을 강요하지는 않았다. 막부는 '정무에 관한 여러 요령(政務之器用)'(「武家諸法度」 1615년(慶長20) 『德川禁令考前集』1, 154)은 '만사를 에도 막부의 법령과 같이할 것(万事, 江戸之法道の如く)'(「武家諸法度」 1635년(寛永12) 『德川禁令考前集』1, 157)이라는 점을 시사하였고, 막부순견사(巡見使)도 각 지방 번의 정치에 대해 일일이 옳고 그름을 가린 것은 아니었다. 다만 막부의 조치와 다른 점이 있는지 여부만을 조사할 뿐이었다.

그러나 이 와중에 여러 번에서는 영주와 백성의 관계 규정에 관한 근본적 합의가 만들어지고 있었다. 자주 인용되고 있는 도도번(藤堂藩)의 '공의백성(公儀百姓)'이라는 인식(「마을에 명령하신 3개조의 건(鄕中江被仰出三ケ条之事)」 1677년(享保6) 『宗國史』), 혹은 남부번(南部藩)의 '천하의 백성(天下之民)'과 같은 인식(「각 지역 다이칸의 법식(所々代官之式)」 1721

년(享保6) 6월『藩法集 9, 盛岡藩 上』)은 중국 고전이나 고대의 통일 국가기 이래 형성된 '국가의 백성'이란 관념을 계승하면서도 근세라는 새로운 시대 속에서 영주와 백성, 양자 간 관계를 정립시키고자 한 가운데 창출 또는 재인식된 것이었다.

오카야마(岡山) 번주 이케다 미쓰마사(池田光政)는 근세 백성과 영주 사이의 관계를 "쇼군님[上樣]은 하늘로부터 일본 국가의 인민을 위임받았고 영주는 쇼군님으로부터 영지의 백성 통치를 위임받았다."라며 매우 간결하게 표현하고 있다(「申出覺」 연대미상『藩法集 1, 岡山藩 上』). 세세한 차이는 존재했지만 이러한 사고방식은 급속히 확산되었다고 본다. 지금까지 이와 같은 문구는 대체로 막부와 번의 관계 또는 쇼군과 다이묘 사이의 힘의 정도를 증명하기 위한 사료로만 인용되었다. 그러나 백성의 지위를 알기 위해 여기서 보다 주목해야 할 점은 '쇼군'조차 백성을 사적으로 함부로 다룰 수가 없으며 이는 '하늘(天)'로부터 부여받은 권리라는 점이다. 이케다 미쓰마사도 「申出覺」에서 '천하의 민(天下の民)'이라는 표현을 사용하고 있다. 이처럼 막번체제는 백성을 공적 또는 공법적 존재로 규정한다는 점을 스스로 널리 선포하며 사회 구석구석에 이르기까지 이 같은 인식을 확산시켰다는 점에서 이전에 있었던 무사정권의 영역을 뛰어넘었던 것이다.

다만 이러한 사정을 참작할 때 백성이 고대 이래 자기 지위를 일방적으로 계속 상승시켜온 것으로만 보는 것은 정확하지 않다. 근세의 백성은 이전과 비교해볼 때 지위 하락의 과정에 있었던 것도 인정하지 않을 수 없기 때문이다.

1637~1638년(寬永14~15)에 발발했던 시마바라 · 아마쿠사 잇키 (島原 · 天草一揆) 당시, 히고번(肥後藩)이 백성 봉기의 파급을 막기 위하여 발포했던 "백성들이 주의해야 할 일(御百姓衆心得申すべき事)" 5개

조목 중의 하나는 "1. 백성에게 맞지 않는 정치(천하) 이야기를 해서는 안 된다."라는 것이었다(『書物』1637년(寛永14) 11월 2일『肥後國誌補遺』). 백성 신분의 정치 관여를 배제한 것이다. 이 조문은 무사 계급에 대한 백성 계급의 역사적 패배라는 근세의 상황을 여실히 보여준다. 이런 의미에서 역사적인 백성의 지위가 하락했다는 점을 분명 부정하기 어렵다.[8] 그러나 다른 한편으로 피통치자 집단 내의 생산자·생활자 중 백성이 차지하던 지위는 그 절대적 숫자의 증대라는 상황까지 포함하여 이른바 비농업인인 상인이나 직인 등 여타 생업자들과 비교해볼 때 한층 상승했다.

이와 같이 백성을 둘러싼 모순된 상황은 국가적 지위가 하락한 반면 사회적 지위는 높아진 데에서 발생한 것이었다. 백성 신분이 무사의 지배 아래 들어간 것도 사실이지만, "농사와 누에치기에 정성을 기울이는" 존재로서 지위보전의 정도는 높아졌던 것이다(『條條』1588년(天正15)『小早川家文書』1). 원래 이 문구가 소위 무기몰수령(刀狩令) 중에 포함되었다는 점을 중시한 관점에서는 이것이 백성의 정치적 무권리, 토지긴박의 강화를 증명한다고 간주하고 있다. 지금까지의 근세사 인식은 그 점을 강조했다. 그러나 근세에 기대되었던 백성상은 어떤 것이었을지, 근세의 백성들은 어떠한 역사적 수준이었던가에 관심을 두고 살펴보자면 도요토미(豊臣) 정권기에 벌써 백성의 기준이 될 만한 규정들이 만들어지고 있었다.

다만 덴쇼기(天正期)[9]에는 아직 그 수준이 최고 권력자가 선포한 수

---

8 深谷克己,「百姓」『一九八○年歷史学研究会大会報告別冊特集号』, 青木書店, 1980 (本書 I-二).

9 (역주) 1573~1592년.

준이었던 것에 반해 17세기에는 영주층, 즉 실제 지배자 수준까지 사회적으로도 널리 그러한 기준을 수용해 인정받고 있었다는 정도의 질적 차이가 있었다. 물론 경우에 따라서는 서로가 합의한 수준을 벗어난 가렴주구적 수탈도 어느 정도는 있었지만 적어도 이념적으로는 백성을 사유물처럼 다루는 것은 부정되고 있었다. 이러한 경향이 막부가 영주에게 강제했기 때문만은 아니다. 다이묘들이 영지(領國)를 경영하는 과정에서 시행착오를 거치면서 여러 영역과 신분의 언어로 이해되었고, 결과적으로 공통의 백성론 다시 말하면 영주론이 형성되고 있었다. 앞서 언급한 번주의 지시와 번법(藩法)에서 나타난 문구는 이와 같은 경향을 대표하는 예라 할 수 있다.

「條條」에서 나왔듯이 백성 측에서도 "농사도구만 가지고 경작에 전념한다면 자손 대대로 오랫동안 이렇게 살 수 있다."(위와 동일)는 지위를 확보하기 위해 단지 위정자들의 은혜에만 기대고 있지는 않았다. 촌락 내에서도 그와 같은 지위를 확보하기 위해 일상적인 싸움, 연공, 각종 부역의 경감을 위한 저항을 통해 실제와 관념 양 측면에서 당시 자신이 살며 경작하고 있는 가옥, 집터, 경지를 가문의 재산으로 보증받기 위해 전력을 다하였다. 영주와 백성이 서로 공유하고 있었던 백성인식의 대표적 예가 「게이안 포고령(慶安触書)」[10]의 '천하태평시대(天下太平之御代)' 확인을 전제로 한 "옆에서 빼앗아 갈 자도 없으니 자손 대대로 넉넉하게 살 수 있고 … 백성만큼 편안한 것은 없다 … 자자손손까지 전하여 몸가짐을 잘해 부지런히 일해야만 할 것이다."(「제

---

10 (역주) 1648~1651년. 게이안의 포고령은 도쿠가와 막부의 3대 쇼군 도쿠가와 이에미쓰(德川家光)가 1649년에 발포했다고 전해지던 막부의 법령. 농민들은 농업에 전념하라는 내용을 담고 있다.

지역과 향촌에 대한 명령(諸國鄕村江被仰出)」『德川禁令考前集』5, 2789)라는 문구이다. 이러한 인식은 큰 틀에서는 무기몰수령을 계승하고 있다. 히고번의 명령은 '천하의 (정치) 이야기(天下物語)'의 유통을 백성들에게 금지했지만 이 히고번 명령 내에 '백성들의 마음가짐'이라는 문구가 사용되고 있었듯이 근세 농업인들은 '백성(御百姓)'으로서 적어도 이념적으로는 쇼군조차 사적으로 함부로 다룰 수 없는 '천하의 백성(民)'이 되었다. 그리고 그것을 증명하는 근거로, 백성들이 자신의 가산을 계속 지니고 있을 권리가 허용된다는 점을 자각하고 있었던 것은 1681~1683년(天和)의 농서 『百姓傳記』에 "선조로부터 양도받은 묘덴(明田: 名田)(권2)"이라 기록하며 백성들을 격려하는 문구에서도 발견된다. 혹은 『百姓傳記』의 필자는 중세시대 나누시(名主)가 소유하고 있던 묘덴(名田)을 계승했다는 의식을 이렇게 표현한 것일 수도 있다. 그러나 이 책이 가문 내에서만 전해 내려온 비밀문서가 아니라 책 속에서 빈번하게 나오고 있는 '소농(小農)'들에게 농사지도를 하기 위해 작성되었다는 점은 의심의 여지가 없다.[11]

이처럼 중세 백성이 다만 '거주이전 자유'가 있다는 의식을 지속하면서 공납을 했던 백성이었던 데 반해 근세 백성은 보다 더 토지에 긴박[有付]되어 경작하는 토지가 자신의 가산(家産)이라는 관념을 스스로 강화시키며 자신이 경작한 농경 성과물의 일부를 봉건적 지대로 지불하는 농업자로서의 자각을 심화시켰다. 이렇게 볼 때 종래의 '백성토지긴박'이라고 이해해왔던 것은, 이러한 근세 백성의 생활 기반 획득이라는 측면을 배제한 채 지배 체제의 입장만을 일방적으로 표현한 것에 지나지 않는다.

---

11 深谷克己, 「近世的百姓人格」(『早稲田大学文学研究科紀要』26, 1981年。本書Ⅱ-四).

'백성'을 중핵으로 하는 정치의식은 그들의 존속, 즉 '백성성립'을 보증하기 위해 영주 측이 책임과 의무를 지고 있다는 것을 뜻한다. 그리고 그것을 표현하는 일반적인 개념으로 '무육(撫育)' 또는 '무민(撫民)'이라는 유교 정치의 용어가 사용되었다. 정치사적으로 볼 때 막부 정치 차원에서는 에도 막부 제2대 쇼군인 도쿠가와 히데타다(德川秀忠) 정권 무렵부터 이러한 의식이 있었다고 생각한다.[12]

그러나 현실에서 소규모 농가를 이루며 생활하던 근세 백성이 영주가 지운 무거운 부담을 인내하며 가산 경영까지 이르기란 쉽지 않았다. 생활이 불가능할 정도의 상황에 내려진 긴급 구휼마저도 사실 넓은 의미로 보자면 백성을 존속시키기 위한 불가피한 조치였다. 이런 백성구제가 영주의 정책 차원에서만 있었던 것은 아니라는 점은 뒤에서 서술하겠다. 우선 영주와 백성의 관계에 한정해 말하자면 실제로는 백성성립이 용이한 상황은 아니어서 영주의 농민 지배는 '무육' 일반보다는 농정 일반까지 포함한 광의의 의미로 '백성구제'라는 용어로 더 자주 표현되었다.

그러나 백성 측에서도 단지 영주의 은혜와 신뢰를 바라고만 있지는 않았다. '백성성립'이란 백성이 자신의 의무를 행해야 하는 것으로, 그를 위해서라도 영주는 백성이라는 존재가 이어질 수 있도록 힘쓰는 것이 당연하였으며, 만약 영주가 이러한 의무에 태만하다면 '백성 신분'을 반환하는—경작지의 몰수를 수반한—것도 사양하지 않는다는 사고방식도 확산되었다. 농업을 생업으로 삼는 자라는 관점에서 성립한 이 같은 의식과는 별도로, 백성 신분이라는 것에서 발생한 의식은 따로 있었는데, 그것이 명분[建前]이라는 구실 아래 매우 정치적인 관념의

---

12 高木昭作, 「江戸幕府の成立」(『講座日本歴史 9. 近世 1』, 岩波書店, 1975).

양상을 띠며 근세 백성을 규정하고 있었다. 그러한 관념에 근거해 백성들은 영주에게 자신들의 의견과 정당성을 주장했다. 그것이 분명 명분이기는 했지만 그 수준에 그쳤던 것만은 아니다. 백성들에게 이 같은 명분은 없어서는 안 되는 것이었다. 그것은 고대 이래 긴 시간에 걸쳐 일본의 역사가 응축시켜온 이념이고 그들이 힘써 획득해온 것이라는 성질을 가지고 있었다. 근세에 영주와 백성이 계약관계였다는 시각이 있다. '백성성립'에 관한 보증의 약정이 존재했다는 점에서 넓은 의미로는 이러한 시각이 옳다. 그러나 다만 계약관계라는 설명에만 그치면 지배자와 피지배자의 관계가 신분상하의 관계로 구성되어 있었던 근세사회의 특질을 드러내지 못할 우려가 있다.

근세의 농민을 가장 공법적인 차원에서 이해할 때 성립되는 백성 신분과, '구제'를 시행할 때 가장 이상적으로 여겨지는 인자한 군주, 그 사이의 관계에 대한 당대의 의식, 환언하자면 이상적 백성과 이상적 영주를 관통하는 의식을 '막번제의 인정(仁政) 이데올로기'라고 이해하던 방식은 꽤나 이전부터 제기된 바이다.[13] 이 같은 이해는 전술한 문맥 속에서는 타당하다고 볼 수 있다. 명군으로 칭송받는 다이묘가 근세에도 몇 명 출현하기는 했다. 그러나 명군의 근거로 후계 선택, 가신단 통제와 같은 난제를 해결한 것만 제시되어 있다. 이것이 난제였음에는 틀림없지만 사실 그 이상으로 영지 내의 백성의 통치와 관련한 요소들이 명군 칭송의 근거들 중 큰 비중을 차지하고 있었다. 후계 계승과 가신단 통제의 문제가 이전부터 있었던 문제였다는 점을 고려한다면 오히려 '백성구제'나 '백성성립'이라는 인정 이데올로기로부터 창

---

13 宮沢誠一,「幕藩制的仁政イデオロギーの成立と構造」(『一九七三年歴史学研究会大会 報告別冊特集号』, 1973). 深谷克己,「百姓一揆の意識構造」(『増補改訂百姓一揆の歴 史的構 造』校倉書房, 1986).

출된 것이 근세의 명군상이었고 나는 이런 의미에서 명군은 대단히 일본 근세사적인 것이라고 보고 있다.

다만 지금까지의 문제제기는 '인정 이데올로기'의 의미를 완전한 농민 장악(잉여 농작물 수탈의 메커니즘)이라고 파악하며 지배가 유효한 구조를 설명하는 차원에서만 다루어졌다. 그러나 쌍무적으로 그것을 주장하고 있었던 것처럼 백성 측도 함께 의무를 다하고 있다는 의식을 그들이 가지고 있었던 점을 고려한다면 지배 구조도 지배자 측의 사정만 알아서는 설명이 불가능하다. 이 시대의 백성 지배의 규정력, 또는 달성 수준으로서의 역사적 약정이라는 면에서 이해하고 재해석해야만 한다.[14]

2) 농경에 전념하고 연공(年貢)을 바치는 백성

선행 연구들은 근세의 지배체계를 대표하는 몇 가지의 개념 또는 키워드라 볼 수 있을 만한 용어들을 제시했다. 그중 '역 체계'라는 용어가 있다. '역 체계'에 대한 관심은 근세의 신분이 어떤 원리로 편성되었을까라는 물음에 대응하기 위해 제시된 기준이었다. 신분에 따라 부여된 역 부담은 사회 내부의 특정 신분 집단과 그들에 대한 국가의 지배 방식과의 관계를 구체적으로 연관시켜 이해하려 할 때에 유용하다. 역은 양자를 매개시키는 공통항이면서 독자의 요소도 가지고 있었다. 때문에 각 신분 집단을 구별할 때 유효한 기준으로 인정받았다. 그런 점에서 역이라는 용어가 근세사의 논자들 사이에서 자주 사용된다는 것은

---

14 水本邦彦, 「村共同体と村支配」(『講座日本歴史5 近世1』東京大學出版會, 1985).

지금까지의 인식을 심화시킨다는 점에서 유효하다고 볼 수도 있다.

그러나 '역'이라는 용어는 현대에서도 보편적으로 사용되는 용어기 때문에 역사 서술 시 맞지 않는 상황에 이 용어를 사용하지 않도록 신중할 필요가 있다. 현재 사용되고 있는 역이라는 용어와 동일한 범주 내에서 비유적으로 사용되면 근세 백성의 부담 일체를 백성의 소임이었다고 볼 수 있다. 그러나 당시 백성이 받아들이고 있던 차원에서 보자면 백성의 역만이 그들이 부담하고 있던 백성 부담의 전체는 아니었다. 제역(諸役)이라고 총칭되던 역 부담이 역사상 존재했던 것은 사실이지만, 지방서조차 "지역에 따라서는 연공 이외에 연공과 비슷한 과역이 부과되어 백성들이 고통 받는다."(田中丘隅, 『民間省要』上編卷之二)라고 기록해놓은 것과 같이, 연공과 역은 분명 다른 것이었다. 근세의 백성 부담은 연공과 역이라는 두 가지 계열을 구분해 파악하지 않으면 안 된다.

그리고 이 둘 중 어느 쪽이 좀 더 비중 있게 다루어져야 하는가를 고려한다면 「條條」에서 도요토미 히데요시 정권이 "백성은 농구 정도만 가지고 경작에 전념한다면 자손 대대로 장구할 것이다."(1589년(天正 16) 7월 8일 『小早川家文書』1)라고 선언했던 것과 같이 근세 백성의 본의(本義)는 경작을 전업으로 하여 조세를 바치는 것을 백성 본연의 의무로 삼는 방향을 향하고 있었다는 점을 놓쳐서는 안 된다. 무기몰수령과 한 쌍을 이루는 이 선언은 평화 상태와 농업환경 정비를 지배계급의 책무로 정립시켰다는 의의도 가진다. 이후 근세사회는 병농분리라는 급격한 사회변동을 매개로 새로운 '상'과 '하'의 관계가 형성된 상태에서, 지금까지 이야기한 일종의 사회적 약정 관계라는 것이 서로를 규정하는 힘으로 폭넓게 침투했다.

무기몰수령의 정신에 입각해 있던 「게이안 포고령(慶安触書)」에는 앞에서도 언급했던 백성에게 "풍요롭고" "마음을 편안히" 해줄 것을 약속한 부분이 있다. 이것은 「제 지역과 향촌에 대한 명령(諸國鄕村江被仰出)」의 "연공만 납부한다면"이라는 표현에 나와 있는 것처럼 조세납부의 의무를 명확히 밝힌 것과 연결되어 있다. 무기몰수령이 전술한 「條條」에 실린 "연공부과"를 곤란하게 만드는 것들을 문제로 삼고 있는 것도 같은 맥락이다. 연공과 역을 병렬 취급하는 것이 단순히 귀찮았기 때문이라기보다 본래적인 것이 강조되고 있는 것으로 보지 않으면 안 된다. 즉 연공은 근세 백성의 본질을 규정한다는 성격을 가지고 있었다. 백성은 소농지 경영 가족의 가장으로 주민의 전부가 아니고 또 단순히 농업자만을 뜻하는 것도 아니었지만 이와 같이 백성의 개념이 형성되어가는 가운데 백성은 경작에만 전념하는 민이라는 관념이 한층 강화되었다.

원래 백성이 역 부담자가 아니라고 말하고 있지는 않다는 점은 게이안 포고령에서 "막부의 역 차출에 관한 사항(2조)", "연공 배분 직무(3조)", "지토(地頭)[15] · 다이칸쇼(代官所)[16] 또는 막부의 공공 역 차출(29조)"(「제 지역과 향촌에 대한 명령(諸國鄕村江被仰出)」) 등에 백성의 역에 대한 언급이 있었다는 것으로 명확히 알 수 있다. 그러나 그와 같은 경우에도 "역에 차출할 때" 3일이나 5일 정도의 시간이 지나면 논밭에 심은 싹이 썩어버릴 것이기 때문에 "온 백성은 상호 간에 서로 도와 경작지가 황폐화되지 않도록"이라고 하여 역이 경작의 저해요건이라는 인식도 강했다. 용어의 빈출 정도까지 포함한다면 '경작'-'연공'이야말로

---

15 (역주) 전국의 장원에 두었던 관직. 장원을 관리하고, 조세(租稅)의 징수, 치안 유지 등을 맡았던 벼슬.

16 (역주) 지토(地頭) 대신 그 일을 맡아보던 사람.

「게이안 포고령」의 골격을 이룬다고 보는 시각인 것이다. 이렇게 보자면 백성이 연공과 제 역을 부담하는 민이었다는 점은 틀림없지만 "연공제역(御年貢諸役)"이라며 연공과 제 역을 병기한 『민간성요(民間省要)』(田中丘隅, 『民間省要』上篇卷之二)와는 전술한 바와 같이 시각의 차이가 분명히 구분된다.

그런데 근세 백성의 본질은 연공을 부담하는 민이라고 규정할 수 있다 해도 그러한 연공을 부과하는 것은 개별 영주 고유의 권한이었다. 1603년(慶長8) 세이다이쇼군(征夷大將軍)으로 임명된 이후 도쿠가와 이에야스가 발표했던 「각 지방 향촌법규(諸國鄉村掟)」의 4조에는 "조세 부과의 비율은 이웃 마을에서 수확되는 양을 참고해 헤아릴 것. 부칙 연공 부담의 높고 낮음에 대해 직접 탄원하는 일은 옳지 않은 일이다."(『覺』『德川禁令考前集』5, 2775)라고 밝히고 있다. 실은 그 전년도인 1602년(慶長7) 12월에 도쿠가와 이에야스는 「각 지방 향촌법규(諸國鄉村掟)」의 원형에 해당했던 「규정(定)」을 발표하였지만 이 「규정」의 제3조에는 보다 명확하게 "연공에 대한 것에 나는 관여하지 않는다. 직접 연공 부과에 대한 의견을 올리는 것은 금한다."(『覺』『德川禁令考前集』5, 2774)라고 단언하고 있다. 다만 지방관의 과실에 대해서는 직접 상소(直目安) 제출을 허용하고 있다.

이것은 백성의 직접 상소를 피하려는 의도라기보다 연공의 역사성을 존중하면서 새롭게 전개될 현실을 배려하기 위해 원칙을 제시한 것이었다. 도쿠가와 정권은 당시 영주의 과오·불법을 징벌할 충분한 힘을 가지고 있었다. 근세시대 무사들은 자신들의 연공징수권을 역사적으로 근거를 가지는 것으로 이해하고자 했다. 고대 중국의 과세제도도 참고가 되었지만 직접적으로는 고대 율령제가 근세 징세의 기원으로 이해되었다. 연공은 '조(租)'에 그 기원을 두고 그 후 병농분리가 되기

이전까지 다양한 단계를 거쳐 병농분리가 된 현재의 '봉건시대'에 이르렀다고 파악했다(『地方凡例錄』). 연공이 지방재정에 포함되어 지방의 긴급구휼용으로 축적되고 있었다는 점이 도쿠가와 이에야스가 "나는 관여하지 않는다."라고 판단하게 된 근거였다. 막부 정권이 징수 절차나 그것의 사용 내용에 대해서는 관여하지 않았다 하더라도 징수율까지 관여하지 않는다고 결정한 것은 그 후의 일련의 역사적 과정을 거친 후였다. 막부 스스로도 통일적 기준의 적용이 가능했던 '군현시대'와는 다른 시대로 접어들었다는 걸 인식하고 있었던 것이다.

그렇다면 각 영주에 따라 개별적으로 징수되던 조세가 왜 일종의 평균적 수치로 수렴되었던 것일까? 실제로 연공 수취율은 각양각색이었고 토지 면적에 따라 믿기 어려울 정도로 높은 비율의 조세가 부과된 곳도 있었다. 막부의 영지와 영주의 영지, 관서지방과 관동지방의 연공처럼 비교된 연공의 경중·특질에 따른 이미지가 만들어지고 나아가 과거와 지금의 연공에 대한 공통의 이미지가 만들어졌다. 이것도 일종의 역사적 인식에 근거해 형성된 것으로 고대의 고쿠시(國司)[17]통치로부터 장원제(莊園制)를 거쳐 무사 집단에 의한 통일기에 이르러 지토(地頭) 4할, 백성 6할이라는 배분이 비롯되었다고 여겨졌다. 4공 6민은 쇼군제의 근간으로서, 백성에 대한 무사 지배의 원형의 형태로 수용되었다. 이것이 도요토미의 통일기에는 '3분의 1은 지토가 3분의 2는 공민'이라는 식으로 느슨하게 적용되다가 근세에 들어 공통의 인식이 되었다. 어디에 규정되어 있었던 것은 아니지만 대체로 사회의식과 같은 형태로 중세의 사공육민(四公六民)이라는 인식으로 잔존했다. 이것이 1716~1745년의 교호(享保) 연간에 이르러 공적 취득이 오할,

---

17 (역주) 조정에서 파견한 지방관.

백성이 오할을 취하는 오공오민(五公五民)으로 변모했다는 인식도 널리 퍼져 있었다(『地方凡例錄』).

오공오민의 역사적 근거는 중세시대까지 벼로 납부하던 것을 쌀로 정미해 납부하면 5할 징수로 변경된 것에서 유래한 것으로 원래 이야기의 논지는 다른 것이었으나 오공오민이라는 숫자가 근세에 이르러 상호 취득할 몫에 대한 관념으로 자리 잡았다고 볼 수 있다. 다만 오할 취득도 히고번(肥後藩)에서 나온 헌언서(獻言書)의 진스케이야기(仁助咄)(『日本農民史料取粹』9)에서와 같이 수확물을 3등분해 3분의 2는 연공으로 3분의 1을 백성이 취하는 것으로 배분하고 그 2대 1의 관계가 백성에게 오할의 덕, 연공의 반 정도가 백성의 취할 분의 의미를 가지는 것으로 보는 견해도 있다. 이와 같은 인식의 차이가 존재하는 가운데 이데올로기로서 오공오민의 연공이라는 관념이 퍼지고 있었다. 역사적 과정을 통해 볼 때 고대의 전조(田租)에 비교해보자면 수취 비율이 점점 높아지고 있다는 문제의식도 포함되어 있었다. 다만 생산력 상승 등의 조건을 고려할 때 단순히 수탈이 강화되었다고만 볼 수는 없고 '백성성립'을 한 축으로 하면서 사회 내에서 이 같은 인식이 자연스럽게 수용되어 오공오민의 연공 비율이 자리 잡았다고 보아야 할 것이다.

고대와 같이 중앙 정부가 정한 일률의 전조와는 달리 평균적인 수치에 접근해간 이유는 무엇이었을까. 그것은 도쿠가와 이에야스 정권의 「각 지방 향촌법규(諸國鄕村掟)」에 나와 있는 것처럼 이웃 마을의 조세 수취 비율을 따른다는 '근향지취(近鄕之取)'를 구체적인 기준으로 삼아 조세 수취율을 정한다는 방법에 의거해 가능했다. 이러한 방법이 사회적 범주에서도 비슷한 수준의 연공부담을 만들 수 있는 조건으로 작용했다고 생각된다. 원래부터 백성은 조세 수취 비율을 결정할 때 나름대로 관여하고 있었다. 평상시 사정(査定)할 때의 탄원도 그러한 일 중 하나였으며, 나아가 '백성성립', '무민(撫民)'이라는 이데올로기를 강력한 무기로 삼아 수취 비율 하나하나를 결정할 때마다 연공 경감을 위한 백성의 집요한 주장, 궁리에 궁리를 거듭한 저항 행동이 모색되었다. 백성 잇키에서 초기부터 타 영지, 타 지역과의 비교를 통해 그 불공평을 비난했던 것은 인접해 있는 토지를 균등하게 취급하는 방식을 통해 부담을 평준화하려 했던 것이다. 이런 점에서 지배층이 선포한 이 '근향지취(近郷之取)'의 규정을 자신의 주장을 내세우기 위한 근거로 활용한 것으로 볼 수 있다.

이 같이 평준화의 관념과 방법이 통용되면서도 영주가 스스로 연공 비율을 정하고 징수권을 행사했던 것은 고쿠다카(石高)제와 어떤 관련이 있었던 걸까. 고쿠다카제는 근세 권력 편성의 기준으로 삼을 만한 요건이었지만 이런 관점에서 보자면 고쿠다카제가 가진 이중적 속성에 의해 그것이 가능했다는 견해가 있다.[18] 이 이중성은 막부와 다이묘 간의 지행·군역에 관해서도 기능했던 고쿠다카(朱印高: 슈인다카)와 영주와 백성 간의 연공·역 징수관계를 규정하는 무라다카(村高) 사이의 괴리를 창출했다. 무라다카가 다이묘의 토지조사권에 근거한 것인 만큼 연공 부과에 있어서도 개별영주권의 독자성 또는 강력함이 인정되어야 한다고 보고 있다.

고쿠다카제의 이데올로기적 면모에 대해서는 이미 지적이 있었는데, 연공도 또한 전술한 것과 같이 이데올로기적 면모를 가지고 있었고 추상적인 차원에서는 제동이 걸려 있다. 그러나 각기 다른 지역에

---

18 しらが康義,「岡山藩の石高について」(北島正元編『近世の支配体制と社会構造』吉川弘文館, 1983).

서 영주와 백성은 긴장감 넘치는 관계를 맺고 있었고, 감면투쟁을 포함한 정치적 흥정을 주고받는 관계였다. 이와 같은 연공결정의 성격을 어떻게 보아야 할까? 연공이 중앙 정부의 간섭이 배제된 지방 정치의 재원이었다는 점을 인정하면서 동시에 개별 영주도 자의적으로 백성에게 연공을 부과하는 것이 가능하지 않았다고 보아야 할 것이다. 번 체제 확립은 규닌(給人) 지배의 자의성을 제한하면서 다이묘 지배가 강화되고 있었던 과정이었다. 이것은 막부가 '공의(公儀)'라는 명분을 이용해 규닌과 지주층의 자의성을 압박하고 영내 백성을 공법적인 존재로 기구·법도에 의해 지배해간 흐름과 같은 맥락에서 이루어졌다. 연공이야말로 이러한 방식이 적용되어야 했던 중심 과제였다. 영주와 백성의 관계를 공적 존재인 영주와 마을을 대표한 백성 집단 사이의 약정, 계약을 통해 납부할 조세율을 결정하였다는 견해가 나오는 것[19]도 농민 측의 힘이 영주 측을 규제하는 강력한 힘으로 작동했다는 사실을 깨달았기 때문이다.

근세 신분편성의 원리를 역의 구별에서 찾을 수 있다는 입장은 이것을 근세의 국가와 사회를 총괄하는 특성으로 보고 역 체계를 규정하려는 논의까지 진전되었다.[20] 다만 이 정도까지 논의를 연장시키면 역 개념은 비유적인 것이 되어버린다. 지샤(寺社)[21]는 막부를 위해 기도하는 역에 종사한 것으로 볼 수도 있고[22] 백성은 생산물과 노동을 막부에 상납하는 것으로 백성의 의무인 역에 종사한다고 보는 이해도 성립할 수

---

19 朝尾直弘,「公儀と幕藩領主制」(前掲『講座日本歴史5·近世1).

20 尾藤正英,「德川時代の社会と政治思想の特質」(『思想』685号, 1981).

21 (역주) 사찰과 신사.

22 深谷克己,「幕藩制国家と天皇」(北島正元編『幕藩制国家成立課程の研究』吉川弘文館, 1978; 深谷克己,『近世の国家·社会と天皇』, 1991 板倉書房, に収録).

있다. 실제 『백성전기』(권2)에서 "토민은 밤낮으로 나라의 역에 종사한다."라고 말할 때의 '역의(役儀)', 곧 임무 내지 부담이란 백성경영을 지속시키는 깃 즉 '백성성립'의 지속이라고까지 의미가 확대되어 있다.

농경과 연공이 근세 백성 본연의 의무였다는 것이 나의 견해이다. 그것을 확인한 다음으로는, 부역 및 다소 변형된 형태의 부역으로 부과되었던 여러 부세들이 근세 말까지 남아 백성에게 큰 부담이 되었던 점에 주의를 기울여야 할 것이다. 근세의 사람들에게 부역은 고대 일본의 '용(庸)'으로 이해되고 있었지만 세역(歲役)과 잡요(雜徭)를 구별할 정도의 인식은 없었다. 지역에 따라 부과된 연공의 양이 차이를 보이기보다 평균적 수준으로 항상 수렴된 것으로 여겨지는 데 반해 부역은 시대를 거치면서도 지역에 따른 차이를 좁히지 못해 "사역할 때마다 정해진다."며 한탄하는 목소리도 실려 있었다(『古今租稅之事』『地方凡例錄』). 고대와 비교해보자면 연공도 몇 배 증가했다고 이해되지만 농경에는 생산력의 신장이라는 조건이 있다. 여기에 비해 마찬가지로 「古今租稅之事」에서 보이듯 "예전과 비교해 10배 정도"라고 언급되어 있는 부역은 증가된 만큼 경작 방해나 백성 퇴거, 잉여 경작지를 창출시키는 원인으로 작용했다. 『民間省要』에서 "연공 외에"라고 기술하고 있는 것과 같이 연공과는 달리 부역에는 그것이 필요악이라는 시각이 근세 내내 존재했다. 필요악일 수밖에 없는 것이 영주 측도 부역 징발이 농촌을 피폐하게 만드는 것을 알고 있었지만 부역 징발을 그만둘 수는 없었다. "일당 고용 인부만을 사용하기에는 비용이 너무 많이 드는 까닭에 영지 내의 부역으로 100석에 수십 명이라는 식으로 부역 할당량을 정하고 그 기준에 맞게 차출하여 사용할 것"(『夫役・夫金・夫給之事』『地方凡例錄』)이라고 규정해놓은 것처럼, 경작에 희생이 따라도 어쩔 수 없는 상황이 있었기 때문이다. 한편으로는 근세의 민간 시장이 이미 형성되어 있었고 오히려 민간업자에게 맡기는 게 더 이익이 되기도 했기 때문에 사실상 민간업자에게 공사를 맡기는 방식도 널리 행해졌다.

부역에 있어서도 물론 '백성성립'이 과도한 부과를 막는 근본적인 제어역할을 했지만 부역 자체의 존속을 전제로 한 공통의 제한 규정은 "지배하는 곳의 백성, 사적인 이용을 금지한다."(『條條』1680년 윤8월 3일(延寶8)『御當家令條』278)라고 규정한 조목에서 알 수 있듯이 사적인 백성 사역을 금한다는 것이었다. 확실히 근세에 접어들어 백성의 부역 부담 면에서도 공법성은 강화되고 있었던 것이다. 무엇이 공적 사역인가는 이러저러한 개개의 사정에서 판단될 수밖에 없다. 그러나 사적으로 사역되는 것을 금한다는 목표가 명시되었다는 점에서 근세 부역의 쟁점이 부과되어 백성은 영주의 공적 사용에 대해서도 또 촌락의 특권 백성의 용역에 대해서도 끊임없이 이의신청을 제기했다. 그리고 부역의 공적 성격의 강화는 역으로 사적인 사용이 아니라면 백성 측에서도 거부할 근거가 없다고 보는 자체의 논리로도 이어졌다. 부역에는 무급여 부담(촌락 측 부담), 후치마이(扶持米), 미곡 급여(賃米) 등 대가 지급 방식에는 차이가 있었다. 그러나 다소 은사를 입는다는 의미를 가졌던 후치마이를 근간으로 해 점차 부역에 종사하면 임금을 받는 것이 당연하다는 인식이 뿌리내렸고 공짜 노동은 있을 수 없다는 인식이 자리 잡았다. 부역 제공을 했음에도 임금을 지급하지 않는 것을 비판하는 백성 잇키가 이것을 증명하고 있다.

역의 실체에 대해 부담하고 있던 계층에 따라서도 다양한 연구들이 나와 있다. 야쿠야(役屋) 체제론과 본백성(本百姓)론을 비롯하여 그에 대해 비판하는 연구들도 많이 나왔다. 이러한 연구들에 근거해보자면 초기에는 진푸야쿠(陳夫役)[23]와 후신야쿠(普請役)[24]와 같은 두 계열의 부역이 있었다. 가옥을 소유한 야쿠야(役屋) 백성에게 이러한 부역이 부과되었다. 그리고 진푸야쿠가 불필요하게 되어 유명무실해진 후에도 후신야쿠 계열에 속했던 부역은 정액화·대납화의 형태로 변형되기는 했어도 잔존했다. 고용노동에 대한 영주의 의존이 강화되자 그 비용이 백성에게 전가되는 방식으로 계승되었다.[25]

백성의 부역은 군역동원을 필요로 하는 한 경감될 수가 없었다. 군역의 필요성이 감소되면서 은납화도 진전될 수 있었다. 확실히 근세 초기부터 여러 번에서 부역의 은·동전 납부가 실시되고 있었다. 그러나 이와 함께 반드시 고려되어야 할 점이 있다. 노키야쿠(軒役),[26] 도야쿠(頭役),[27] 다카야쿠(高役)[28]라는 다양한 형태로 존재하던 부역이 영주에 의해서라기보다 소농들의 '부담 균등화' 요구로 인해 점차 고쿠다카를 기준으로 하는 방향으로 움직이고 있었다는 점이다. 이러한 움직임에는 촌락 내부의 특권 백성층에 대한 저항이라는 의미도 포함되어 있었다.

백성부역을 이해할 때 핵심 중 하나는 부역 부담과 그 형태의 변형과정이 각기 달랐더라도 전국적 시야에서 파악하고자 한다면 반드시 막부 부역과 다이묘 부역 사이의 관계를 고려해야 한다는 점이다. 이

---

23 (역주) 전쟁 시 징발되는 노동 부담(일종의 군역).

24 (역주) 토목공사 등 평상 시 부과되는 부역.

25 藩政史研究會, 『藩制成立史の総合研究·米沢藩』, 吉川弘文館, 1963.

26 (역주) 가옥별로 부과된 부역.

27 (역주) 인구수에 따라 일종의 인두세처럼 부과된 부역.

28 (역주) 각기 소유한 토지의 생산 수준에 따라 부과된 부역으로 소농에 유리하며 가장 근세적인 부역의 형태 중 하나로 평가됨.

러한 입장에서 보자면 근세 부역이 점차 중앙집중화되어갔다는 점이 중요하다. 지카타 지행(地方知行)²⁹을 담당했던 규닌(給人)들의 부역 부과 권한은 다이묘가 점차 제한해갔다. 즉 다이묘에게 부역징수권이 집중되었다. 동시에 다이묘의 부역 부과는 정량화·대납화되어갔고, 점차 감면되는 형태를 띠면서 준조공화되었다. 그런데 동시에 막부가 부과하는 부역의 강제성·증가성이 강화되어갔다. 자주 등장하는 막부의 부역으로는 교통·운송과 관련된 부역(人足役: 닌소쿠야쿠)이 있는데 이는 교통 요지의 숙역(宿役), 조향(助郷)³⁰ 인마 부역은 근세 내내 증대 일변도였다. 부역이 사적으로 부과되어서는 안 되는 점이 일반화된 것과 동시에 소규모 영주 사역에서부터 다이묘 사역, 나아가 막부 부역의 비중이 증가되는 방향으로 근세 백성 부담의 역사는 진행되었던 것이다.

국역에 해당했던 막부에서 부과한 역 의무는 일찍부터 시행되고 있었다. 막부는 중세부터 이어져온 국군제(國郡制) 의식을 바탕으로 한 법에 의해 하천 청소, 조선인·류큐인 왕래와 관련된 부역, 닛코(日光) 법회 관련 부역, 교토 궁궐의 건물 조성 부역을 국(國) 단위로 부과했다. 1707년(寶永4) 후지산 분화를 계기로 전국에 대한 막부의 역 부과 권한은 새로운 국면에 접어들었다. 막부는 여러 국으로 하여금 황폐한 지역에 대한 구휼비용을 분담시켰다. 이러한 막부정책은 '무민', '구제'라는 명분 아래 실시되었기 때문에 다이묘는 물론 백성들도 기꺼이 부역에 대한 부담을 받아들였다. 막부는 1720년(享保5) 5월 「각 지방의

---

29 (역주) 쇼군 혹은 다이묘의 가신이 일정한 토지의 지배권을 부여받아, 그곳에서 생산되는 수익을 봉록 형식으로 가져가는 것.

30 (역주) 근세 오가도(五街道)에 있어 특정 숙역(宿驛)의 보조 인마 부역을 전담한 촌락.

제방·하천 청소, 가뭄으로 인한 피해에 대한 보수 수리의 건」(『覺』『御觸書寬保集成』1356)에 대해 "국역으로 삼아 각 지역이 분담토록 한다(國役割合)"는 명을 발표했고 이것은 메이지 시기까지 이어졌다. 중앙에 의한 이와 같은 부역 부과는 개별 영주가 감당할 수 없는 공공사업에 대해 막부가 이를 대신한다는 논리에 의해 가능했다. 이 또한 막부가 개입한다는 의미보다는 구제에 직접 나선다는 의미로 당대에 받아들여졌다.

다이묘 부역이 소멸한 것은 아니었지만 준공납화되어갔다는 것은 단적으로 말하자면 고모노나리(小物成)[31]화되어갔다는 걸 의미한다. 고모노나리는 역사적으로는 그 지역 특산물을 바치는 고대의 '조(調)'가 이어져 내려온 것으로 이해되고 있다. 이 같은 특산물 상납이 점차 금납화되면서 여기에 제반 부역들이 포함되어가거나 혹은 그러한 금납화된 부역(役金)이 본도(本途)[32] 조세 다음으로 작은 연공, 모노나리(物成)로 간주되었다. 고모노나리가 이렇게 변질되면서 애초 부역과는 관계없던 부담들이 '어떤 부역'이라는 명목으로 부과되어 각 번에서는 오히려 새로운 소규모 부역들이 부과되는 형편이었다. 부역에 대해 다시 한 번 주의해야 할 것은 진푸야쿠가 소멸되었다고 간주하는 것이다. 전란이 종식되었기 때문에 그렇게 생각하기 쉽지만 잠재적으로는 영주에게 납부하는 부담 중에 포함되어 있었다. 이와 같이 가장 질긴 생명력을 지녔다고도 볼 수 있는 이 노역은 그 성격 때문에 금납화로 대체되지 못하였으며, 막부 말기 내란 중에 병역 부과 형태로 되살아났다.

---

31 (역주) 산림·원야·하해 등에 부과되었던 조세.
32 (역주) 기본조세로서 고쿠다카에 조세율을 곱하여 결정된 전답에 대한 조세.

3) 농민에 대한 영주의 대여

'구제(御救)' 개념은 메이지기 일본으로 이어지는 경제사상을 찾는 과정 속에서 최초로 주목받기 시작했다. 근세 후반기 경제사상의 키워드 위치를 차지했던 '구제'사상은, 근세 이후에도 남아 있었던 '국익'사상의 앞선 역사였으며, 막번체제에 본래부터 존재했던 소농자립의 확보라는 원칙과 결부되어 있었기에 재차 그 중요성이 제기되었던 것이다.[33] '구제'라는 사고방식이 출현하게 되었다는 점은 의미를 부여할 수 있는 것이지만, 동시에 이러한 인식이 근세 후반기에 구제사상이 쇠퇴한다는 이해를 전제로 하고 있다는 점은 재고될 필요가 있다. 국익사상이 여러 번(藩), 그리고 훗날 막부의 경제정책에서 큰 비중을 차지했다고 하더라도 그에 상응하여 구제사상이 쇠퇴했던 것은 아니었다. '구제'는 근세 내내 시종 관철되었던 '무민(撫民)'행위이자 이념이었다.

본백성체제(本百姓體制)로 지칭되는, 소농기반 사회의 유지에 대응되는 경제원리가 '구제'였으나, 지주·소작관계가 주축이 되었던 농가경영에 불안정성이 증대되어갔던 근세 후반기에도, 농가경영의 불안정성 때문에 오히려 구제책은 종래 이상의 빈도와 규모로 활발하게 실시되었던 것이다. 백성 측은 근세가 성립될 무렵 획득한 '무민' 원칙, 말하자면 약정(約定)을 근거로 계속하여 '구제'를 요구하였다.

단어 용법에 있어서도 초기에는 "백성이 곤궁할 때, 더 이상의 고달픔이 없도록 신경 써야 한다(百姓困窮すべく之間, 此上草臥ざる樣に入念仕置有るべき事)"(1658년(万治1) 윤12월 「覺」(가가번(加賀藩) 『改作所旧記』

---

33 藤田貞一郎, 『近世経済思想の研究』, 吉川弘文館, 1966.

上)라고 했던 것처럼, 오히려 막번령 각지에서는 이렇게 강건한 백성의 창출에 대한 의욕을 담지한 다양한 표현들이 무르익고 있었다. 그것과 비교하여 구제는 긴급사태에 대한 대처를 표현하기 위해 사용되었다.

 "진실로 강건한 백성이 성립할 수 있도록"(앞의 책, 와카바야시 기사부로(若林喜三郎)『가가번(加賀藩) 농정사 연구』上, 吉川弘文館) 이러한 기조로 개작법(改作法)을 시행하여 번을 다스리고자 했던 가가번이 '구제'라는 말을 빈번하게 사용한 것은 겐로쿠(元祿) 기근(1695~1696) 때였다. 이때 번에서는 '구제 담당 부교(御救奉行)'까지 설치하여 난국을 타개하고자 하였다(『改作所旧記』中). 이러한 시대적 흐름 속에서 본다면, '구제'가 '무민'의 방책이었음에는 틀림없지만, 그것은 단지 고전적 유교정치에서의 '무민' 그 자체를 의미하는 것이 아니라 '무민'에 대한 다소 개성적인 발현 양태였다. 더군다나 '구제'는, 일본 근세의 '무민'법 그 자체와 동일한 위치를 차지하게 되었고, 초기의 소농 자립정책 및 유지정책 등 권농정책 전반을 두루 포괄하는 의미로 후세에게 인식되었다. 반면에 '구제'는 백성경영에 대한 어려움을 나타내는 것이기도 하였다. 그런 의미와 함께 '구제'는 근세 전시기를 관통하면서 '무민'을 대체적으로 대변하는 개념으로 기능하고 있었던 것이다.

 백성경영이 성립하기 위해서는, 영주와의 관계뿐만 아니라, 근세 민중이 중시한 '사은(四恩)' 개념으로 말하자면 "모든 중생의 은혜"(『百姓傳記』권2)가 필요했다. 그러나 이 경우 '상부상조(助合)'라든가 '돌봄(介抱)'이라는 단어를 사용하여 '구제'와 결코 혼동되지 않았다. '구제'는 근세 영주에게 부과되었던 사회적 책무였기 때문에 백성 측도 영주에 대하여 일반적인 농정(農政)만이 아닌, 상황에 따라 대응하여 가시적인 구제물(救濟物)을 내려주길 원했다. 근세 백성은 '상납(上納)'에 대한 중압감과 토지에 '정착(有付)'하여 '성립(成立)'하는 것이 대응관계라는 것을 당연시하였기에, '구제'를 단순한 이념에 불과한 것으로는 받아들이지 않았다. 백성이 영주에게 기대한 긴급한 '구제'에는 여러 측면이 있었다. 크게 구분하자면, 첫째는 생산에 대한 지원, 둘째는 부담의 경감, 셋째는 생활에 대한 특별지원이었다. 영주의 종자 대여는 생산에 대한 지원조치였고, 양곡 대여(夫食貸: 농민의 식량일체 대여)는 생활에 대한 특별지원이었으며, 연공, 제반 부역 감면('引'), 그리고 조세면제(破免) 등은 부담의 경감이었다. 이러한 것들은 백성들의 일상생활에서 모두 하나로 연결된 것들이었다.

생산·생활에 대한 지원조치인 종자 대여와 양곡 대여를 중심으로 그 양상에 대해 살펴보기로 하자. 양곡(夫食)이라는 말은 본래 촌락주민이 일상적으로 먹는 것을 가리키므로 보통 널리 오곡(五穀)을 의미한다. 그러나 오곡의 생산조건에 적합하지 않은 토지에서는, 토란(芋)과 곤약(蒟蒻) 등도 양곡에 포함되었다. 이념으로서의 백성경영 유지에 대한 입장은 막번 어디에서든지 일찍부터 존재하고 있었지만, 17세기 아이즈번(會津藩)에서의 사창미(社跡米) 이외에는 직접 양곡 유지 그 자체를 도모한 시책은 나타나지 않았다. 양곡 대여는 긴급시 구휼정책의 기본이 아니라 본래는 비황저축책(備荒貯蓄策)으로 나타난 것이었다. 이러한 농정론이 보급되자, 재차 중국 고대의 무민책(撫民策)과 관련된 고사가 인용되는 경우가 많았다. 이런 점에서 본다면 일본 근세의 사회 형태가 나타나고 있었지만, 유교적 위정론(爲政論)은 겐로쿠(元祿: 1688~1703)시대부터 교호(享保: 1716~1736)시대에 걸쳐 지방 실무를 담당했던 자들에게 급속하게 받아들여졌다고 할 수 있다.

빠른 번에서는 17세기 후반 무렵부터 벼, 보리, 피 등을 비축하는 방식이 정비되기 시작했다. 18세기 전반에는 그것이 전국적으로 확대되었다고 해도 좋을 것이다. 비축이란 공동으로 저장하는 곳을 마련한다는 의미이지만 사회 구석구석까지 기능하고 있었던 저장의 형태는 보나 다양했다. 영주의 비황책(備荒策)도 그러한 다양성을 포함한 경우가 적지 않았다. 순무를 심으면 보리를 수확할 때까지의 양곡에 보탬이 되었다. 봄에 나무의 싹이나 먹을 수 있는 풀꽃을 따서는 각각 다듬어 가마니에 펼쳐놓았다. 채소나 무 등을 솎아내거나 또는 토란줄기(芋莖) 등을 수확할 때는 버리지 않고 말려 저장해두었다. 평소에 나무 열매나 나물 등을 골라 먹는 방법을 알아둬야 했다. 해초나 된장도 저장할 수 있었다. 생활지도를 방불케 하는 이러한 구황책이 빈번하게 나오게 된 것은, 간에이(寛永: 1624~1643)시대 이후로 식량절약령이 거듭 발표되었던 바로 이 시기였다. 머지않아 기근의 조짐을 예측하여 준비하는 마음가짐을 포함하여 기근식(饑饉食)에 대한 생활지도서까지도 만들어지게 된 것은, 양곡 공급이 영주의 책무로 또한 끊임없이 요구되고 있었기 때문이었다.

이런 가운데 양곡 대여가 시책의 중심에 위치하기 시작했다. 그것은 위기가 그만큼 심각해졌다는 것과 더불어 영주의 사회적 역할로 구제가 당연하다는 사고방식이 정착되었기 때문이었다. 백성의 세계에서 평화 상태를 유지하기 위해서는 군역에 기대야 한다는 의식은 소멸되었고, 민정(民政)과 연결되는 치역(治役)이라고 할 만한 것만이 기대되고 있었다. 교호시대 막부의 직할지에서는, "백성들이 원한다면, 구제로서 양곡 대여 및 종자 대여 등이 있다(百姓共願次第 御救として夫食貸種貸等これあり候)"(1724년(享保9) 4월「홍수로 인한 백성구제용 식량대여 건에 대한 문서(水損に付き百姓共江御救夫食之儀ニ付御書付)」『德川禁令考前集』5, 2804)라는 것처럼, '구제'의 기본적 자세를 명시하고 있다. 백성경영 유지정책 속에서 긴급조치의 성격을 지닌 이러한 대부(貸付)

가 필수적인 위치로 자리매김하는 모습은 그 이후에도 변하지 않았다.

그만큼 양곡 비축이나 대부에 대한 영주 측의 관리가 엄격하였고 백성 측에서는 거의 부담에 가깝게 인식하는 것도 있었다. 양곡 대여는 지역과 시기에 따라 차이가 있었지만 많은 특징들을 지적할 수 있다. 『地方凡例錄』에서 그 예를 찾아본다면, 18세기에 이미 그 운용에 대한 면밀한 기준이 만들어져 있었다는 것을 엿볼 수 있다. '구제'는 원칙이었기에 굶주리는지 여부에 대한 판단, 나아가 양곡 대여에 관한 법령에 의해 구제되는지 여부에 대한 판단은 매우 현실적인 역학관계(力關係)의 결과였다. 먼저 촌락에서 양곡 대여 신청이 제기된다. 그것이 접수되어 관리가 파견되면, 맨 먼저 그 관리는 굶주리는 사람을 확정하기 위해, 그리고 실제적으로는 굶주리는 사람의 숫자를 될 수 있는 한 줄이기 위해 매우 세심한 주의를 기울였다. 집집마다 양곡 저장과 가재(家財) 비축 정도를 차근차근 조사하여, 내다팔 것이란 농기구 이외에 아무것도 없어 기아에 빠진 것이 명백하며, 아울러 서로 도와줄 수 있는 혈연, 지연도 없는 경우에야 비로소 구제 대상이 되었다.

교호 시기의 양곡 대여법령에는 60세 이상 및 15세 이하는 구제의 대상에서 제외된다는 항목이 있다(연도 미상, 「양곡 대여 인원수 배분 건(夫食貸員數割合之事)」『德川禁令考前集』5, 2805). 그러나 이것이 그대로 일반화되었던 것은 아니다. 다만 노동력을 중심에 두고 인식하는 방법은 계속 이어져서 수당을 남녀노소로 나누는 방식이 채택되었다. 남자는 모든 남자를 의미하는 것이 아니라 16세부터 59세 사이의 남자였다. 다시 말하자면 남자의 숫자가 백성 숫자와 동일하지는 않았다. 그들에게는 하루에 현미 2홉, 보리라면 4홉이 주어졌다. 여자와 노인, 어린아이의 경우 그 절반이었다. 이런 기준으로 양곡을 수확할 때까지의 일수를 계산하여 양곡의 분량을 결정하였다. 구제는 촌락에서의 신청에 의한 것이었으나 결코 무라다카(村高: 촌락 전체의 총 생산량)에서 산출된 게 아니었다. 양곡의 종류는 쌀, 보리, 피 등으로 정해져 있었지만 그것은 산출의 기초가 되었을 뿐이었다. 현물이 아닌 대금으로 주어졌다. 겨울 양곡과 봄 양곡의 차이도 가격에 영향을 미쳤다. 보리 수확을 앞둔 여름 양곡은 원칙적으로 허용되지 않았다. 이러한 구제 방식이 막번체제의 광범위한 곡물유통사회를 전제로 했던 것임은 말할 것도 없다.

물론 이에 대한 상환 의무가 있었다. 원칙적으로 무이자였으며, 이듬해부터 5년 동안 상환하도록 되어 있었다. 그러나 대부는 30일마다 신청 및 연장이라는 수속을 해야 했고, 막부 직할지에서는 촌락의 신청을 받아 다이칸(代官)이 자신의 이름으로 간죠쇼(勘定所: 에도막부 및 각 번에서 재정과 민정을 담당하는 관청)에서 빌리는 형식이었다. 위정자 측에서는 "인명과 관계된 시각을 다투는 급무이므로 그 밖의 다른 업무와는 달리 빨리 처리하도록 전념할 것"(「양곡 대여, 종자 대여에 관한 건(夫食貸·種貸之事)」『地方凡例錄』)이라는 식으로 대응하려고 했던 것이다. 다만 지나치게 행정화되어버렸던 대부·변제 방식으로 인해 구제의 원점인 고마워하는 마음은 점차 사라지고 있었다.

이러한 양곡 대여는 어디까지나 '백성성립'의 회복력이 잠재적으로 존재한다는 것을 전제로 한다. 그런 가능성을 대규모 기근으로 상실해버려 유랑하는 신세로 전락해버린 히닌(非人: 천민 신분), 걸인(乞食)은 길가나 도시에서 식사 구휼의 대상이 되었다. 여기에서 구제는, 근세 영주의 사회적 책임이라 생각된 점에서는 같지만 백성 구제와 동일한 것은 아니었다.

백성을 구제하는 것은 어디까지나 생산 기반에 대한 원조와 맞물려 있었다. '양곡, 종자 대여'라고 일괄적으로 묶은 것도 이러한 이유 때문이었다. 종자 대여는 흉년에 벼 및 보리 종자를 신청하여 대여받는 것이다. 개인 영지(私領)에서는 곧바로 양곡을 대여하기도 했지만, 막부 직할지에서는 양곡 대여와 마찬가지로 종자가 부족한 사람의 수를 자세히 조사하고서는 면적 및 파종량을 산출하여 이를 돈으로 환산하여 빌려주는 방법을 취했다. 근세 중기의 파종량은 벼의 경우 단보당 6~7승, 보리는 1두 정도였다. 이것의 변제는, "양곡과 달리 종자는 낱알 하나가 낱알 만 개로 변하는 까닭에 신불에 대한 가호(冥加)를 위해 이자를 붙인다"(앞의 책, 『地方凡例錄』)라는 것과 구별하여 3할의 이자를 매기는 것이 정법이었다. 적어도 위정자 측의 관점은 "고리대이지만 3년으로 나누어 상환하면 이자는 1할이고, 5년으로 나누어 상환한다면 이자는 6푼이다"(『地方凡例錄』)라는 것이었다.

농경을 유지하기 위한 지원이 '구제'였기 때문에 비료의 대여도 같은 논리 아래 행해졌다. 말린 정어리(干鰯), 대두(大豆), 쌀겨(小糠), 깻묵(油粕) 등의 비료 사용 관행을 조사한 다음 스스로 도저히 변통할 수 없는 사람에 한하여 금은을 빌려주었던 것이다. 생산과 관계된 이러한 대부가 꼭 부유한 사람들의 입장에서 행해졌다고는 생각할 수 없다. 왜냐하면 비료의 대부는 20석(石) 이하의 백성에게 이루어졌기에 그 범위에 포함된다면 나누시(名主)라도 적용되었기 때문이다. 18세기 후반 이래로 막번 영내 황폐화된 농촌을 재건시키고자 백성유입정책을 시행한 곳이 몇몇 있었는데, 현실적 동기가 어쨌든 간에 집짓기(家作), 농기구, 비료, 종자, 볍씨 등의 대부는 이념적으로 '구제'였다.

시대를 거슬러 올라갈수록 조세배분증서(年貢割付狀)가 가로로 긴 종이로 작성된 것은 갖가지 명목의 '삭감(引)' 때문이었지만, 그 양상을 다양하게 만든 힘은 백성 측의 집요하고도 반복적인 백성의 탄원과, 이따금씩 도당(徒黨), 향촌(鄉村)에 걸쳐 폭넓게 펼쳐진 저항운동이었다. 그런 경우에도 영주와 백성이 공통적으로 의지했던 단어는 '백성 성립'을 한계 조건으로 했던 '무민', '구제'였다. 죠멘세이(定免制)[34] 체제하에서의 조세년제(破免)[35]처럼 흉작이 든 해에 특별하게 행해진 감세조치도 구제정책의 일환이었다. 일반적으로 연공의 반면(半免)[36] 혹은 반감 조치는 막부 말기 농민투쟁에서부터 나타나 봉건지배 관점을 탈피했던 권력이 구체화한 것으로 이해되고 있다. 그러나 이것은 조세면세법(破免法)을 포함하여 본래의 구제론 속에 포함되어 있는 것이었다. '절반 감면(半分御免)'은 사료상으로도 겐로쿠(元祿: 1688~1704) 연간까지 거슬러 올라간다(「高鍋藩實錄」 1702년(元祿15) 12월조『宮崎藩百姓一揆史料』).

그러나 근세 구제정책의 본모습은 연공의 '납부 완료(皆濟)'와 백성의 '성립', 달리 말하자면 대단히 어려운 두 가지 사항, 즉 많이 '거두어 들이고' 확실하게 '정착하게(有付)' 하는 것을 가능케 하고자 하는 노력에 있는 것이지 조세감면이나 흉작 시 대부 시행에 그 본래의 취지가 있었던 것은 아니었다.[37]『地方凡例錄』에서도 이와 상통하는 방식을 찾아볼 수 있다. 그것은 '도처'에서 찾아볼 수 있다는 '노베바이바이(延賣買)'[38] 법규였다. 조세(物成) 납부가 불가능할 때 촌락에서 청원한 액수에 대해 그해 연말의 거래비율의 금은으로 환산하여 무이자로 촌락에 대부하였다. 이듬해 징수할 때도 다시 대부하여 '먼저 갚아가는 것'

---

34 (역주) 에도시대 징세법의 하나로서 과거 5년간 또는 10년간, 20년 간의 전답조세액을 평균하여 조세약을 정해두고 일정 기간 동안 풍흉에 관계없이 정액을 징수한 제도.

35 (역주) 죠멘세이 제도하에서 홍수·한발·태풍 등 큰 자연재해를 만났을 때의 조세감면제도.

36 (역주) 조세율을 절반으로 줄임.

37 深谷克己, 「百姓一揆の意識構造」『增補改訂百姓一揆の歷史的構造』, 校倉書房, 1986.

38 (역주) 조세 납부 완료를 위해 대출하거나 그 대출기한을 연기시켜주는 법규.

을 대신하게끔 한다. 즉 계속하여 빌려간다는 것이다. 그리하여 미납은 없으나 영주에게서 꾼 빚이라는 형태로 완납하게 되는 것이다.

백성 측에서 본다면 '구제'가 어찌할 수 없는 상황 속에서 내밀어졌던 것임에는 틀림없으며 이것으로 무사히 새해를 맞이할 수 있게 되었다. 마누라, 자식을 인질로 잡아 고통을 주던 근세 초엽의 규닌(給人) 지배와는 이질적인 '무민'정책이었다. 그러나 "풍년이라서 완납"할 수 있는 풍족한 해를 제외한다면 원금 부채는 계속 남게 된다. 그리하여 농민 경영 속에 거의 메커니즘적으로 편입된 '구제'체제가 동시에 연공의 완납을 보증했던 것이다.

그러나 『지방범례록』에 의하면, 이 제도가 '몇 해 전'에 영주의 손해가 된다고 하여 폐지되었다고 한다. 대부 그 자체가 아니라 겨울 시세로 백성에게 빌려주고 여름 시세로 영주에게 상환하여 손해가 되므로 에이넨부(永年賦)[39] 이외에는 실제로 징수하는 게 좋다고 판단되었던 것이다. '무민' 이념으로 유지되고 또 강화되었던 '구제'는 물가 가격에 민감할 수밖에 없었던 화폐경제사회 와중에 시행되던 것이었다. 따라서 본래 영주와 백성 간의 관계의식이라는 관념성이 충만했던 '구제'는, 화폐경제의 논리에 추동되어 그것에 대한 고마움을 축소시키거나 포기해야만 하는 상황으로 몰고 가게 되었다. 그래서 이는 영주의 존재 이유를 약화시키고, '구제'의 깃발을 더욱 높게 내걸게끔 하여 백성들이 '구제'를 요구하는 가운데 '막부'와는 이반되는 사회적 분위기를 팽배시켰다.

---

39 (역주) 상당히 장기적 대출로서 만약 100년부 대출의 경우 인간은 죽고 없으므로 실제로 갚지 않아도 된다.

4) 백성 상호 간의 구제

영주와 백성의 관계가 '구제'와 '상납' 관계로 맺어지고, 이를 전제로 은혜와 신뢰의식이 탄생하였으며 또 동일한 전제를 바탕으로 격한 저항과 투쟁이 분출되었던 사정에 대해서는 이미 서술한 바 있다. 그러나 영주와 백성 간의 관계만으로는 백성의 존속을 설명하기에는 충분하지 않다.

근세의 국가제도는 영지권(領知權)[40]의 안도(安堵)[41]에 근거한 영주제였으므로 같은 시기 조선, 중국에서 과거제를 통해 확보한 유교적 목민관에게 한정적인 임기를 부여하여 파견하였던 것과 비교한다면 영지 내 수리시설의 보수 및 구휼이 세심하게 행해졌던 것임은 틀림없다. 그러한 의미에서 영주와 영지 내 백성 사이의 모순 내지 배반이 심각한 양상을 띠는 정도는 그만큼 적었다고 말할 수 있을 것이다. 영주가 불법을 저질렀다고 판단되면 그때를 놓치지 않고 곧바로 결행되었던 위법행위인 잇키와 파괴행위(打ちこわし)가 빈번하게 나타났던 것은 이러한 영주제도하에서 구체적인 효과를 내어 정처 없이 유랑하는 대량의 유민화를 방지하는 힘이 되었다. 그러나 크게 민족적 특징을 논의하면서, 일본 근세 시기의 영주와 백성 관계가 조화로웠다고 과도하게 인식하는 것은 잘못된 것이다.

1649년(慶安2)에 도도번(藤堂藩)에서는, "보리밭에는 연공이 없음을 알고 여름 논에 쏟아야 할 정성을 보리밭에 첫 번째로 들이고 논 가

---

40 (역주) 처음 토지 소지권과 용익권은 미분화 상태였으나 후일 차츰 분화되어 토지의 용익권을 료치라고 불렸는데, 즉 전답산야 등 토지재산에 대해서 현실적으로 지배권을 행사하는 권한을 말함.

41 (역주) 가신의 영지 존속을 확인·인정하는 일.

꾸기는 두 번째로 하였다. 설령 수확이 나쁜 것처럼 보여도 미리 열심히 보리를 심어 수확을 좋게 하였으므로 벼에 대한 조세를 면제할 수 없다"(8월 27일 포고령, 『宗國史』)라고 포고하였다. 부담을 피하고 싶다는 백성들의 소망은 매우 강렬하였고 가능한 한 그것을 실현하고자 하였다. 서로의 이해관계가 상충되고 있었다는 점은 분명하다. 이에 따르면, 연공이 부과되는 여름의 벼농사를 소홀히 하고 양곡용으로 연공이 부가되지 않았던 뒷갈이 작물인 보리농사에 노동력을 할애하는 백성들의 강건함을 영주 측에서는 막으려고 하였던 것이다.

백성경영 성립에 필요한 외부로부터의 구제라는 조건에 대해서도, 영주의 '구제' 이외에 빠뜨릴 수 없는 다른 두 가지가 존재하였다. 하나는 널리 촌락 외부까지도 포함했던 '민간(民間)'의 구제력이었고, 다른 하나는 '거주촌락(居村)' 내부의 상부상조였다.

촌락의 외부 세계, 특히 경제력이 좋은 백성이나 도시민(町人)들의 대부(貸付) 및 적선(善根)과 같은 선행도 영주의 '구제'에 뒤지지 않았으며 '백성성립'에 크게 관계되어 있었다. 그것들은 기존 연구에서 일반적으로 고리대, 상업자본으로서 그 이식(利息)을 경영하는 것 등에 대해서만 주로 분석되어왔다. 실제로 그들이 백성경영에 밀착하여 이를 파괴하는 일이 많았다는 것은, 그들의 집 앞에서 죄를 규탄하며 철저한 파괴행위(打ちこわし)를 가했던 수많은 백성 잇키에 의해 충분히 증명되었다. 다만 이와 같은 이해만으로는 충분하지 않다는 점은 부정할 수 없다. 이것도 백성 잇키에 대해서지만, 파괴행위를 하고자 타향에서 몰려들어온 잇키 세력에 대해 인근의 백성들은 평상시 받았던 도움 등을 이유로 파괴행위의 대상이 되었던 부자에 대한 용서를 구했던 점은,[42]

---

42 深谷克己,「百姓一揆の運動構造」『増補改訂百姓一揆の歴史的構造』, 校倉書房,

이 월등한 경제력을 지닌 부자들의 의의가 매우 컸다는 것을 나타내는 것이었다고 말할 수 있다.

부(富) 그것 자체가 배척대상이 되지 않았다는 것은 17세기 도도번이 "물건을 꾸어주고 고리대를 생각지 않아 백성의 도움이 되는 자"를 포상의 대상으로 삼고, "향중(鄕中)에 물건을 꾸어주고 몇 배가 되는 고리대를 행하여 막부의 백성을 거꾸러뜨리는 자"를 처벌대상으로 삼고 있다는 것에도 반영되어 있다(1677년(延寶5) 6월 6일 「마을에 명령한 3개 조목(鄕中江被仰出三ケ条之事)」『宗國史』). 근세 백성에 있어서 행복이라는 이미지는 결코 남의 노동을 기반 삼아 여유 있는 지위를 구축하는 것이 아니라 가족과 협동하여 힘들게 노동하는 것을 당연하게 여겼던 것이다. 그래서 그 위에 '부귀'한 생활을 실현시키고자 하는 것이었다.[43] 부유한 상태 그 자체가 거부된 것이 아니라 부의 사회적 환원이 당연하다고 여겨졌던 것이었다.

이러한 부에 대한 관점 속에서 경제력을 지녔던 자에게 있어 대부란 사회환원의 방법이었다. 원활한 금전대차가 요구되었으므로 이러한 편이 갑작스러운 덕정(德政)[44]조치보다도 중시되었던 것이었다. 18세기 말에 실질적으로 대차금 말소였던 백년부령(百年賦令)[45]에 저항하는 백성 잇키가 일어나고 있었던 것은 바로 이러한 사정을 반영하는 것이라 말할 수 있다.[46] 근세 백성의 생활은 고리대에 대한 반발도 강했지

1986.

43 深谷克己, 『南部百姓命助の生涯』, 朝日新聞社, 1983.

44 (역주) 무사나 농민의 가난을 구제하기 위해 채무를 탕감하는 일이나 그 법령.

45 (역주) 100년 동안에 걸쳐 조세를 부담하게 하므로 쉽다고 생각하여 실시되었으나 백성은 오히려 저항하였음.

46 深谷克己, 『寬政期の藤堂藩』, 三重県郷土資料刊行会, 1969.

만, 돈을 빌릴 수 없게 될 금융 혼란도 경계하지 않으면 안 되는 성질의 것이었다. 근세시기 돈을 빌리는 것에 대한 증서 작성 관행은 널리 보급되어 있었지만, 그것을 유지 및 지속하는 근본적인 의식은 부유한 자가 주변의 빈곤한 자에게 융통해주는 것이 당연하다는 권리 감각이었다.

보시, 적선 같은 신심 깊은 용어로 행해졌던 부유자의 행위도 마찬가지로 민중세계 내부의 구제기능으로서 그것은 특정 상태에 기초하여 요구하는 것이 당연시되었다. 막말기의 요나오시(世直し : 세상개벽) 상황에서는 대부금 말소 및 쌀과 돈의 보시 등이 호소되었으나 기근 때에는 도시상인이 그것을 시행하는 것이 당연시되었다. 도시에서는 일반적으로 빈궁자에 대한 '고리키(合力)'[47]가 평소부터 기대되고 강요되었다.[48]

그래도 다만 근세사회에서는 부자가 가난한 사람에게 은혜를 베푸는 것이 궁지에 몰린 극한 상황에서는 당연하다 생각되었지만, 동시기 아시아사회 속에서 이를 본다면 기피하는 색채가 농후했다. 적선, 보시, 권진(勸進)[49]처럼 은혜를 베푸는 행위가 종교적 용어로 대체되어 표현되었던 것도 그것을 꺼려했던 것과 관계된다고 추정된다. "악질적 강요"를 방지하려는 사회적 규제는 여러 차례 나타났다.[50] 일본에서는 빌려주고 받는(貸借) 것에 증서를 교환하는 관행이 지배적이었으며 이를 전제로 원금과 이자를 조합시키거나 연기시키는 방법 등을 통해 부

---

47 (역주) 금품을 나누어주는 것.

48 吉田伸之,「近世都市と諸闘争」(青木美智男 外編,『一揆』東京大学出版会, 1981.

49 (역주) 절이나 불상의 건립, 보수를 위해 금품을 거둠.

50 塚田孝,「近世後期における江戸の非人と町方」『部落問題研究』65, 1980.

자의 구제 노력이 판정되었다. 그 판정은 사법(司法)에 의한 것이 아니라 생활자의 실감에 기초한 것이었다.

그러나 근세 시기의 경우 탁월한 부자가 부를 사회적으로 환원하는 것 이외에도 또 한 가지, '민간'세계가 지녔던 자기구제력인 거주 촌락 내의 상부상조를 거론해야만 할 것이다. 동족(同族) 단체와 달랐던 총백성(惣百姓) 상부상조는 「게이안 포고령(慶安触書)」에서도 강조되고 있다. 포고령의 제25조와 제26조를 촌락 '상부상조'라는 측면에서 살펴본다면 흥미로운 차이를 발견할 수 있다. 전자는 연공의 완납을 위해 "쌀 5승, 6승, 1두 때문에 궁지에 몰려 어찌할 바를 몰라 마을 전체를 돌아다니며 빌려보지만"(「諸國鄕中江被仰出」『德川禁令考前集五』2789) 이 시기엔 빌려줄 만한 자도 없었던 까닭에 미리미리 준비하라는 것이다. 후자는 연공의 부족으로 쌀을 두 가마 정도라도 빌리면 원금과 이자가 쌓여 가산을 탕진하게 되므로 조심하라는 내용이었다.

이 두 가지 모두가 융통이었지만 후자는 우리가 차금(借金), 전당증서(質地證文) 형태로 자주 볼 수 있는 것이다. 이에 대해 전자는 인근의 이웃, 친척 간에 증서조차도 교환하지 않을 정도의 일시적 친절이었다. 문자 사료에는 남아 있지 않으나 이러한 일시적 대부는 거주하던 촌락의 범위 내에서의 '상부상조' 형태로 효과를 발휘하고 있었다고 생각된다. 다만 그것은 이미 사회 밑바닥에서 이루어지고 있었기에, 지배적이었던 것은 후자의 융통이었다. 그러나 그조차도 또한 쌀 두 가마 정도의 소액으로 도와주는 것이었다. 1723년의 막부령 나가세무라(長瀨村)에서의 전당포 소동은 널리 알려진 농민투쟁으로서 전당 잡힌 사람들이 전주(錢主)에게 몰려가 증서를 빼앗고 경작지를 점탈한 사건이었다. 이때의 전주는 단 한 명의 특출난 부자가 아니라 다수라고 해도 좋을 정도의 사람들이었다. 이 소동에서는 대개 이러한 다수의 전주에 의한 소액 융통이 모순으로 나타났던 것이다. 그러나 거꾸로 이러한 종류의 융통가 '상부상조' 효과를 발휘했던 경우도 무수했다고 해도 좋을 정도이다. 그리고 이러한 대출에도 증서작성이 중요한 수속이었던 것이 근세 화폐 경제의 질적 수준이었다.

이러한 증서 없는 적선과 정확한 증문을 교환하는 융통의 중간적 성격을 지니면서 상호구제정신에 의해 유지된 것으로는 무진(無盡: 금전 융통을 위한 계)과 계(다노모시코: 頼母子講)를 빼놓을 수 없다. 중세 아주 이른 시기부터 시작되어 현대의 신용조합으로까지 연결되는 매우 오랜 생명력을 지닌 '서민금융기관'이 바로 이것이다. 근세 백성들도 이러한 자금조달 방법에 의해 특별한 지출이나 부담에게 벗어나는 경우가 적지 않았다.

거주하는 촌락 내의 '상부상조'에 대해서는 촌역인(村役人), 특히 나누시(名主)의 역할을 살펴보지 않으면 안 된다. 연공 완납이란 단지 영주의 강압에서뿐만 아니라 백성 측에서도 연공을 바치는 백성이라는 의식, 즉 양명(養命: 목숨을 살리는)이라는 역에 종사한다는 의식을 키워나가면서 이해된 행위였다. 적어도 그것이 촌락생활의 이념이기도 했지만 이러한 촌락의 경우 나누시는 상층에서 우세한 농가경영을 유지하던 백성이 아니면 안 되었다(『地方凡例錄』). 이는 행정의 말단에 위치한 자로서의 권위확보를 위해서 뿐만이 아니라 촌락에서 부담해야 하는 연공의 완납을 위해서도 필요했다. 미납분을 될 수 있는 한 적게 만들기 위해서는 어떻게 해서라도 연공을 대신 내주는 나누시의 기능이 본래부터 요구되었던 것은 그 때문이었다.

이리하여 영주의 '구제'뿐만 아니라 '민간'의 구제기능이 다양하게 기능하고 있었지만 그 시행을 강요하고 또 그것을 납득시켰던 것은 무엇이었을까? 나는 그것을 근세 아주 이른 시기에 보급되었다고 보이

는 '사은(四恩)' 관념이었다고 생각한다. 첫째로는 천지(天地), 둘째로는 부모, 셋째로는 주군(主君), 넷째로는 일체 중생이라는 '사은' 가운데 일체 중생의 은혜라는 것은 평생 농공상 제민(諸民)이 서로 없는 것을 융통해주며 사는 관계를 감사하게 여기는 것이다. 이것이 바로 위난(危難) 상황에 처하면 상부상조하는 것에 대한 윤리적 의의를 부여하는 근거가 되기도 하였다. 남을 돕는 융통이 자신을 돕는 대부(貸付)가 되는 것은 비록 현실적으로는 각지에서 백성경영의 파괴를 야기하기도 했으나 반대로 백성경영을 유지하는 경우가 되기도 하였기에 기대되기도 했다. 탐욕스럽고도 비정하다면 가재도구가 파괴되는 심각한 난동인 파괴행위(打ちこわし)에 봉착하기도 하였다. 따라서 그들의 대부 융통은 이른바 사회적 감시 속의 공공기능과도 같은 것으로서 단지 일개인의 집을 경영하기 위한 사적 욕심의 윤리에서 출발한 것이라고는 말할 수 없다.

이러한 구제기능은 혈연, 지연 양쪽 모두가 개별 인관관계 속에서 실현되는 것으로 매우 중층적인 양상을 보이고 있다.[51] 계(다노모시코고: 頼母子講)에서 나타나듯 그 기원은 비록 근세에 나타난 것이 아니었지만 근세 시기 동안에 촌락의 존속을 위한 경향 속에 더욱 깊게 침투되었다.

또한 영주 '구제'가 대부법(貸付法)으로서의 형태를 정비해나갈 무렵 근세촌락은 한편으로 촌락 재정이라고 할 수 있는 것을 성립시키고 있었다. 촌락의 필요경비를 타카와리(高割: 수전 생산력에 따른 분배), 혹은 아타마와리(頭割: 사람 머릿수에 따른 분배)로 나누어 부담하는 것이었다. 이러한 촌락경비를 위해 재정기구가 성립되었고 촌락경비 장부가

---

51 福山昭, 『近世農村金融 構造』雄山閣, 1975.

나타나게 된 것은 일차적으로 무라우케세이(村請制)[52]를 근거로 성립되었던 촌락이 영주제의 지배하에서 존재하면서도 '민간'의 특정 생활 영역 획득을 의미한다. 다른 한편으로는 크든 작든 간에 엄연히 존재하던 촌역인(村役人)의 위치가 하락하여 총백성(惣百姓)이 먹여 살리는 존재가 되었기 때문이었다.

촌락비용의 중추를 이루었던 것이 인건비였다는 것은 이러한 사정을 말해준다. 촌역인 인건비 중에 가장 많은 금액을 차지하는 것이 나누시의 급료였으며, 그다음이 구미카시라(組頭)의 급료였고, 그 외에 죠쓰카이(定使)[53] 월급도 필요했으며 반진(番人)에게 경호를 부탁하고 있는 촌락에서는 그에 대한 수당도 필요했다. 촌락의 인건비는 촌락 안에서 길가에 쓰러져 죽거나 요양하고 있는 이들의 간호를 위해서도 필요했다. 그것은 매우 광범위한 백성세계가 형성되어 있었다는 인식을 전제로 하여 성립되었고, 긴 안목에서 조망한 상호구제의 방법이었다고 말해도 좋을 것이다. 이전부터 촌락 외부에서부터의 권진(勸進)[54]에 대한 준비도 적지 않았고, 후기가 되면 지역에 따라서는 낭인 같은 자들의 억지 구걸에 대한 대비도 필요했다. 막부나 번에서 파견되어왔던 관리들에 대한 접대도 또한 촌락재정의 형성을 촉진시켰다. 일정한 조세액수를 결정한 죠멘제(定免制)가 채용되어 있다 하더라도 다양한 명목으로 관리가 여러 촌락을 순회하기도 했다. 촌락의 소송을 위한 대표자의 출장경비, 숙박비, 소송비용도 촌락의 유지를 위해서는 아낄 수 없었다. 분쟁을 해결하기 위해서라면 그것이 촌락경비장부의 항목

---

52 (역주) 일본 근세시대, 영주가 농민에게 부과하는 조용조 제역을 개인이나 개별 가호에게 부과하지 않고 그 총액을 촌락별로 묶어서 납부하도록 한 것.

53 (역주) 연락을 하거나 정보를 전달하는 사람.

54 (역주) 신사 · 사원 · 불상 · 종 · 교량 등의 조성 · 수복을 위하여 기금을 모으는 행위.

에 없는 것이라고 하더라도 촌락재정에 있어서 거액의 지출이었다.

촌락의 평상시 행정을 원활하게 하기 위해서는, 촌역인(村役人) 모임, 총백성(惣百姓) 모임 때 필요한 지필묵 대금과 땔감 비용이 필요했고, 절과 신사에 바칠 헌상물과 첫 수확물(御初穗), 거기에다가 제례(祭禮)를 위해서도 돈이 필요했다. 기우제가 필요할 경우 이것도 지출이 되었다. 이것 이외에 촌락 내에서 전답과 직접적으로 연결되는 용수로, 우물, 제방, 저수지, 다리, 도로 등의 개수비용도 많이 들었다. 백성 측에서는 될 수 있는 한 영주의 '구제'기능에 떠넘기고자 하였다. 그러나 한편으로 영주 측은 될 수 있는 한 촌락 자체의 힘으로 보수하도록 하였다. 이렇게 서로 떠넘기는 일은 끝내 해결되지 못했고, 따라서 자체 힘으로 보수하는 범위가 남았던 것이다. 스케고(助鄕)[55] 노동력 등의 후치(扶持)[56] 원칙에 근거한 노동을 위해서도 촌락의 경비로 돈을 모은 일이 있었던 것은 지불되는 몫만으로는 곤궁함을 초래할 수 있었기 때문이었다. 그것은 이미 자기방어를 위해 상납분을 촌락에서 비축해둔다는 의미이며, 똑같은 논리에 기반하여 고요킨(御用金)[57]이나 선납금(先納金)을 위해 징수하는 일도 있었다. 이리하여 촌락재정의 성립과 그 기능이라는 측면에서 보는 한 지연(地緣)에 기초한 공동체로서의 결속은 시기에 따라 약화되는 것이 아니라 영주의 치안 및 '구제' 능력 약화와 더불어 오히려 강화되어갔다.

일상적 생산 및 생활 활동에 있어서 '상부상조'의 의미를 지녔던 '유이(ユイ: 인근 주택 간 노동력 상부상조 조직)'나 '모야이(モヤイ: 다수에 의한 공

---

55 (역주) 근세 고카이도(五街道)에 있어서 특정 슈쿠에키(宿驛)의 보조인만 부담을 하는 촌락.

56 (역주) 원조의 뜻에서 유래하여 무사가 쌀 등을 지급하여 부하나 일꾼들을 포용하여 안는 일.

57 (역주) 에도시대에 막부, 다이묘가 재정을 보충하기 위해 어용상인들에게 임시로 부과하던 금전.

동 작업)' 등도 촌락의 상호구제였으므로 간과되어서는 안 된다. 이는 결국 노동력을 '빌리는' 행위인 점에서 서로 간의 증서 없이 융통해주 었기에 동일한 성격을 지녔다. 오히려 이 레벨에서의 친절(親切), 융통(融通)이 금전과 양곡 융통의 기초하였다고 말해도 좋다. 극한의 상태에서 구걸도 촌락이 연명하는 방안이었다. 도도번(藤堂藩)은 1733년 촌락에 대해 구걸과 결부된 '구제' 실시를 포고하였다(『宗國史』). 이 경우 구걸은 뒤바뀐 상호구제의 의미를 지니고 있다. 근세 촌락에서 기근 시 촌락 주위에 울타리를 쳐서 운명을 함께하고자 하는 시도가 있었던 것도[58] 마찬가지로 거주 촌락 내 상호구제 활동으로서 근세 촌락은 극한적 국면까지도 포함한 '상부상조'적 사고방식으로 유지되어왔던 것이다.

5) 백성 부담의 변용

영주·백성 간에 성립된 '구제'와 '상납'이라는 이념적 상호관계는 지금까지 살펴본 바와 같다. 다만 그 관계는 영원한 것은 아니었다. 막번체제 붕괴가 그것을 잘 증명하고 있다. 나아가 새로운 국가체제하에서 상이한 부과체계로의 이행은 부분적으로 격렬한 저항에 부딪히기는 했지만 총체적으로 본다면 매우 순조롭게 진행되었다고 할 수 있다. 1873년(明治6) 지조개정조례로 시작된 철저한 금납화정책은 미에현(三重縣), 아이치현(愛知縣), 이바라키현(茨城縣) 및 그 이외의 지역에서 대규모 지조개정반대 잇키에 부딪히면서도 전국적 규모로 본다면

---

58 藤田五郎, 『日本近代産業の生成』『藤田五郎著作集』제1권, お茶の水書房, 1970.

단기간 내 조세제도의 전환을 완료했다. 그 전환을 메이지 정부의 강력한 권한 행사와 백성 측의 '상부'에 대한 나약함만으로 설명하는 것은, 합리적인 부과를 주장하며 사형자까지 내면서까지 반복적으로 잇키를 일으켜서 자신들의 살 길을 만들고자 했던 근세 백성의 능력을 무시하는 것으로 생각된다.

나는 이것이 가능했던 커다란 전제는 근세사회 속에서 조세금납화를 준비하는 변화가 상당히 광범위하게 진행되고 있었던 것이라고 본다. 그것은 여러 측면에서 일어난 변화의 종합이었다. 막번체제의 이론적 모습에는 현물 및 미곡 납부 원칙이 통념이 포함되어 있었다. 그래서 그것이 생산물 지대론과 연결되어 이후 증가한 고쿠다이(石代)[59] 납부에 대해서도 고쿠다카(石高)제도의 구조를 파괴하는 것은 아니었다고 한다. 그러나 앞에서 서술한 바 있는 나의 관점에 의하면 원칙과 실상의 괴리, 또한 그 변화해가는 방향이야말로 주시해야만 하는 부분이라고 본다.

일반적으로 다이코켄치(太閤檢地)[60]는 과세 방법도 나타내는 것으로 이해되곤 하기 때문에 등급, 면적, 고쿠모리(石盛)로 표시된 1필의 경지당 농경지를 나우케닌(名請人: 영주로부터 경작지 소유를 인정받은 농민) 소유분만으로 합계한 것이 연공이라고 생각하게 한다. 만약 그렇다면 근세사회는 토지측량(檢地)을 통해 기초액이 개정되더라도 정량 방식으로 일관하여 과세했다는 것이 된다. 도요토미 정권하에서도 영주 2 대 백성 1이라는 분배율은 있었지만 수확고 결정은 양자가 '상대하는' 원칙이었지 정액이 아니었다. 그리하여 근세 시기에도 연공 수입의 안

---

59 (역주) 쌀과 보리 등 수확물 1석 가격을 말함.
60 (역주) 도요토미 히데요시가 전국적으로 실시했던 토지 조사.

정을 원한 영주의 기본적 바람은 있었지만 소농 유지를 근본으로 한다면 과중한 징수가 아닌 한도까지 징수하기 위해 궁리해야만 했었다. 지역과 시기에 따라 차이는 있지만 세비키(畝引),[61] 아리케(有毛),[62] 도오케미(遠檢見)[63] 등의 고쿠모리, 즉 경지 등급에 따른 정량부과가 아닌 방법으로 징세액수가 결정되었던 것은 이러한 궁리에서 나온 것이었다.

연공의 내용도 쌀 생산을 상정한 고쿠다카로 산출했어도 17세기에는 각종 생산물을 혼도(本途)[64]로 간주하는 방식이 곳곳에서 나타났다. 크게 본다면 그런 상태에서부터 쌀과 화폐 수납의 두 가지 체제로 혼도가 정리되고, 그 외의 연공이 고모노나리(小物成: 기타 잡세)로서 금납화하는 방향으로 전개되었다. 징세 방법과 내용 양쪽은 모두 생각 이상으로 가변적이었지만 근세 백성들에게 부담이 되었다. 그러한 실상에서 징세 방법이 변화되었다고 한다면, 자연히 정액화로 향할 것이다. 그것은 막부의 교호개혁(享保改革)[65]과 함께 널리 알려진 죠멘법(定免法)[66]의 채용이었다. 근세 시기의 극히 이른 시기에도 죠멘법과 유사한 징세방법이 존재했던 것은 다이코켄치를 생각해보면 결코 이해할

---

61 (역주) 에도시대 전반기에 행해진 경작물 수확량 검사법의 하나로서 정해진 수확액보다 부족한 양은 손상분이라 하여 전답별 토지면적 또는 고쿠다카로 환산하여 공제하여 주는 방법.

62 (역주) 에도시대 중기 이후의 경작물 수확량 검사법의 일종으로 전답의 상중하 지위 및 생산수확량과 관계없이 실제 수확량에 의해서 조세를 결정하는 방법.

63 (역주) 멀리서 바라보고 결정하는 방법.

64 (역주) 전답에 부과되는 본래 조세로서 조용조의 조를 말함.

65 (역주) 에도시대 중기, 제8대 쇼군 요시무네 재임(1716~1745) 중에 실시되었던 정치개혁의 총칭.

66 (역주) 에도시대 징세법의 하나로서 경작물 수확량 검사법에 대칭되는 조세법으로서, 과거 수년 동안 수확량을 평균하여 그해의 풍흉에 관계없이 향후 3년 또는 5년, 10년 아니면 그 이상 동안 일정한 조세액을 부담하게 한 방법.

수 없는 것은 아니다. 그러나 '강건한 백성'의 육성과 유지를 과제로 할 필요가 있는 한 게미법(檢見法)[67]으로의 이행은 필연적이었다. 빠른 번에서는 17세기 후반, 막번의 법령을 포함한다면 18세기 전반 무렵부터 확산된 죠멘제의 확산 조건은 생산력 증대와 게미제에 대한 저항 때문이었다.

죠멘법이 원래 백성이 바랐던 바였음은 1697년(元祿10) 쓰시마번(對馬藩) 다시로령(田代領)의 백성이 호케미(穗檢見: 벼 이삭의 수확 정도를 보고 결정함)제에서 죠멘제로 변경해달라는 청원서에서 살펴볼 수 있다.[68] 교호 연간의 진헌서 『民間省要』는 "죠멘제로 변경하면 손실이 없고 아래에도 이익이 되는 형편"(상편 권2)을 기술하고 있다. 여기에서는 촌락에 찾아오는 지방관리들을 '사악한 신(邪神)'이라 불렀고 '9만 8천 개의 사악한 신'이 백성을 괴롭힌다고 격렬하게 규탄하고 있다. 다나카 규쿠(田中丘隅: 1662~1729)의 죠멘제 찬성론은 지주적 입장을 나타내는 것이라고 하지만 논리의 맥락에 따라 이해한다면 반드시 그렇지는 않다. 다나카 규쿠는 이나 한자에몬(伊奈半左衛門)의 질문에 대해 "백성이 직접 농사짓는 직영전(手作)에서부터 소작인에 이르기까지 모두 각기 그 기량대로 할 것"(1722년(享保7) 6월 「넨구죠멘 관련 심문에 대한 의견서(年貢定免に関して尋問につき意見書)」 『神奈川県史資料編 7』)"이라 대답하면서 자작인과 소작인 모두 '기량', 즉 개인 능력이 발휘될 수 있다며 찬성하고 있다.

죠멘법은 본래 백성의 요구 속에 있는 것이었으나 그것이 연공을 증징(增徵)하는 대명사처럼 보이게 된 것은 막부 직영지의 사정이 선입관

---

67 (역주) 추수기에 직접 수확물을 눈으로 검사하여 조세액을 정하는 방법.

68 長野暹, 『幕藩制社会の財政構造』, 大原新生社, 1980.

을 만들었기 때문이다. 막부 직영지에서는 조세증가를 목표로 아리케게미법(有毛檢見法)과 결합하여 일정 기간 동안 미곡 증가의 죠멘제의 실시로 단기간에 변화시켰다. 그러나 다이묘 지배하의 영지에서는 사정이 달랐다. 연공은 다이묘가 행사할 수 있는 권한에 속하기는 하였으나 이는 죠멘제에 대해서도 마찬가지였다. 그래서 다이묘 영지의 죠멘제는 막부와 다른 의미를 지닌 경우가 많았다. 요컨대 백성 측에 유리한 대로 시간이 흘러 '에이죠멘(永定免: 영원히 조세액이 일정하게 됨)'이라 지칭되는 상태를 만들어낸 것이었다. 동시에 그것은 백성의 지주–소작 관계를 확대시켰다. 따라서 결과적으로 지주에게 유리했다는 점은 부정할 수 없다. 그렇다고 하더라도 영주 지배의 측면에서 본다면 그것이 재정 악화의 한 요인이 되었음은 분명하다. 영주가 죠멘제를 게미제로 환원시키고자 하여 백성 잇키를 초래한 것이 호레키(寶曆: 1751~1764) 연간의 구죠번(郡上藩)과 분세이(文政: 1818~1830) 연간의 가와고에번(川越藩) 마에바시(前橋) 분령(分領)이었다.[69] 이는 죠멘제가 촌락 측에 유리함을 나타내는 것으로서 영주가 백성에 대해 양보하는 의미를 지니고 있었다.

쌀과 화폐로 정비된 연공 속에서 화폐가 점차 비중을 높여가고 있는 것이 징세 내용의 변질이었다. 연공의 금납이라는 것은 고쿠다카제의 미곡 수납 원칙에서 도출된 방편이기도 했다. 즉 가미카타(上方: 교토·오사카 주변 지역)의 3분의 1 은납(銀納), 간토(關東: 에도 주변 지역)의 하타에이토리(畑永取)[70]는 원래 밭작물에 대한 연공을 쌀로 징수한 것에서부터 구체화되었기 때문이다. 그 외에 오슈(奧州) 지역의 한고쿠다이

---

69 주15와 동일함.

70 (역주) 밭의 조세를 에이(永)라는 화폐단위로 수납하게 함.

(半石代),[71] 고슈(甲州) 지역의 다이쇼기리(大小切)[72] 등 잘 알려진 금납도 밭작물에 대한 연공이었다. 쌀농사를 강제했던 것이 특징이었던 근세 농경에서도 개간을 위해서는 수리사업이 동반되어야 했으며 그렇지 못하면 새로 개간한 경작지는 밭이 되었고, 또한 무거웠던 쌀의 운송은 그 운송로가 확보되지 못하면 결국 금납으로 대신할 수밖에 없다는 판단이 도출되게 되었다. 금납을 촉진한 또 하나의 계기는 미곡 생산력의 증가였다. "제반 지역의 연공, 고쿠다이(石代)는 예로부터 이어진 것이라 그 유래를 알기 힘들다(「여러 지역의 고쿠다이 가격의 건(諸國石代値段之事)」『地方凡例録』)"라는 것이 18세기 후반에 인식되었으나 그 개별적 경과를 거쳤던 금납제가 원래의 미곡으로 납부하는 부분에 대해서도 점차 적용되게 되는 경향이 불가피하게 되었다. 그 각각의 경과는 영주 측에서부터 발생하거나, '고쿠다이 신청(願石代)'을 수단으로 했던 백성 측에서 나오기도 했다. 그러나 그 어느 쪽이든 금납화로 제한한다는 것은 크게 보면 백성에게 양보한다는 성질을 지니고 있었다. 막말기 신슈(信州) 지역 및 이나곡(伊那谷)에 장기간 전개되었던 난잔 잇키(南山一揆)는 금납 관행을 재차 현물 및 미곡 납부로 강요함으로 인하여 백성들의 반발을 초래했던 것이고, 결국 영주 측이 그것을 철회함으로 귀결되었던 사실에서 그것이 상징되는 것이었다.[73]

일방적으로 영주 측에서 양보했다고 보는 것도 정확한 것은 아니다.

---

71 (역주) 절반은 현물수납, 나머지 절반은 화폐수납을 말함.

72 (역주) 미납을 기본으로 한 에도시대에 있어서 고슈 지역의 미납은 9분의 4로서 납세한 쌀 가격의 9분의 3은 쇼기리로 지칭되는 쌀 4석 1두 4승을 금 1냥으로 환산하여 이를 금납으로 대신하여 9월에 납부하도록 함. 9분의 2는 다이기리라 하여 1724년 이래 100석을 35냥으로 환산하여 이를 대신 금납하도록 한 것이었다.

73 平沢清人, 『百姓一揆の展開』, 校倉書房, 1971.

막부의 교호개혁이 연공을 증징(增徵)하는 정책이라고 간주되는 것은 미곡 생산이 증가된 해의 연공액수가 고정되었던 것뿐만 아니라 금납 조세액 환산율에 대한 강제적이었다는 인상을 주기 때문이다.[74] 지역에 따른 거래시세, 나아가 시시각각 시세가 변화된다고도 할 수 있는 쌀값은 한 걸음 더 나아가 생산지 및 상중하 품질에 의한 차이도 결부되어 대단히 복잡한 양상을 보였다. 무엇을 금납의 환산 기준으로 할 것인지는 영주의 '경제적 어려움(勝手不如意)'을 불러올 것인지, 백성의 '고통'을 초래할 것인지가 걸린 중대사였다. '무민(撫民)'의 원칙에 기반하였지만 양자의 공방과 밀고 당기는 거래가 집요하게 펼쳐졌던 것이다. 영주에게는 연공 수입 이외에 부역 후치마이(普請扶持米), 양곡 대부(夫食貸), 종자 대부(種貸) 등의 지출 기준이 되기도 하였으므로 각 지역의 시세거래 장부 제출 등, 쌀값의 장악을 위하여 항상 주의를 기울였다. 백성의 소망은 물론 '저렴한 고쿠다이(安石代)'였다. 이 때문에 '백성성립'을 명분으로 한 이 저렴한 연공액수를 위한 투쟁이 근세 후기의 커다란 조류가 되었던 것이다.

요컨대 될 수 있는 한 연공을 정액제로 하여 화폐로 상납하도록 하는 방향으로 변하고 있었던 것이다. 미곡, 화폐의 양면 체계에 입각하여 매년 수확물에 대한 검사를 근세적 부담의 원형으로 본다면 중심의 이동은 명확하게 진행되었다. 그래서 그러한 변화를 먼저 읽었던 새로운 백성부담론이 이미 교호 시대에 출현했다. 『民間省要』의 논지는 연공, 여러 부역, 특산물(小物成) 모두를 포함한 '조세(貢租) 정액제 일원화'를 제기했던 것으로도 읽혀진다.[75] 메이지 시기 초기의 백성 잇키

---

74 林基, 『享保と寛政』, 文英堂, 1971.

75 高橋光二, 「田中丘隅の思想の歴史的位置」 『民衆史研究』 19, 1980.

의 '규범(作法)'을 훨씬 뛰어넘었던 격심한 신정부 반대 잇키는 연이어
그리고 계속하여 공포된 제반 정책들이 생산자 세계에 있어서 도저히
승복하기 어려운 갑작스러운 새 법령이었음을 나타내고 있다. 그러나
정책이 침투하기 위해서는 그것에 대응할 수 있는 일정한 사회적 수준
이 준비되어 있지 않으면 안 된다. 생산자 자신의 인식 및 이해 여부와
는 별도로, 그런 의미에서의 역사적 조건이 여러 가지 측면에서 조성
되고 있었던 것은 무시할 수 없다.

나가며

본래 이념적 차원만으로는 역사를 모두 설명할 수 없다. 실제로 일
본의 근세사회에서는 파산도 있고 도망도 있었으며, 기아는 물론이고
빈궁함도 있었으며 부담을 둘러싼 분쟁과 투쟁도 일어났다. 그러나 현
실 속에서의 다양한 어려움이 분쟁과 투쟁을 매개로 하여 한층 명시
적 이념으로 실행을 요구하였고, 이념의 사회의식을 더욱 강하게 만들
었다는 점도 긍정해야 할 것이다. 막번체제에 가장 대항적으로 보였던
백성 잇키가 사실은 가장 막번체제적인 가치관(현실을 초월한 이념)을 모
태로 하여 발생했던 것은 그 때문이었다.

그러나 다른 한편으로 백성의 사회의식 요소가 모두 영주와의 관계
에서 성립되었다고 생각하는 것은 옳지 않다. 나는 일부러 지배—피지
배의 관계의식을 검토했다. 다른 국면에 대해서는 각각 독자적인 발생
과 정착 방식이 있었으며 변화될 방향이 있었던 것이다. 농업인의 세
계 전체는 영주와의 관계에서 움직여지는 측면보다도 훨씬 더 광범위
하게 걸쳐져 있었다.

막말 유신기에 분출되었던 요나오시(世直し: 세상 개벽)에 대한 희망은 그러한 것들까지도 포함한 변화 위에 표면화되어 나타났다. 백성부담의 측면에서 본다면, 요나오시라는 것은 막번체제가 '무민' 이념을 수행하거나 혹은 '무민' 가치의 실현을 위한 능력을 근본적으로 상실했다고 피지배자 측에서 생각했을 때에 나타나는 관념이었다. 막부로부터의 이반현상이 사회 모든 레벨에서 진행되었다. 그러나 이념 그 자체는 역사가 축적해왔던 토대와 상이한 양식으로 다음 시대의 정치관계에 영향을 미치게 된다. 그 연결방법과 새롭게 부가된 요소에 대해서는 메이지 시대사 전문 연구 쪽에서 맡아야 할 것이다.

2. 토지와의 관계

들어가며

'백성'은 근세 민중사회에 대해 생각할 때 어떠한 국면에서도 가장 많이 만나게 되는 존재이다. 그리고 백성은 민중사회 양상뿐 아니라 근세국가 모습을 고찰할 때에도 간과할 수 없는 요소이다. 이 백성에 대한 관심에는 여러 가지 방향이 있을 것이다. 여기서는 근세 막부(公儀) 및 그와 마주 보는 공법적 민중 존재인 백성을 강하게 의식하는 관점에서 검토하고 싶다. 왜냐하면 대개 근세국가의 공권력을 의미하는 막부가 1970년대부터 점차 주목을 받게 되었는데, 이는 근세적 지배의 공권력적 성격에 착목한 관점, 또는 농민의 정치적·법적 위치에 주목하여 파악하려는 관점, 또 그 두 가지를 총체적으로 인식하려는 관점 등을 살릴 수 있는 개념이기 때문이다.

이들 관점의 의미는 국가사에 대한 시야도 가지면서 일본 '국민' 형성의 특징을 보다 깊이 인식하는 데에 있다. 이때 유의해야 될 점은 막번체제적 권력이 생활자의 압도적 부분을 백성으로 장악·편성한 것을 규명하는 데에 그치지 않고 그 결과로서 어떤 국가적 존재가 요구되었으며, 또 그와 관련하여 근세시대 백성 고유의 저항 수준·양식이 어떠했는지 살펴봐야 한다는 것이다.

일본사에 있어 전근대국가의 모든 단계, 즉 고대·중세·근세라는 기나긴 시간적 흐름 속에서 검토되어온 것이 백성이며 또 중국·조선·일본이라는 동아시아 전근대사회 속에서 공통적으로 발견할 수 있는 국제적 요소가 바로 백성이다. 물론 시대와 장소에 따라 이질적이었지만, 오랜 시간에 걸쳐 또 광범위한 영역에 걸쳐 있다는 점에서 공통분모라는 사실이 그보다 더 중요하다.

1) 백성 신분의 형성과 역의(役儀)

검토방법의 하나로서 고대 이래를 검토 시야에 넣은 긴 사정거리 속에서 근세 백성의 성립 의미에 대해 검토해보고자 한다. 신분으로서의 '백성'이란 존재는 고대까지 거슬러 올라갈 수 있다. 고대 일본의 백성(햐쿠세이 혹은 햐쿠쇼라는 발음으로 존재)은 고대 중국을 발상지로 하여 조선·일본에 각각 전제국가가 성립하는 가운데, '국가'에 대응하는 '국가의 백성'이 설정되는 중에 나타났다. 동아시아 삼국은 공통적으로 백성이 양민 신분으로서 천민 신분과 구별되고 피지배층은 양천(良賤)으로 편성되었다. 그 이후 사회 전체 속의 백성의 실질적 모습은 각각 상이한 방향으로 전개하였으나 백성(양민)이라는 존재가 분명히 민중의 중핵이었다는 사정은 불변이었다. 동시에 천민 신분층의 상하로의 변화도 각각 다른 방향으로 전개하였으나 양천의 두 구분이 없어지는 일 없이 계속된 구조가 장기간에 걸쳐 커다란 규정력을 지녀왔다.

고대 일본의 백성은 쇼토쿠(聖德) 태자(574~622)의 '헌법 17개조'에서 제4, 5, 6, 12조에 '민', '인민', '조민(兆民)' 등과 같은 의미의 호칭으로 처음으로 등장하였다. 그 이후 율령법에서 '신분'으로서 체계화되었다. 이런 경위 속에서 막번제 시대 백성을 고찰할 때 주목해야만 할 점은 다음의 세 가지이다. 첫째로 고대 백성은 관위를 가진 계층 및 천인계층과 구별되는 무위(無位)·무관(無官)·유성(有姓)의 양인 서민층으로서 위치를 차지하여 남녀노소 모두를 포괄하는 존재였다는 것이다. 둘째로 조세 부담자와 부역 부담자가 동일하지 않았다는 것, 즉 예를 들면 정정(正丁)이라 말하면 백성의 경우 무장(武裝)을 본인 스스로 준비하는 병역 부담자였다는 것이다. 셋째로 백성은 본적지(本貫) 지역에 머무르는 것이 원칙이었다는 것이다.

일본사에 있어서의 '전기적(前期的) 국민'의 형식상 창출은 고대 백성의 등장과 법적 정비로서 구분된다고 나는 생각한다. 그러나 그것은 평탄히 시간이 흘러 만들어진 결과는 아니었다. '전기적 국민' 창출 과정에 있어 주의해야 될 점은 '헌법 17조' 중 제12조에 "고쿠시·구니쓰쿠리는 백성을 수탈해서는 안 된다(國司·國造勿斂百姓)"(『聖德太子集』『日本思想大系』2)라는 표현에서 엿볼 수 있듯이 각 지역 각 등급 수장층들이 사적인 지배를 전개시키고자 하는 상황하에 어떤 의미에서는 공동체 주민을 그 지배로부터 해방시키고자 한 측면을 갖고 있다는 점이다. 즉 달리 표현하면 사적 지배에 대항하는 공동체 주민의 투쟁력이 공동체 주민을 백성이라는 '양민(良)' 신분으로 편성하려는 국가 정치력 안으로 합류하게 되었다는 점이다. 전제적·공적 권력의 인민 장악이 어떤 각도에서는 '해방'적 의미를 지니고 있었음을 그 이후 단계의 국가편성에 대해서도 생각해두어야만 할 것이다.

막번체제하 백성의 지위에 대해서는, '백성의 토지긴박' 상태가 농노적 지위를 증명하는 것으로서 지적되어왔다. 나도 소농민의 '성립'과

'(조세) 완납(皆濟)', '정착(有付)'의 모순을 지양하면서 무라우케제도(村請制) 지배하 촌락이 토지긴박 유지기구로서 기능했던 점에 대하여 언급하고 이를 '촌락 긴박'이란 말로써 부르고자 한 적이 있었다.[76] 그러나 '백성토지긴박'에 대해서는 보다 오랜 역사 과정 속에서 깊이 이해가 심화되지 않은 부분이 있다. 실은 이것이 백성의 '공법적 지위'를 생각하는 데에 있어 중요한 실마리가 되기 때문이다.

고대 백성의 경우 그들을 본적지에 정착 거주시키려는 것이 율령제 국가의 원칙이었으나 중세 무사통일정권은 백성–토지 관계에 대해 이와 상이한 원칙을 표명했다. 고대에도 차츰 부랑, 도망 혹은 이주가 큰 문제가 되었다고 판단되고 있으므로 이런 관점에서 본다면 본적지 긴박 원칙은 백성들의 움직임에 의해 동요되고 있었던 것이다. 그리하여 중세 무사정권은 고대국가와 다른 원칙을 표명하였다. 그 다른 원칙이란 가마쿠라막부(鎌倉幕府)가 바로 1231년(貞永1) 발표했던 "처벌조목(御成敗式目)"(『中世法制史料集』1) 제42조의 취지이다. '백성도망(百姓逃散)' 사태에 임하여 '그 영주들'이 '도망·파손(逃毀)'적 행동을 취하는 것을 '어진 정치(仁政)'에 위배된다고 하여 "거주·이주를 오로지 민의에 일임한다(於去留者宜任民意也)"라고 규정하고 있다. 원래부터 이 규정은 백성의 본거지 토지로부터의 거류(去留)에 대한 시시비비를 정면에서부터 논한 것이 아니라 영주 '소행(所行之企)'의 시시비비를 논하였던 것으로서, "배당된 조세의 미납자는 그 보상을 해야만 할 것(有年貢所當之未濟者可致其償)"이라고 되어 있다. 즉 백성으로서의 부담이 면제될 수 없음을 명확히 하고 있는데, 어쨌든 '할당된 조세'(年貢所當)를

---

76 深谷克己, 「百姓一揆の意識構造」『増補改訂版 百姓一揆の歴史的構造』, 校倉書房, 1986.

완납한다면 '거류'를 결정하는 것은 백성 측에 있음을 명시하고 있는 방침(建前)으로서 결코 간과할 수 없다. 방침은 정책상의 원칙이기 때문이다.

이 조항이 중세 백성의 지위를 표현하고 있는지 여부에 대해서는 이미 해석상의 차이를 나타내 보이면서도 활발하게 논의되고 있다. 나로서는, 사무라이(侍)인 '영주들'이 백성을 '사민(私民)'화하고자 했던 세력에 대해서, 공적 존재로서의 원칙을 가진 백성들의 저항하는 세력과 그 반발하는 세력에 대한 장원영주들의 대응이 결과적으로는 고대 원칙과는 상이한 백성의 향촌 거류 원칙을 만들어냈다고 생각한다. 그리고 이 거주이전의 자유(去留任意)가 바로 무사정권의 중세 백성을 공법적 존재로 취급하는 기준이 되었다고 이해하고 있다.

1253년(建長5) 추가법령의 '사민 거류(土民去留)' 속에서 백성 거류 자유가 확인되었다. 그러므로 이것이 한때의 일시적 조치가 아니었음을 알 수 있다. 여기서의 관심사는 이 원칙이 막번체제 백성 파악과 어떤 관계에 있었을까 하는 문제이다. 중세후기 센고쿠 다이묘(戰國大名) 지배하에서 도망(逃散) 금지 및 백성귀환정책이 추진된 것은 널리 알려진 사실이다. 그런 가운데 백성과 토지와의 관계에 대해 공권적 성격을 지닌 중앙권력의 방침이 획기적 변화를 보이게 된 것은 도요토미(豊臣)시대였다. 바로 백성의 토지긴박이다. 이것은 즉 다이코 켄치(太閤檢地)에 의한 나우케 백성(名請百姓)의 확정, 1586년(天正14) 3월 21일 「條條」(『막부법령(御制法御触書)』9) 법령 속의 '백성의 다른 고을 이주 금지령"(제3조), 1587년 6월 18일 「포교금령(고슈인 시쇼쿠 구가쿠: 御朱印師職古格)」 속의 '고쿠고오리 지교(國郡知行: 영역편성지역)'의 '백성은 변동할 수 없는 것'이라는 규정(『覺』 제3조) 등에서 그런 의사를 찾아볼 수 있다. 도요토미 히데요시는 본인의 생각을 '공적 의사(公儀御意)'

로 규정하고, 규닌(給人)들의 '부조리한' 즉 사적이고 자의적인 지배를 억압하여 백성을 장악한 다음, '백성은 변동되지 않는 것' 즉 영지(知行地)에 고정된 존재—동시에 영원히 계속될 세상의 토지라는 약속이기도 했지만—임을 명백히 천명했다. 따라서 이 통일정권에서는 종래와는 달리 백성토지긴박—규닌(給人) 배제와 일체화된—이 백성의 공법적 존재를 드러내는 형태가 되었던 것이다.

　도요토미 정권 시대를 계기로 권력의 의사가 백성의 거주이전 자유에서부터 백성의 토지긴박으로 전환되었다는 것만으로 끝난 것은 아니다. 도쿠가와 이에야스가 1602년(慶長7) 12월 발표했던 2개의 법령(「定」『德川禁令考前集』5, 2773·2774)과, 그 이듬해 3월 세이다이쇼군(征夷大將軍)으로서 처음으로 발표했던 동일한 취지의 「覺」7개조(『德川禁令考前集』5, 2775) 속에서 '지방관(代官) 및 영주에게 잘못이 있어 살던 곳을 퇴거한(代官·領主依有非分 所を立退)' 경우엔 '억지로 되돌아오게 할 수 없다(猥に不可返付)'(제1조), 미납 조세를 '다 납부한 이후라면 어느 곳이라 하더라도 거주할 수 있다(相濟候上 何方に成共可住居事)'(제2조)라 되어 있다. 즉 '거주지 퇴거(所立退)'를 인정하고 있다.

　사적인 지배의 확대에 대한 막부 공적권력(公儀公權)으로서의 제한은 즉 다시 말하면 개별 영주 '잘못(非分)'의 반영이었다. 도쿠가와 이에야스 정권하에선 도요토미 정권과는 달리 무사정권의 출발점에서 발표되었던 백성 거주이전의 자유 원칙 형태로서 나타나고 있다. 당시의 영주 권력이 목전의 '거주지 퇴거'를 승인하고 있다는 것은 아니다. 가가번(加賀藩)의 1628년(寬永5) 2월 10일 「定」(『加賀藩史料2』) 속에서 '숙박시켜준 곳의 집주인'도 '도망친 사람'도 '사형'(제8조)이라고 규정되어 있는 것처럼, 도망 백성에 대한 엄벌조치가 일반적이었다. 또 막부·다이묘 영내 양쪽 모두에 추진되었던 초기 대규모 총토지조사(總

檢地)는 바로 백성의 토지긴박을 실현할 정책이었다. 그럼에도 불구하고 막부의 의사로서는 백성의 퇴거 용인이 지속되었다. 또는 그런 사고방식이 영향을 미쳤다. 그 의미에 대해 생각해야만 할 것이다. 막부의 1643년 3월 "각 지역의 징계처벌에 대한 법령(在在御仕置之儀=付御書付令)" 제15조에 보이는 "지토·다이칸의 징계가 사악하여 백성이 참기 어렵다고 생각한다면 조세 완납 이후엔 이웃 마을이라 할지라도 거주할 수 있다."(『德川禁令考前集』5, 2786)라는 규정도 1603년 법령과 같은 취지이다. 이 조항은 간에이 기근시의 특별조치라는 견해도 가능하다. 또 1643년(寬永 20) 8월 26일의「覺」德川禁令考前集』5, 2788) 속에서는 "다른 곳으로 출타해버린 백성이 있으면 반드시 처벌한다"(제22조)라는 토지긴박령도 있으므로, '거주지 퇴거' 용인이라는 하나의 노선만이 존재했던 것은 아니었다.

이 규정을 무시할 수 없었다는 사실은 그 이후 18세기 중엽에 실제로 일어난 사건의 재판 시에 고려 요건이 되었다는 점에서 알 수 있다. 1741년(寬保1) 9월에 제출된 마키노 에츄노카미(牧野越中守) 등의 문의(「伺」『德川禁令考後集』2, 형률조례지부 행형조례 28「刑律條例之部行刑條例二十八」)는 에도 막부 재판소(幕府評定所)의 판결 기준을 감안한 것이다. 그 문의는 앞의「간에이 규정」(1643년) 법령을 참고하여 "조세를 완납하면 퇴거해도 처벌당하지 않는가(年貢皆濟之上 立退候ハ、咎に及さる)"라며 최초로 의문을 제기하고 있다. 그리하여 전혀 처벌이 없을 경우, 조세만 상납한다면 "개인적 사정으로라도 살던 곳에서 퇴거할 수 있다"는 식으로 생각해서는 곤란하기 때문에, 가령 조세를 완납했다 하더라도 "가벼운 징계를 내리는"것이 좋다고 논박하고 있다. 그러나 백성의 '거주지 퇴거' 그 자체에 대해서는 "영주(지토: 地頭)의 명령에 부조리함이 있었다면 그 정도에 따라서 일등도 이등도 가볍게 문의해야만 하고 조세 미납이 없다면 엄중한 처벌에는 미치지 않을 것"이라는 결론을 도출하고 있다. 읽는 관점에 따라서는 '거주지 퇴거'를 부정한다는 견해도 가능할 것 같다. 그러나 이 문의가 "일등도 이등도 가볍게", "무거운 처벌에는 미치지 않을 것"이라는 처벌 표현에서 토지긴박 원칙을 나타내면서도, 여전히 백성 '거주이전의 자유'에 대한 용인의 여지가 있음을 정상참작적 규정 형태로서 은밀히 포함시키고 있음은 부정할 수 없다.

초기 다이묘 영지로서 와카야마번(和歌山藩)의 1645년(正保2) 9월 「定」 제15조에서, "남녀 모두 고용 · 일용 · 혼인 등으로 인하여 다른 곳으로 이주하는 것을 엄하게 금지한다(男女共ニ他国へ奉公 · 日(用) · 縁付ニ参候事堅く停止)"라고 하듯이(平山行三, 『紀州藩農村構造の研究』 수록), '타 지역으로의' 출타 금지가 강조되고 있는 것도 백성과 토지와의 관계를 생각하는 데에 중요한 재료가 된다. '타령(他領)'이란 표현도 많기 때문에 국군(國郡)의 '국(國)'의 의미가 아니라, 지배영역 밖으로 나가는 것을 금지하고 있다. 토지긴박이란 게이안 포고령에서 "백성은 대대로 그 지역의 전답-묘덴-이 편리하다(百姓ハ末代其所之名田を便とする)"(『德川禁令考前集』5, 2789)라고 하였듯이 경작지와의 일체화와 그 보장을 말한다. 따라서 '백성성립' 속성의 하나이기도 하다. 그 때문에 앞에서 소개했던 1586년 3월 21일의 「條條」 제3조에서와 같은 향촌 긴박이 도모되고 한 걸음 더 나아가 그 외곽 지역의 영지긴박도 강조되었던 것이다. 이 영지 긴박은 백성에 대한 인신적 지배를 초월한 영역적 지배의 필요성, 다이묘령 존재의 유효성을 나타내고 있다.

도요토미 정권에 의하여 명시되었던 백성토지긴박이 점차 진전하는 한편, 막부(公儀)의사 단계에서는 중세 무사정권하 백성의 토지 거주이전 자유 원칙에서 유래되었던 백성 '거주지 퇴거' 용인이란 생각이 근세에도 계속되었다. 그것은 그 대처를 한 막부와 번의 차이만으로 설명될 사항은 아니다. '거주지 퇴거' 용인은 무엇을 의미하는 것일까. 나는 이것을 거주이전 자유 원칙 속에서 그 공법적 존재적 이유를 증명해왔던 백성 신분 농민의 전체적 저항력에 대한 개별 영주의 '비리(非分)' 즉 사적인 자의적 지배를 억제하는 조정자 형태로서 막부가 제시해야만 했던 명분(建前)이라고 해석한다. 이 생각은 형태상에서는 중세 무사정권하의 백성토지 거류자유 원칙에 유래하지만 다만 크게 상이한 것은 '거주지 퇴거'가 백성소송(百姓目安)법과 연결되어 있다는 점이다.

이렇게 생각하면 막번체제 안에서 일어났던 '타령'·'타국'으로의 이주 의사를 표명했던 대다수 백성 도산(逃散)은, 백성의 토지긴박 양상 및 그 관념방식과도 관련해서 다시 파악해볼 필요가 있다.

이렇게 백성과 토지 관계의 변화 과정은 백성 역무(役儀)의—여기서는 최대한 광의로 사용하고 있다—내용이 어떤 하나의 방향성을 가지고 구체화되는 과정이었다. 병농분리제도를 시야에 넣어서 백성 역을 생각해보면 가장 중요한 변화는 고대 백성의 정정(正丁)이 담당하던 무장 자변(武裝自弁: 무장을 자기 스스로 마련하는 방식) 병역에서 찾아볼 수 있다. 병역은 백성의 부담이었다. 그러나 한편으로 백성 신분에 속하는 자격이기도 하였다. 이런 관점에서 말한다면 백성은 그 이후의 역사 속에서 병역자격을 박탈당하였다. 박탈당한 군역의 자격은 새로운 신분 사무라이(侍=武士)에 집중되어 무장자변의 군역을 사무라이가 독점하게 되었다. 백성은 군역부담의 하층과 관련된 진푸야쿠(陣夫役)가 부과되었고, 백성역의 기본은 백성이 거주하는 '곳(장소)'을 중심으로 한 인부역(人夫役)의 형태가 되었다. 고대 병역이 군역과 진부역으로 분리되었다고 말해도 좋겠지만 백성 진부역은 중세에는 조세(年貢)·

부역(公事)의 일환으로서 징발되어 규분(給分: 영주로부터 부여받은 토지 지배권)·규지(給知: 영지의 배분)와 대응한 사무라이 군역과는 분명히 달랐다. 이런 의미에서 중세 백성도 기본적으로는 군역을 부담하지는 않았다. 센고쿠(戰國)시대 전쟁 중에 군사역 증대가 긴급히 필요한 사정들이 발생하였다. 그리고 백성 조세지 일부분의 조세를 면제하여 급분(給分), 즉 지교지(知行地: 봉록으로 받은 토지)로서 부여하여 그 백성에게 사무라이 신분의 군역을 부과하였으므로 백성이 군역을 부담한 것처럼 보이는 일도 있다. 그러나 그것은 백성 속의 사무라이 부분 즉 백성의 사무라이화였다. 중세 백성도 근세 백성도 무장자변의 군역적 자격을 갖지 않았다는 점에서는 동일하다. 상이한 점은, 조세지 이외에도 지교지(知行地)가 동시에 존재하여, 한 사람이 백성이면서도 사무라이라는 양상, 실전용 무기를 보유한 일도 있었다는 상태라는, 이 두 가지가 근세시대엔 권력층의 의사로서 명확하게 부정되었다는 점이다.

중세의 기나긴 세월을 지나며 서서히 전개된 것이 사무라이 군역과 백성 진푸야쿠의 분리이다. 그리고 백성에게 부과한 부역들 속에서 그 자격이었던 병역 박탈에 공권력으로 임한 것이 도요토미 히데요시 정권이었다. 1588년(天正16)의 무기몰수령(刀狩令)이 바로 그것이다(『小早川家文書』1). 그 제1조에 있는 것처럼 무기몰수를 통하여 '잇키' 해체라는 이 시기 고유한 목적을 가진 것으로서 이해하는 것도 중요하지만, 2~3조에서 "현생은 물론이고 내세까지도 백성을 돕는 일이다(今生之儀者不及申 来世までも百姓たすかる儀に候)", "백성은 농구 정도만 가지고 경작에 전념한다면 자손 대대에 이르기까지 장구히 살아갈 수 있다(百姓は農具さへもち 耕作専一に仕候へハ 子々孫々まて長久に候)"라며 백성 존재의 근본과 관련된 규정들을 제기하고 있음을 더불어 생각한다면, 막부 의지로서 백성역의 근본적 변경을 선언하는 성격을 가지고 있었다고 생각된다. 그 이후 백성 인부역 속에 봉쇄되어버린 진푸야쿠는 쓰번(津藩)의 1609년(慶長14) 「定條條」 제21조에서 "갑작스런 전쟁 등이 발생하면 백성은 현 상태에서 적합한 역을 부담하도록 한다. 항상 늘 연민을 가지고 대하면 그럴 때의 도움이 된다(俄之陣等於有之は百姓在次第罷出相応之御役に立可申候 常々れんみんを加へ候義 左様之時之用にて候)"라며 자리매김되고 있다.

사무라이 신분이 군역을 독점하고 고대 백성 제반 부역들 중에서 무장자변의 군역이 백성으로부터 분리되자, 백성은 오로지 인부역·진푸야쿠에만 고정되었다. 그리하여 양자가 지배자와 피지배로서 위치를 가지는 체제를 완전하게 만든 것이 막번체제 성립이었다. 이 때문에 그 성립과정 중의 중심 과제가 무사와 백성 간의 구별을 어떻게 명확히 하는가였던 것이다. 이런 시각에서 본다면 막번체제 성립기의 백성 지배 중에 양자 구별의 근본적 기준인 토지조사(檢地)정책은 물론이고, 그 사회적 구별을 창출하기 위해서 큰 힘이 기울어졌음을 알 수 있다. 이 힘은, 백성이란 존재가 무사에 대하여 막강한 저항력을 가지고 있었기 때문에 한층 더 강력히 휘둘러지게 되었던 것이다. "백성이 봉공인을 흉내 내는 일을 엄격히 금한다(百姓 奉公人のまねを致事かたく可為無用)"라는 1645년(正保2) 9월 와카야마번 법령(平山行三『農村法』)과, "백성은 사무라이 앞에서 말·가마를 탄 채로 지나가면 안 된다. 원래 길을 비켜주어 무례한 일을 하지 않도록"이라는 1676년(延寶4) 3월 15일 모리오카번(盛岡藩) 법령 등이 바로 그 좋은 일례이다. 이와 유사한 법령들은 빈번히 발표되었다. 막부는 1633년대에 백성의 의복·탈것·건축·식물 등에 이르기까지 제한했던 관련 법령을 연달아 내리고 있다. 그런 의미에서 지금까지 서술해왔던 것들과 관련시켜 보면, 그 주안점은 피지배층 민중 내부를 구별하기 위해서가 아니다. 무

사와의 신분적 차별을 분명히 하기 위한 시각적 동작·표식적 정비였다. 백성의 '성을 없앤 것(無姓)'-공적으로 불리우는 성-도, 그중의 하나였다.

백성 신분에 본래 동반되어 있던 제반 속성이란 점에서 생각한다면 근세 백성 신분으로의 여정은 총체적 하강이었다고 보아야만 할 것이다. 그리하여 실제로 무사화의 가능성을 단절당하고 이른바 농노적 상태의 백성이 되는 것을 저항하면서 백성 신분에 끌어내려진 백성 상층들은 백성 신분 속에 자신들의 존재의의를 찾고자 하는 소망도 보였지만 동시에 사무라이 신분으로의 상승 소망도 뿌리 깊었다. 그 분명한 사례로서, "봉공을 위하여 아무쪼록 열심히 종사하고 싶다고 생각합니다. 개인적으로도 고마운 일이므로 불러 써주시길 바라옵니다(『栃木縣史』近世3)"라고 신청한, 1699년(元祿12) 5월 25일 시모쓰케노쿠니 하가고오리 모노이무라(下野芳賀郡物井村) 나누시(名主)가 올렸던 신청서(『황송하오나 문서로 올리는 소망 사항(乍恐書付を以奉願上候御事)』)이다. 그러나 이미 소농자립론 속에서 논증되어왔던 것처럼 이 과정 중에 중세 백성·지방 영주층에 예속되어 있던 보다 하위 신분 농민층의 자립투쟁 반영으로서 백성 신분으로의 상승과 백성 신분 농민 증대가 급속히 전개되어, 백성 신분 그 자체는 하강했지만 개별적으로는 백성이 되는 것이 바로 신분 상승 즉 '해방'이라는 두 가지 의미를 함유하게 되었다. 그리고 개인적 사적인 지배에 다하여 '사민(私民)'화를 피하려는 백성들의 총체적 역량이 보다 공법적인 지배를 요구하는 힘으로 전환되어 백성 측으로부터 공적 백성이 되려는 소망이 나타나게 되었다. 여기서의 국가는 반드시 도쿠가와 막부를 가리키는 것은 아니다. '군주(카미:上)'로서 파악되는 가장 순화된 공적 권력 존재를 말한다.

피지배 신분 내의 구별은 무사·백성 간의 구별과 동시에 전개되었다. 그 구별원리로서 역(役) 부담 중에서 '국역(國役)'의 역할이 주목되고 있다. 그러나 나는 여기서 역 부담의 차이, 또 그 전제로서 다음 사항을 지적해두고 싶다. 백성과 조닌(町人)의 구별, 보다 정확히 말한다면 백성으로부터 조닌이 분리되는 것이 도시공간(町地)의 정치적 분리에 의해 선행 · 확정됨으로써 가능해지게 되었다. 예를 들면 1556년(弘治2) 유키씨(結城氏)의 신법령 제82조 "각 도시의 가운데 성, 서쪽 성, 모두 … 그 도시민들의 숫자를 기록하여…"(『中世法制史料集 3』)에서 '도시(町)' 지역의 지정을 비롯하여, 1591년(天正19)의 「定」(『身分法令』『小早川家文書』1)과 1592년의 「急度申候」(히토바라이레이(人払令),[77]『吉川家文書』2) 등에 나타난 "한 시골(一在所)", "한 촌락(一村)"에 대한 "도시민들(町中)", "한 도시(一町)"에 대한 지정, 통일정권 측면에서 말한다면, 지배의 공간 즉, 국토가 '시골'과 '도시'로 정치적으로 이분되어 그 공간장소적 구별을 출발점으로 나아가 그곳에 특유한 역이 부과됨으로서 백성과 도시민이 결정되었다.

도시민과 백성과의 구별, 수공업자(職人)와 백성과의 구별은 상이하다. 1651년(慶安4)에 발표된 쓰번(津藩)의 목수 지배 「목록」(『宗國史』)에서 "백성역보다 목수역에 과도하게 부과되었으므로 목수 집안이 자연히 감소하게 되었다"(제5조)를 비롯하여, "이가 지역의 목수는 전답경작이 가장 중요한 역이므로 목수 일은 짬짬이 할 것"(제6조)이라 하듯이 농촌에 거주하면서 경작을 하는 목수는 백성역과 목수역 양쪽을 다 부담했다(백성역과 도시민역은 중복되지 않는다). 이와 같이 목수역의 첫 번째 규정은 백성 신분이었다. 백성역에서부터 그 기술에 동반되는 역무

---

77 (역주) 1592년 3월경 도요토미 히데요시 지령에 의하여 전국적으로 일제히 실시했던 가옥 · 인구 조사.

상납분을 삭감해주는 것으로서 특별한 성격을 나타낸 것이다. 1650년 3월 마쓰모토번 마쓰가와쿠미(松本藩 松川組)의「高辻組鑑」(『近世村落自治史料集』1)에 의하면 제반 부담의 합계 속에 말 사역역·닥나무역·목수역·톱쟁이역·대장장이역·제지역·밀랍역(伯樂役·楮役·大工役·木挽役·鍛冶役·紙漉役·蠟役·鳥拽役) 등이 기록되어 있다.

이것은 다양한 농촌의 가공·생산 기술이 촌락 부담 속에 표현되어 있는 예이다. 1588년 무기몰수령 제3조(前出)에 보이듯이 이는 농업자 이외의 다양한 생업자들까지 백성에 포함시켜 장악하려 했던 것이 아니라 권력의 의지로서 어디까지나 농경 전업화를 강제하고자 한 것이었다. 1598년 우에스기씨(上杉氏)의 영지 교체 때, "당시 전답을 소유하고 있으며 조세령·토지장부에 백성으로 규명된 자"(『上杉家文書』2)라 하고 있는 것처럼「토지장부(檢地帳面)」를 제1기준으로 보아야만 할 것이다. 즉 조세 부담자와 부역 부담자의 불일치는 백성 신분의 출발점부터 지니고 있던 성격이었으나 막번체제 성립과 더불어 부역을 부담하는 방향으로 순화되어간 도시민 신분과는 반대로, '조세를 바치는 백성'의 최대한 단일화 추진 과정 중에서 전답세를 부담하는 백성(高請百姓)과 부역세를 부담하는 백성(役請百姓) 간의 불일치 과정이 존재했다. 그리고 부역의 준조세화—이에 대해서는 다이묘역·막부역 모두 공통적으로—가 전개되어감으로 인하여, 이후 반대로 신규 부과가 부역종목의 확대라는 방향으로 전개되어 마침내 조세와 부역이라는 이원적 수탈은 최후까지 해소되지 않았다고 생각한다.[78]

---

78 深谷克己,「取立てとお救い—年貢·諸役と夫食·種貸—」, 山口啓二 他編『日本の社会史第4卷 負担と贈与』, 岩波書店, 1986, 本書 Ⅰ-1.

2) 토지소유의 층위(層位)

근세 백성이 지닌 공법적 성격은 토지와의 관계 그 자체 속에서 표현될 것이다. 이러한 관점에서 근세 백성의 토지 소유를 정의하고 동시에 토지 소유를 둘러싼 대항적 관계에 대해서 규명함으로써 전반적으로 어떤 관계였는지에 대해 살펴보고자 한다. 개인적 생각으로는 백성의 토지 소유의 첫 번째 원칙이 '공법적 토지 소유'라는 것이다. 이는 토지조사를 거쳐 고쿠다카제도(石高制)에 의해 파악된 논·밭·가옥 부지를 말한다. 이것은 일상생활의 공식 장소에서 표면적으로 출현한 전형적 토지 존재형태이다. '공법적 토지 소유'는 이념적 인식에서는 공의(公儀)의 토지로서 인식되고 있다. 그 가장 순수한 모습은 막부령에서 찾아볼 수 있다. 1713년(正德3) 4월 「御書附」에서 "막부령의 백성으로서 국가 전답 경작을 통하여 처자 및 가속들을 편안히 양육하는 자들(御料之御百姓と申候て 公儀の田地を耕作し 其妻子從類をも心やすく養ひ候もの共)"(제2조, 『德川禁令考前集』5, 2794)이라는 기록이 그 단적인 표현이다. '국가 전답'을 경작하는 것이 '막부령 백성(御料之御百姓)' 즉, 공적 백성이다.

한편 이러한 국가 전답, 국가 백성이라는 인식이 막부령뿐만 아니라 다이묘 영내에서도 관철되고 있었다. 쓰번이 내렸던 1677년의 명령, 즉 「고을들에 명령함(鄉中江)」(『宗國史』)은 종종 인용되고 있는데, 이 역시 "공의의 백성(公儀百姓)"(제2조)을 비롯하여, "전답은 공의의 것(御田畑公儀之物)", "공전(公田)"(제3조)이란 표현이 전형적으로 나타나는 사례로 거론하고 싶다. 쓰한에서 사용하는 '공의(公儀)'의 의미는, 연대 미상(寬文~延寶: 1661~1681)의 명령(吟味令)에서 "공의에 원서를 제출하면 도장 찍은 부교(장관)로부터 검토하라고 명령되었다"(『宗國史』)라고 말하고 있듯이, 바로 번의 권력을 지칭한다. 이것은 공의의 이중성, 또는 다이묘 권력의 공적(公儀) 성격을 나타내고 있다. 아무튼 공의의 이중성을 포함하여 고쿠다카(石高)로 파악된 논·밭·가옥에 대해서는 공의의 소유 논리가 관철하고 있다고 나는 이해하고 있다. 이 공의 소유가 관철된 토지를 백성세계에서부터 표현한 것이 '공법적 백성토지 소유'이다.

이때 주의를 촉구하고 싶은 점이 있다. 종전의 논의에서는 도도번 (藤堂藩)의 이 법령은 공의 소유를 증명하는 것으로만 단순하게 이용되고 있었을 뿐, 왜 17세기 중엽 공의(公儀) 소유가 강조되었던가에 대해 이 법령 및 유사 법령이 시사하는 중요 논점을 결여하고 있다. 앞에서 인용하였던 쓰번의 1677년 법령에서 "공전을 당분간 빌려 쓰고 있기 때문에 팔아넘기거나 전당에 잡히거나(公田を当分之借物之爲に 或は売之 或は質物に入)", "사적으로 사들이거나 담보로 받거나(私として買物質物に取)"(『宗國史』) 하는 상황이 전제가 되었다. 그 때문에 공의의 전답이라는 점이 강조된 것이었다. 쓰번의 1657년(明曆3) 3월 28일 법령에서는 이러한 사정이 더욱 명백하다. "토지대장을 약탈·은닉해서 전답에 혼란을 일으킨다"(『宗國史』)는 백성 측 동향에 대하여 "공의의 전답(公儀田畑)"임을 강조하고 있다.

'공법적 백성토지 소유'는 나아가 다음과 같이 말할 수 있을 것이다. 그것은 중세적인 '사적(私的)' '매입(買得)', '소작(作合)'을 부정하여 공적 소유 논리로서 편성된 '소농적 토지 소유'뿐만 아니라 '지주적 토지 소유'까지도 포함하여 편성되었다. 이 '지주적 토지 소유'는 단지 사적 소유인 것만은 아니었다. 그러나 공법적 소유 범주에 대하여 강렬히 저항하여 또 항상 사적 소유로 전환하려 하였다. 즉 공법적 소유는 그 내부에 '반항물'을 구성인자로서 체내에 소유하고 있었다. 그리고 그 저항이나 사적 소유로 전환하고자 하는 힘이 강하면 강할수록, 앞의 도도번 사례에서 나타났듯이 그것을 굴복시키기 위하여 공적 전답·백성임을 강조하게 되었다. 역사적 사정에서부터 말하면 근세 공법적 소유가 '사적' '매입'이나 '소작'을 부정하는 것에서부터 창출되었기 때문에 불가피한 모순이었다. 이와 같이 이해한다면 나라의 전답이란 서로 대항하는 요소의 통일로서 받아들여야만 할 것이다.

공법적 소유 속에 갇혀 있던 지주적 소유는 정치적 견제를 받으면서도 사적 소유로의 전환을 멈추지 않았다. 구체적으로는 위에서 언급했던 쓰번 1677년 법령에 "사사로이 매입 또는 담보로 잡거나 나아가 이자를 두 배나 되는 고리대로 백성들을 파산시키는 자는 나라를 경멸하고 국민의 장해가 된다"(제3조, 『宗國史』)라 되어 있는, 담보지주의 토지 소유 형태로 사적소유화되었다. 고쿠다카·무라우케제도로 강하게 규제당하는 토지에 대한 권리이므로 사적 소유라고 부르지는 못하더라도 끊임없이 공법적 소유와 갈등하면서 사적 성격을 강하게 띠었다. 그리고 막번체제 속에서 이와 같이 사적인 성격이 발생하면 소농 착취를 동반하는 계급적·적대적 성격으로서 등장하였다. 한편, 공법적 소유의 근간인 '소농적 토지 소유'에 대해서 살펴보면 이것 또한 '자기소유', '백성소유'적 실태 및 의식을 동반하면서 서서히 변화되어갔다. 이것은 점차 강력해져 대대로 유지해가는 것이 당연하다는 가산(家産)의식이 되었다. 이것은 나도 인정하는 바이다. 그러나 또한 공법적 소유의 범주와 근본적으로 대립되는 강력한 사적 성격을 가지지는 못했다고 나는 이해하고 있다.

또 하나 '백성토지의 공동 소유'는 막번체제 국가 지탱의 공법적 소유에 대항적인 토지 소유라고 말하고 싶다. 그 성격은 지역과 시기에 따라서 서로 상이하며 다양한 사실들을 널리 모아서 고찰할 필요가 있는데, 우선 여기서는 『地方凡例錄』를 근거로 그 존재형태에 대해서 살펴보기로 하자.

죠치다카·죠치·미스테지(除地高·除地·見捨地)에 대한 기술이 「권1하」(죠치다카除地高之事)에 있다. 미스테지(見捨地: 조세부과가 없는 토지)로는 무덤·죽은 말 폐기장(屠馬捨場)·길·제방·도랑(溝) 등을 들고 있다. 또 「권1하」에서는 무라다카(村高) 이외의 이리아이지(入會地)[79] 및 마구사바(秣場: 주민이 공동 이용하는 여울·땔감 취득 장소)(노다카野高之事)와 바다 및 하천(海川)은 신규로 다카(高)로 관련짓지 않는다는 서술이 보인다(우미다카海高之事). 이 토지들에 부담이 없는 것은 아니고 노제니(野錢: 들판에 부과한 세금)·야쿠에이운죠(役永運上: 부역에 대한 상납금)라 불리는 세금은 납부하게 하였다. 『地方凡例錄』「권2하」에는 고쿠다타가 하즈레(石高外: 고쿠다카에서 제외시킴) 땅이라 보이는 토지가 기술되어 있다. 그것은 가쿠시다(隱田),[80] 나가레 사쿠바(流作場),[81] 미도리바(見取場),[82] 숲(森)·산림·억새밭(萱野)·갈대밭(葭野), 마구사바(秣場)·들판(原地), 야외연못(野池), 소금해안(塩浜) 등이다. 여기서도 가쿠시다(隱田)를 제외하면 부담을 면제받은 것은 적었다. 억새밭의 경우 면적을 조사하여 조세를 바치든가 아니면 무면적(無反別)[83]으로 하여서 부역(役)·잡세(永運上)를 납부케 하였다. 또 나가레 사쿠바(流作場)는 새로 개간된 농지가 될 가능성이 있을 경우 제방을 쌓아서 고쿠다카의 면적으로 잡았다.

---

79 (역주) 산림·들·어장을 공동으로 이용하여 이익을 얻는 토지.

80 (역주) 토지조사 시에 안내하지 않고 숨겨둔 토지.

81 (역주) 강가·제방 바깥·호수·연못·늪 등의 연안가 도로.

82 (역주) 산기슭·들판·산야 등의 공터.

83 (역주) 정말로 빈곤한 지역은 면적과 관계없이 적당히 조세를 매김.

고쿠다카로 파악된 토지라 해도 반드시 고쿠모리(石盛)를 낮게 잡은 토지가 있다. 산전·야전·화전류가 이에 속한다(山畑·野畑·燒畑·鹿野畑·苅生畑·雉畑·林畑·荻畑·葭畑「권2하」). 그리고 '다카우치 넨넨비키(高內年々引)'에 해당하는 것은 "그 지역에 꼭 필요한 곳은 작물도 심지 않고 조세도 감당하지 않아 예나 지금이나 경작하지 않아 황폐하게 된 땅"으로서 고우구라가즈(鄕藏數), 간다(神田), 미치요(道代), 다메이 가즈(溜井數) 등 20여 곳의 땅들이 「권6상」에서 인용되고 있다. 이들은 고쿠다카에 포함되어 있지만 조세·부역이 부과되지 않았다. 그리고 반영구적으로 이 상태가 유지되었다. '다카우치 넨넨비키(高內連々引)' 지역은 자연재해로 인하여 "산이나 하천의 붕괴 또는 연못화, 돌·모래가 유입되어 있어 총력을 기울이고 금은을 사용한다면 재경작할 수 있는 곳"「권6상」으로 취급되고 있다. 이것은 에이아라바(永荒場),[84] 가와나리(川成),[85] 노이케나리(野池成)[86] 등, 십수 종류에 이르고 있다.

'공법적 백성토지 소유'의 근본과 그 주변에, 공법적 소유와 혼동되어 각양각색으로 존재한 이들 고쿠모리 외부에 존재한 땅, 고쿠다카 내에 포함되어 있어도 거의 고쿠다카에 계산되지 않는 땅, 매우 낮은 조세율로 계산되는 땅 등은 원래의 공법적 소유와는 이질적인 토지 소유형태이다. 원래부터 이것들이 막번체제 지배의 바깥에 존재한 것은 아니다. 예를 들면 계량단위로서의 '고쿠다카' 외부에 있어도, 그것은 체제로서의 '고쿠다카제' 외부에 있는 것을 의미하지는 않는다. 고쿠다

---

84 (역주) 영원히 황무지화되었다고 영주가 인정한 땅.
85 (역주) 홍수로 인해 강이 되었다고 영주가 인정한 땅.
86 (역주) 들판·연못이 되어버려 못쓰게 된 땅.

카 외부의 땅에 대해서도 개별 영주 영유 차원의 지배권은 미쳤다. 이것을 면제받는 곳에 대해서는 국가의 국토지배권이 미쳤다. 무조세지라 하더라도 '구제' 지역으로 취급되기도 하였으며 만약 그렇게 인식된다면 지배로부터 완전히 자유롭다고 말할 수는 없다. 또 고쿠다카 외부의 땅이라 해도 항상 고쿠다카에 편성시키고자 하는 압력이 움직였으며 실제로 그렇게 되는 일도 적지 않았다. 그런 의미에서 필자가 소개한 위의 땅들은 매우 불안정하고 유동적이었다. 그러나 그것들이 적어도 당면 상태로서는 토지 용익이나 부담 면에서는 공법적 소유지와 상이한 것은 분명했다.

보다 엄밀히 말하면 『地方凡例錄』에서 소개되었던 토지 종목 중에는 사적 소유 쪽에 포함시키는 것이 더 적절할 개별적 점유지도 있을 것이다. 그러나 그들 대다수가 공동용익과 관련된 토지였음은 알기 쉽다. 그 공동 용익에 계층 차이가 심한 토지 종목(地目)도 있을 터이나 공법적 소유가 개별적 점유에 의하여 성립되었으며 사적 소유가 타인 노동을 지배·착취했던 것과 비교하면 '총백성의 토지'로서 분명한 특색을 나타내고 있다. 또 이러한 토지 이외에도 촌락 소사쿠지(惣作地),[87] 분배 관행이 있는 토지 등도 개별적 공법적 소유와는 어느 정도 이질성을 나타낸다고 간주해야만 할 것이다.

바로 이 공동적 소유가 공동성의 깊은 근거가 되었던 백성 결합을 유지시키는 역할을 하였다. 그것은 무라우케제도(村請制) 기구에 의해 조건이 만들어진 백성결합과는 서로 다른 원리였다. 그리고 이 공동적 소유는 토지 소유 그 자체에 있어서도 사적 소유와는 다른 논리로

---

87 (역주) 누군가 도망가거나 경작하지 못하는 경우가 발생한 땅을 바로 무조세로 하지 않고 이를 촌락 전체 공동 농경지에 포함시켜서 조세 대상으로 삼았음.

서 막부 소유(공법적 소유)에 대한 저항력을 발휘하였다. 백성의 산림·전답임을 이유로 영주의 부과·몰수에 대하여 저항한 사례가 적지 않았다. 그렇지만 이들 저항 사례들로부터 두드러진 경향을 찾아낸다면 이 토지 소유는 항상 막부 소유(공법적 소유)에 의하여 침식·쇠퇴당하는 쪽에 처해 있었다. 그 방향이 메이지시대 초기의 '오나와(大繩)'[88] 및 지조개정 때의 '공유지'였다고 나는 생각한다.

공동 용익토지 및 고쿠다카제도가 막번체제의 원리적 힘으로서 관철된 것을 전제로 한다면 진정한 '공동체 소유'로서 나타나는 것에 방해가 된다. 그 때문에 나는 '공동 소유(所持)'라고 부른다. 그러나 그것은 공법적 소유(=막부 소유)에 대해서 뿐만 아니라 사적 소유에 대해서도 대항적이었다. 여태까지 소개한 여러 가지 역사적 사실 중에는 산야(山野)를 둘러싼 대립이 많다. 1691년, 막부령의 분고 후지야마(豊後藤山) 촌락에서는 덴진 삼림(天神森)을 촌역인의 나누시(名主)가 '제멋대로 자기 숲으로(我儘ニ自薮ニ)' 만들려고 했다 하여 백성들이 소송하였다(『編年百姓一揆史料集成』2). 1693년, 막부령의 시나노 오쿠사(信濃大草) 촌락에서는 "지주 겐자에몬은 선례를 파기하고 신법을 만들어 산속에다가 몇 군데 마을을 차단하는 울타리를 크게 둘러쳤다"라 하여, 백성들이 호소하고 있다. 백성들의 주장은 "겐자에몬이 예부터 소유했던 산림은 토지대장에 기록된 6~7곳이며, 그 이외 산림은 오래전부터 촌락에서 자유로이 사용해왔던 곳"이라는 것이다. 1856년(安政3)의 미토번(水戶藩) 영내 무라가타소동(村方騷動)의 쟁점은, 촌락 소유 전답·산림을 '촌역인이 취급할 것인가', '촌락이 취급할 것인가'였다(『藤田市史 中近世編』). '촌역인의 취급'이란 말 그대로 사적 소유로 인

---

88 (역주) 토지척량을 느슨하게 하는 것.

식할 수는 없겠지만 사적 지배와 공동적 소유 간의 대항이 표면화되고 있다는 이해는 가능할 것이다.

막말유신기의 요나오시는 여태까지 서술해왔던 바에 의하면 다음과 같이 해석할 수 있을 것이다. 요나오시 운동의 토지투쟁은 개개인의 사적 소유나 사적 소유의 진전에 근거하여 권리를 주장하였던 것은 아니었다. 반대로 '유덕한 자(有德之者)'들의 사적 소유를 '사욕'으로 간주하여 저지하고 그 상실된 것의 반환을 독촉하는 것이었다. 여기서 움직이고 있던 힘은 농민이 개개 가옥별로 소유한 공법적 소유 논리보다는 마을 전체가 동시에 문제 삼은 공동적 소유 논리였다고 생각한다. 담보토지(質地) 증서에 있던 기한연기 관행은 계약기간이 지나도 다시 저당물을 되찾으려는 권리의 유보로서 백성 소유를 방위하기 위한 지혜였으나 그곳에는 촌락 전체의 힘으로서 사적 소유 진전을 막고자 하는 생각이 표현되고 있음을 엿볼 수 있다. 그렇다면 개별점유의 공법적 소유도 실은 이미 한 단계 깊은 곳에서부터 공동적 소유논리에 의하여 유지되어 있다고 말할 수 있지 않을까.

막부(公儀) 소유(공법적 소유), 사적 소유에 공동적 소유가 대항하여 종종 분쟁을 일으켰던 산야-이외에 공동적 소유와 공동적 소유 간의 충돌이라는 성격을 띤 촌락 간 분쟁도 많은데-에 대해서는 한마디 더 보태지 않으면 안 될 것이다. 오히려 소농의 자립화 능력으로 인하여 토호 독점으로부터 총백성 용익(用益)으로 전개해간-즉 공동성을 더해간-것은 아니었을까 하는 의문이 생길지도 모르기 때문이다. 첫째로 광대한 산야의 공유지적 성격이 영주권력과 백성 상층에 의하여-즉 공적인 힘과 사적인 힘에 의하여-한정되어가는 과정 속에 소백성 성장으로 인하여 백성의 수적 증대와 그들의 용익권 획득에 의하여 부분적으로는 평등성이 확대된 것처럼 보인다. 특히 17세기가 그러하다. 둘째로 다만 보다 더 긴 안목에서 바라본다면 공동적 소유의 힘이 전체로서는 그다지 강해진 것은 아니었다.

근세 백성의 토지 소유의 큰 움직임은 공법적 소유(막부 소유)를 기본으로 하여 그로부터 항상 사적 소유가 발생하고 그 과정 중에 끊임없이 갈등이 발생함과 동시에, 양자에 대한 공동적 소유의 대항이 거세게 일어나 쇠퇴해갔다고 생각한다.

3) 신분 공동조직의 상호관계

소농의 생산·생활에 적합한 촌락 공동체라는 것이 근세 공동체에 대한 일반적 이해이다. 그러나 소농만으로는 촌락생활의 많은 국면을 설명할 수 없다. 백성이라는 공동체 성원의 신분적 지위에 주목하여 신분 공동조직으로서 다루는 관점을 추가해야만 할 것이다. 그런 의미에서 근세 공동체는 '백성 공동체'라 부를 수 있다. 이 백성 공동체에 대하여 몇 가지 언급하고자 한다.

무라우케제도를 빠뜨리고 갈 수는 없다. 무라우케제도가 주요한 농민지배 방식이었음은 여태까지의 통설이었다. 그러나 무라우케제도의 백성 장악 방법에 대한 새로운 사고방식이 요청되고 있다. 내 자신도 지금까지 무라우케제도를 농민과 영주의 개별적 결합관계가 단절된 단계에서의, 공동체를 통하여 농민 지배를 관철시키려는 방식이었다는 식으로 이해했었다. 그러나 여기서 다시 생각해야 할 점은 공동체 파악과 개별적 파악 상호 간의 관계에 대해서이다. 즉 막번체제하에서 직접적으로는 백성을 대상으로 하여 제반 법도 및 백성 소송법 정비, 토지조사 장부(檢地帳), 나요세쵸(名寄帳),[89] 슈몬아라타메쵸(宗門改帳)[90] 등등, 백성을 개별적으로 철저히 등록시켰던 기본 대장 정비 등을 살펴보면, 실제적으로는 오히려 백성을 보다 개별적으로 장악하는 단계로 진행하고 있었던 것은 아니었을까. 그 개별적 장악 주체는 공권력으로서, 사적 권력의 인신적 지배는 백성 저항과 통일권력 제압에 의하여 후퇴하였으나 그 과정 자체가 다름 아닌 바로 공권력-막부(公儀) 및 국가적 성격(公儀性)을 띠게 된 다이묘-에 의한 개별적 백성 지배, 장악을 심화시켰다. 그리고 동시에 주의해야 할 점은 그 개별적 장악이 직접적인 인신 지배가 아니라 법기구적 지배에 근거하였다는 것이다. 개별적으로 그러나 공법적으로 백성을 장악하는 방향으로의 전개-개별적으로 지배하는 방식을 취한 것은 아니었다-가 바로 무라우케제도의 모습이라고 해야만 할 것이다.

공동체적 강제력과 영주적 강제력의 관계는 백성 공동체와 막번권력의 관계를 나타내는 또 하나의 측면이었다. 일반적으로 생각하면 중세 백성의 공동조직이 지니고 있던 강력한 자율적 강제력-보다 하층 농민들에 대해서는 지배력으로서도 작동하였음-이 영주적 강제력 속에 흡수되는 과정 속에 근세 백성의 공동체 성립을 파악할 수 있다. 근세 촌락법에 대해서 점차 영주법과 일체화되어간다고 말한 것도 그런 관점을 보강한 것이다.

그러나 백성 공동체의 자치·자경(自警)적 능력을 국가가 박탈하여 자검단(自檢斷) 권능이 향촌사회(在地)에서 상실되었다고 말하는 것만

---

89 (역주) 농민을 단위로 하여 각 필지별로 경지의 위치, 종류, 면적, 생산량 등을 정리한 장부로서 촌락 조세분배의 기본 자료가 되었음.

90 (역주) 종교 조사 장부.

으로는 불충분할 뿐만 아니라 부적절하다. 그 양자가 서로 관련되는 단계성에 대해서는 지금 조금 더 깊이 파고들어갈 필요가 있다. 이 관계에 대한 이해를 돕기 위해서 주거지 추방(所拂)이란 형벌과 나이사이(內濟)[91]라는 분쟁처리법을 소개하기로 하자.

"지방은 거주향촌에서부터, 에도 도시민은 거주 시가지로부터 추방함(在方ハ居村 江戸町人ハ居町払)"(『德川禁令考後集』4, 刑律條例之部司法曹遵則 103)이라는 거주지 추방은 공법적 형벌 종류의 하나였다. 근세시대 추방형벌의 내용·적용에는 복잡한 변형이 있는데, 그 원점은 거주하던 촌락·도시로부터의 추방이었다. 거주지 추방이란 막부와 번 어느 쪽에서도 실행했던 형벌이었으나 이 형벌을 받은 자들의 양상에 대해 살펴보면 향촌·도시, 아니면 혹은 조금 더 넓은 범주의 거주지에서 추방당했으나, 그 이외 지역에서는 일반인(常人)과 교류하였다. 결과적으로 이 형벌로 인하여 '악인'이 되어버린 자들이 전국적으로 일반 생활권 안에 산재하였다. 그런 의미에서 거주지 추방은 공법적 형벌로서는 특이한 형벌이었다. 그것을 1742년(寬保2) 시모스케국 아카미 촌락(下野國赤見村) 고닌쿠미 법령(五人組令)의 "사적 이유로 거주지에서 추방시키지 말 것"(穗積陳重『五人組制度論』) 등 규정과 대조해보면 다음과 같은 이해가 성립된다. 즉 촌락 중에는 주민을 추방하는 강제력과 실태가 있었으며, 그것을 막번권력이 금지하여 그 기능을 독점한다는 순서이다. 그 순서상에서 파악한다면 거주지 추방은 공동체가 장악하고 있던 자율적 시비판단(理非裁斷), 제재력이 구축되어 공법적 형벌 속에 자리 잡았던 것이었다. 역사적으로는 중세 백성의 공동조직이 지니고 있었던 재지적 '경찰능력'이 근세 백성의 공동조직에서는 상

---

91 (역주) 민간 범주 내에서 은밀하게 해결함-단 양자를 연결해줄 중재인이 필요했음.

실된 국가적 기능 속에서 조직되었다는 것인데, 동시에 나는 공동체적 법이 이처럼 알기 쉬운 형태로서 국가법에 영향력을 가지고 있었다는 점, 그리고 앞의 고닌쿠미 법령에서부터 추측할 수 있듯이 '사적 이유로 거주지를 추방시키는' 일이 완전히 없어진 것은 아니었다는 점, 그곳에 막번체제 단계—공동체법이 국가법에 대해서 직접적인 규정력을 지니고 있던 단계—적 특징을 찾아볼 수 있음에 주목하고 싶다.

백성 공동체가 본래 그 내부에 소유하고 있던 분쟁처리 기능·방식을 공적 권력의 힘으로 변환 또는 연결시켰던 것으로서 나이사이(내적 해결)도 간과할 수는 없다. 나이사이 과정은 쟁론—소송—조사(吟味)—영주의 이해(利解)—중재인의 입회—해결·증서작성으로 전개되는 일이 많았다. 이것이 백성의 자율적 해결에서부터 '강제'를 함유한 지배방식으로 전환했다는 것은 영주 이해(利解(說諭·敎諭))를 포함함으로써 해결능력이 공적 권력 내지는 그 위탁자 쪽으로 옮겨졌기 때문이다. 다만 이것도 막부권력이 백성의 공동체적 기능을 박탈한 측면과 공동체 해결방식이 공법적 해결방식에 직접 반영되었다는 측면 등에서, 근세의 역사 단계적 특징을 나타내는 것으로서 보아야만 할 것이다.

백성이 계속 생존해나아가기 위한 공동조직으로서의 촌락이라는 견지에서 본다면 다시금 신분으로서의 백성이란 존재와 생활자로서의 촌락주민 관계가 어떠했던가에 대해서 묻지 않을 수 없을 것이다. 백성이라는 말은 근세시대의 경우 점차 촌락주민의 총칭에 근접하지만 그것은 어디까지나 세간에서 부르는 통칭일 뿐이다. 신분관계로서는 분명히 백성과 촌락주민은 상이했다. 첫 번째는 다양한 호칭으로 불린 백성보다 하위 신분의 농민이 포함되어 있던 사실로부터도 그렇다. 두 번째는 백성계층에는 소속된다 하더라도 백성 신분의 사람은 극히 일부분에 지나지 않는다는 의미에서도 그렇다. 그것은 해당 단계의 농민

가족 중에 가장 한 사람만 백성 신분 농민으로 지정되었다는 사정에서도 기인한다. '백성의 아내', '백성의 아들', '백성 은퇴(隱居)' 등의 경우엔 백성이 아니었다. 이것은 백성 신분이 경영 개별성을 바탕으로 개별 경영단위에 부쳐진 것으로서, 인격적 개별성에 대응하는 것이 아님을 나타내고 있다. 백성 신분의 농민은 개개 경영체가 백성으로서의 역(役儀)을 막부(公儀)에 대하여 '일할' 때의 인격을 대표하는 의미를 지니고 있었다. '가문'=경영의 개별성이라는 것에 대해서는, 봉공인(奉公人) 수령증의 경우, 종종 막부법도 · 촌락규정 다음으로 집안 법도(家法)를 거론하면서 그 세 단계의 각 규제에 대한 준수를 맹세하고 있는 점에 주목하고 싶다.[92]

주민에 대해서는 정치적으로는 강력한 통제력을 발휘했던 공동조직으로서 나타난 것이 백성공동체인데, 무엇보다도 백성 신분의 '가문'적 연합 성격을 지니게 되었다. 이 공동조직의 공동성의 근거는 소유 · 노동 · 분배 · 부담 · 규제 · 제사라는 여섯 가지 분야에서 요구되었다. 그리고 일상 장소에서는 그러한 요소들 중의 무엇인가가 표면에 나타남으로 인하여 공동성이 지속되었다고 생각된다. 이것을 중세백성의 공동조직과 비교하면 백성 신분이 전체적으로 하강한 반면 백성 신분 특권성의 약화와 백성 신분층의 수적 증가에 의하여 그 몫만큼 '대등성'을 강화하게 되었다는 것이다.

이러한 백성 공동체는 다른 공동조직과 어떤 관계가 있었을까. 마치 개별적 백성경영이 개별성을 지니며 고립해선 존속할 수 없었던 것처럼 일개의 백성 공동체는 공동체 밖의 다양한 요소와 교류하든가 수용하지 않으면 존속할 수 없었다. 외부에 존재한 다양한 요소란 다름 아

---

92 深谷克己, 앞의 책(본서 I-1).

니라 각자 상이한 원리에 의하여 결합되고 있던 상이한 종류의 공동조직이었다.

칸핫슈(關八州) 대장간 우두머리(鍛冶屋頭)는 "핫슈 지역 대장장이들로부터 한 지역에 은 5몬메씩 거두어들이기" 위하여, "매년 핫슈에 부하들을 보내어 국역은을 징수했다"(연도 미상, 『德川禁令考前集』5)라고 되어 있다. 모든 촌락에 대장간 장인이 있었던 것은 아니었으며 또 도시의 직인과 농촌의 직인을 평면적으로 취급할 수는 없지만 우선 시골의 대장간 직에 대해 살펴보면 이 시골 대장장이는 백성 신분이면서도 대장간 직으로도 편성되었다. 이것을 백성 공동체 측에서 말한다면 이런 식으로 대장간 역 조직과 접촉·교류하는 것이 된다. 더욱이 이 대장간 조직은 단순한 자연발생적 직종 조직이 아니라 고후치닌 대장간 우두머리(御扶持人 鍛冶頭)를 통하여 사쿠지가타(作事方: 토목·건설을 담당하는 관리) 지배하에 소속되었다. 그리하여 막번체제 지배적 관점에서 말한다면 두 개의 공동조직 백성·장인(職人)적 조직 편성에 의하여 백성 존속을 시도하는 조직이 성립된 것으로 된다. 앞에서 보았던 쓰번의 목수(大工)도 마찬가지이다. 구체적 형태상의 차이는 존재하겠지만 또 시기·지역에 따라서 지배권력과의 관계도 다르겠지만, 향촌에 거주하거나 향촌으로 찾아왔던 다양한 장인들은 각 장인조직으로 편성됨으로 인하여 백성 공동체는 개별적 장인적 인격으로서 뿐만 아니라 다른 공동조직과도 교류하게 되었다. 그 교류를 통하여 비로소 처음으로 백성 공동체가 유지되었던 것이다.

이런 관점에서 생각할 수 있는 것에 종교적 제반 관계가 있다. 예를 들면 사단제도(寺檀制)는 혼마쓰제도(本末制)[93]에 의하여 거대한 조직

---

93 (역주) 본사와 말사로 구성된 사원의 구조.

으로 편성된 말단 사찰들이 백성 공동체 내부에 설치되어 단케(檀家)[94]로서 백성 가족들을 장악하였다. 이는 바로 다름 아닌 백성 공동체가 말사(末寺)를 통하여 종교적 공동조직과 접촉하는 것이었다. 또한 그 것은 막번체제가 백성을 총체적으로 장악하는 구조이기도 하였다. 모든 종교조직이 막번체제 지배에 봉사하는 것이 아님은 물론이다. 아무튼 간에 각 대형 신사(大社)로부터 파견되어 나온 고시(御師), 향촌에 거주하거나 향촌을 방문한 야마부시(山伏)[95]·무녀(巫女) 등등은 어떤 종교인이 우연히 개인적으로 백성 아무개와 접촉하는 것이 아닌, 각자 다른 접촉방법으로서 백성 공동체가 종교조직과 교류함으로써 백성이란 존재가 재생산될 수 있도록 하는 방식이었던 것이다.

맹인과의 관계도 마찬가지였다. 1776년(安永5) 11월 겐교(檢校)[96]지배와 관련된 막부의 명령 중에, "백성·도시민의 아들 중에 장님으로서 겐교 무리들의 제자가 되어 그 각자 생업을 위한 수행을 하도록"(『德川禁令考前集』5, 2762)이라는 부분은 백성 공동체적 입장에서 말한다면 그 사회 내부에 장님이 태어나면 그를 공동체 외부로 내보내어 겐교 무리의 손에 일임하였음을 나타내고 있다. 그러나 이것은 단지 장님을 공동체사회로부터 배제한다는 것은 아니다. 백성의 자식 중에 장님이 있을 경우, 그 자식을 장님의 공동조직에 위임해서 그 살아갈 수 있는 길을 열어주는 방식으로 백성 공동체와 장님 공동체가 접촉하였던 것이다.

이와 같이 다른 신분 및 생업 공동조직과 서로 연결됨으로써 백성의

---

94 (역주) 일정한 절에 소속되어 그곳에 보시를 하는 세속의 가호.

95 (역주) 불교 수행을 위해 산야에서 기거하는 수도승.

96 (역주) 신사·사원의 총무를 관할·감독하는 역할.

공동조직은 유지될 수 있었다. 촌락 자치론은 이와 같은 의미에 있어서도 부정확한 관점이라고 말하지 않을 수 없다.

나가며

사적인 것은 항상 적대적인 것으로 변화되는 형태로 나타난다. 그리고 공적인 힘이 그 사적이고 자의적인 지배를 제압하였다. 경우에 따라서는 그런 사적·자의적 힘으로부터 구제한다는 측면도 보인다. 이러한 사정하에서 공법적 지배에 대해서 한편으로는 보다 근저에 존재한 공동성의 견지에서부터 대항하는 거점·양식도 보이지만 공법적 지배력을 도출하여 과제를 해결하는 것이 '백성투쟁'의 기본방향이었다. 이런 시각에서 본다면 격렬하고 끊임없는 투쟁의 백성 잇키는 개개의 영주·농정관·촌역인·지주 등의 사적 지배·자의·사욕에 대한 규탄이었다. 그리고 그 배제를 공적 권력으로서 독촉하는 성격을 지니고 있었다.

이런 의미에서 근세 백성의 본원적 요구 논리로서 '지배의 공법성 확충'이란 특징을 발견할 수 있다. 다만 이것은 근세 백성의 투쟁이 항상 준법적 성격을 지니고 있었다는 것은 아니다. 막말 유신시기의 '요나오시' 운동 속에 공권력 공백상태라는 상황도 가미되어 공법성 확충 요구 논리가 뒤로 후퇴하고, 보다 근저에 존재하며 연명되어왔던 공동성적 힘이 표면에 대두했다. 그러나 '요나오시' 결말과 연관된 다양한 소동, '요나오시' 주변에 야기된 다양한 소동들을 전국적인 넓은 범주에서 파악한다면 사욕횡령, 비리부정에 반대한다는 동일한 주제를 지닌 투쟁들은 보다 뛰어난 공권력 형성─도쿠가와 막부나 덴노(天皇) 정부를 구체적으로 가리키는 것은 아니다—을 희망하는 방향으로 향하지 않을 수 없었다고 이해하고 있다.

백성은 고대 이래 '전기(前期)적 국민'의 중핵을 이루었으나 그 신분 해방의 방향은 어떠했을까. 근세 초기의 병농분리정책에 의한 신분하강으로서 백성신분화되었던 상층 사람들은 백성 신분에서부터 개별적으로 상승하여 사무라이가 되려는(士分化) 소망을 잠재화시키고 있었으며 따라서 의복·가옥·성(名字)·칼 소지(帶刀) 등의 방식으로 무사 같은 외관에 접근하는 것은 포상이자 특권이었다. 이에 대하여 압도적 부분의 백성층에 있어서는 백성으로서의 '성립'과 '영속(永續)', 백성 내부로부터의 상승이 소원이었으며 또 몰락 농민·예속 농민의 경우에는 백성으로 상승하는 것이야말로 간절한 소망이었다. 근세 일본에서는 농노 신분 해방요구와 유사한 개별적 백성 신분 해방요구는 나타나지 않았다—이질적 인격형성 방향에 대한 고찰은 여기서는 하지 않는다.[97] 그러므로 백성 신분으로부터의 해방이 시행되었다고 한다면 단한 번에 전체적으로, 즉 체제로서 봉건적 피지배농민의 위치가 폐기될 수밖에 없었다. 백성들은 실제로 1870년(明治3)의 닌베쓰쵸 작성령(人別帳作成令), 1871년의 호적법으로 '평민'이 되었다. 그리고 지조개정를 통하여 근세시대 동안 농경 전념·토지긴박·조세 완납(年貢皆濟) 원칙과 관련되어 집안에서 가장 한 명에게만 한정되었던 백성 신분이 제도적으로 이 나라 역사에서 사라져버리게 되었다. 백성으로부터 평민으로의 이행은 직업과 일체화된 농민 신분의 소멸이라는 점에서는 '해방'이었다. 그러나 또한 평민 규정은, 출생을 바탕으로 구별된 사회적 표식으로서의 의미를 남기게 되었다.

---

97 深谷克己, 『八右衛門·兵助·伴助』, 朝日新聞社, 1978.

3. 촌락과 가족

들어가며

역사상 많은 문제가 그러하듯이, 근세 촌락이나 가족에 대해서도 다양한 관점의 차이가 있다.

촌락에 대해서 말한다면 근세의 촌락 공동체는 해체과정에 있었다는 관점과 새롭게 형성되었다는 두 가지 관점 사이에 커다란 격차가 있다. 다만 양쪽 모두 인식을 심화하는 데에서 시사하는 바가 있다. 전자에서는 완결적으로 생활·생산을 충족시킬 수 있는 폐쇄된 공동체가 근세에는 존재하지 않았다는 관점을 얻을 수 있으며, 후자에서는 근세시대에 이르러 백성 수(가호 수), 경지 면적, 촌락 숫자가 비약적으로 증가함으로써 새로운 질서의 공동체가 탄생했다는 관점을 얻을 수 있다. 촌락에 대해서 막번체제 국가의 지배기구로서 보는 입장과 막번체제 사회의 자치적 조직으로 보는 입장 간의 차이도 크다. 전자는 '봉건유제' 극복이라는 시점에서 모든 공동체적 규제가 개인을 억압하여 영주의 경제외적 강제체계로서 기능한다고 보았고, 후자는 운영관리, 심판, 징벌, 대표자 선출능력, 토지 소유(所持), 유지기능 등의 자율성에 착목하고 있다. 내 생각으로는 양자가 서로 논의되는 차원이 엇갈리므로 관점 이행에 의한 종합이 시도되어야만 할 것이다. 촌락 공동체가 혈연관계와 지연관계를 어떻게 조합하여 존립하고 있었던가 하는 점도 남겨진 과제이다.

혈연원리로 불리는 요소에 대해서도 본가·분가, 부모·자식, 인척의 차이와 각 요소 간의 관계를 어떻게 볼 것인가 하는 문제가 남아 있다. 각 요소는 계보적인 것, 의제적인 것, 경과적인 것이라는 근본적인 차이가 있다. 그리고 근세에는 그것들을 동일하게 취급하지 않았다.

가족에 대해서는 근세의 민중 가족에서 고전적인 의미의 가장권이 존재한다고 인정될 수 있을지 여부에 대해서도 충분히 답변되지는 않고 있다. 이 질문은 민중 가족에 있었던 것이 가장권이 아니라 친권이었다는 의문에서부터 나왔다. 그것은 동시에 처(妻)의 지위를 어떻게 생각할 것인가 하는 문제인데 결혼한 여성(며느리) 및 남성(사위)이 어느 정도나 결혼한 상대방 가문(婚家)에 참여해 들어갈 수(參入) 있었는가 하는 각도에서 본가와 혼가의 관계를 고찰해야만 될 것이다.

근세는 촌락과 가족이라는 공동체(공동단체)의 존속을 사회 전체가 인식하여 일찍부터 이에 대한 승인을 바탕으로 그 위에 종횡적 제도·법·관행이 구성되었던 사회였다. 또 각 신분별로 독자적인 존재의 논리와 윤리를 갖는 신분별 공동체가 형성되어 존속했던 시대이기도 하다. 이러한 근세 공동체에 대한 연구는 오랫동안 봉건유제 극복이라는 관점에서 행해져 왔다. 고도성장 시대 이후 사회변동의 불안 속에서 그와 반대로 공동체 회복이라는 관점에서의 논의가 나타난 적도 있었지만, 어느 한쪽의 관점에 선다는 것은 고도성장 이후의 문제의식으로서는 적절하지 않을 것이다. 새로운 입각점은 새로운 공동=개별 관계 창출이라는 말로서 표현할 수밖에 없다고 나는 생각한다. 어느 한 관점이 우위에 서는 것이 아니라 상호융합적인(相卽的)인 관점을 추구해야만 할 것이다. 공동성 속에서 살아간다는 것은 선택의 문제가 아니다. 인간의 존재 양식이다. 그러나 어떤 공동성인가 하는 문제는 시대에 따라 다르다. 그리고 공동성과 개별성은 연관되어 있기 때문에, 실은 동일한 문제의 표리 관계이다. 단지 개인이라고 하지 않은 것은 역사 속에서 개(個)란 용어가 반드시 늘 개인을 말하는 것은 아니기 때문이다.

근세의 촌락과 가족을 사고하기 위한 가장 큰 틀은 '백성성립'이라고 생각한다. '백성성립'이란 토지소유의 대소라는 수량보다도 어떤 생존 상태로서 표현할 수 있다. '백성성립'은 그것이 부정된 상태를 상정하는 것으로서 납득된다. '백성성립'의 양 극단에 있으며, 그렇게 되고 싶지 않은 상태는 '히닌(非人)'에 해당하는 기아(飢餓)·걸식(乞食)의 경우이고, '백성성립'을 통과하여 그렇게 되고 싶다고 바라는 상태는 부귀하게 사는 경우이다. 공동체로서의 촌락과 가족은 다름 아닌 바로 이 양 극단 사이를 불안정하게 요동치는 '백성성립'의 지속을 위한 공제(共濟) 조직이었다. 그리고 크고 작은 공동체·공동단체들은 그 구성원에게 있어서는 생존을 위한 공제조직이었던 것이다. 그런 까닭에 소속되어서 보호를 구하고 또 공제 기능을 위한 규정(掟)에 구속되었던 것이다.

이러한 촌락과 가족을 연구하는 자세로서 중요한 것은 그 변치 않는 체질을 인식하는 것보다도 그것이 변화해가는 방향에 대한 관심이다. 최종적으로는 개인으로서 파악된, 보다 작은 단위로 향하는 개별성의 진행 및 모든 조직·개인 간을 관통하는, 보다 느슨한 결합으로의 진행은 어떤 형태의 사회에서도 불가피하다. 또 그것은 일방적으로 진행되는 것이 아니라 그 변화에 동반된 불안과 긴장을 극복하기 위하여 어떤 형태의 사회에서도 새로운 공동 관계 재구성 내지 창조로 나아가고자 한다. 이러한 것에 대한 시선을 결여하면 안 된다는 것이 바로 나의 생각이다.

1) 촌락의 기구와 기능

근세 촌락 공동체에 필요 불가결한 요건은 몇 가지가 있다. 그중에서 간과하기 쉬운 요건은 어떤 외부세계가 필요했는가, 즉 다시 말하면 근세촌락이 존속할 수 있었던 것은 어떤 환경이었는가 하는 점이다. 이에 대해서 당대의 근세인들이 이상적 촌락으로 삼았던 이미지를 가지고 확인해보기로 하자.

덴나(天和: 1681~1684) 시기에 쓰인 『百姓傳記』는, 최적지인 '보토(寶土)'로서 다음과 같은 마을을 들고 있다. 우선 풍부한 논과 밭, 윤택한 산과 들, 물 등 농경생산을 위한 좋은 조건이 내적으로 구비되는 것이 필요하다. 그러나 그것뿐만이 아니라 생선과 소금, 해초를 얻을 수 있는 '바다'(항구)와 가깝고 여러 물건들을 조달하고 '배설물(不淨)'(비료)을 획득할 수 있는 '번창한 땅'(도시)과도 가까운 것이 그 주요 조건이었다. 즉 촌락은 도시 및 어촌과의 연결고리 속에 위치해야 하는 것이 그 전제였다.

이러한 외부의 이질적 공동사회와 연결될 필요성은 얼마든지 들 수 있다. 죽은 소와 말의 처리와 경비(警備)에 대하여, 또 주민의 "영혼을 보살피는 일"에 대하여, 도구·세공물의 입수·수리에 대하여 촌락은 각양각색의 상이한 신분·직종의 공동단체와 교류를 계속하며 존속하

고 있었으며, 또 그러한 것이 인식되고 있었다.[98] 촌락은 이른바 농업
과 다른 산업과의 상호보완 관계를 전제로 하여 성립하였으며 그 변화
도 다른 세계와의 연동 속에서 나타났던 것이다.

촌락 내부가 촌락 공동체라는 하나의 평면적 조직으로만 채워져 있
었던 것은 아니다. 그곳에는 한편으로 거주촌락의 바깥을 향해 뻗어나
가는 산과 물 등의 문제를 해결하기 위한 몇몇 조합조직이 있었다. 또
다른 한편으로 거주지 촌락의 안쪽을 향하여 세분화된 동심원적인 것
이 있는가 하면, 이심원(異心圓)적인 것도 존재했다. 교(講)·주겐(仲
間)·구미(組)·쥬(中) 등으로 불리는 다양한 조직이 근세촌락 내부에
는 존재했었다. 혈연관계의 본가-분가(本分家), 부모-자식, 친척 등은
하나의 촌락 내부만으로 정리되는 규모도 있었지만 통혼권 등에서 보
이듯이 상층일수록 다른 촌락에까지 걸쳐 있었다. 각각의 조직은 크고
작은 정치적 기능을 구비하고 있었으나 그와 같은 촌락 차원의 정치적
세계의 중핵은 총백성 모임(惣百姓寄合)이었다. 가장 강한 기관적 능력
을 가지고 있었던 것이다.

'백성성립' 측면으로부터 본다면 다양한 조직이 필요하였던 것으로,
마을 전체를 짊어진 총백성 모임도 그중의 한 조직이었다. 그렇지만
촌락 공동체와 가족 공동체를 연결하는 가장 중심적 조직은 바로 이것
이었다. 다시 말하면 지연조직인 총백성 모임이 촌락의 중핵이 되었으
므로 혈연적 원리에서 발생한 친척 회합은 그 기능을 가질 수 없었다
는 것이다.

그러나 총백성 모임이 모든 주민을 촌락에 매개하는 것은 아니었다

---

98 深谷克己, 「百姓」(1980年度『歷史學硏究會大會報告別冊特輯號』, 靑木書店, 1980: 本
書 I－二).

는 점에도 유의해야만 한다. 촌락에는 비백성 가족과 비혈연 멤버가 있었기 때문이다. 그러나 총백성 모임은 외부의 많은 조직들과 비교하여도 가장 범위가 크고 가문의 격·빈부·종교적 차이를 뛰어넘어 모든 촌락주민을 가옥별로 촌락기구로 연결할 수 있는 매개항이었다. 또 그러한 촌락기구의 실태였다. 백성 가족 모두가 백성이 되는 것이 아니라 가족 중에 한 사람만 백성이 될 수 있었지만 백성 신분을 갖춘 그 한 명을 매개로 하여 가족과 촌락이 연결되었다. 총백성 모임 구성원은 촌락 쪽으로 보이는 얼굴은 '백성'이고 가문 측으로 보이는 얼굴은 「게이안 포고령」의 표현을 사용하면 '가장(家主)'이다. 이 백성 신분을 가진 사람은 촌락 전체 주민의 2할이 채 안 되었다.

총백성 회합은 모든 공동조직과 마찬가지로 몇 가지의 성격 및 기능을 갖고 있었다. 그러나 총백성 회합이 생산·생활 관계를 제일 먼저 염두에 둔 것은 아니었다. 제일 대표적인 성격을 굳이 든다면 부담자 무리를 공통항으로 한 서약집단이었다. 이미 근세시대엔 촌락 공동체를 자연발생적 운명공동체로 볼 수는 없다. 그 이상의 정치적 성격을 띤 '기관'이자, 촌락과 가족 주민을 매개로 하는 대표자 회의체였던 것이다. 무라야쿠닌(村役人)이 '부모'(「게이안 포고령」)로 비정되는 일은 있어도[99] 근본적인 면에 있어서는 공적인 부담자라는 것을 최고의 속성으로 하는 '백성'='가장'의 서약집단이라고 나는 이해하고 있다. 백성의 서약이란 상징적으로 한편으로는 국가 법도(公儀法度), 다른 한편으로는 촌락 의정(村落議定)에 대해서 금제불범(禁制不犯)의 연판장(連印) 형태로 나타나고 있다.

---

99 촌역인을 '부모(親)'로 비정한 것에 의한 막번체제의 약점에 대해서는 深谷克己 「村役人層の位置規定と国学受容」(『近世の国家·社会と天皇』校倉書房, 1991년).

이러한 총백성 회합을 가진 근세촌락에 대해서 중세에 존재했던 자검단(自檢斷)의 행방을 둘러싼 몇몇 의견이 보인다. 어떤 존재의 자율성은 개인이든 집단이든 간에, 그 존재 여부를 판정하는 것만으로는 인식을 심화할 수 없으므로 자율성의 성질에 대해 검토해야만 할 것이다.

영주와 영민의 상호 대응관계의 성질은 어떤 것이었을까. 나는 막번 영주의 입장에서 말한다면 '당사자주의'란 견해가 타당하다고 생각한다. 다만 '당사자주의'는 촌락세계에 발생하는 모든 사건에 대해 적용되었던 것은 아니다. 영주 권력이 직접 개입한 것은 백성 신분인 자, 다시 말하면 나우케닌(名請人)에 대한 인신적 제재가 나타난 경우와 백성=나우케닌의 단체인 다른 촌락에 대한 실력제재가 나타난 경우이다. 이들 경우에 영주 권력은 엄격히 대처했다. 그 외의 경우엔 영주는 현지의 해결에 맡기고자 했다. 엄격과 느슨함의 쌍방적 측면을 보인 영주 권력은 이렇게 설명하는 것이 좋을 것이다.

시점을 촌락에 맞춘다면 중요한 것은 자율성 여부가 아니라 자율성의 성질이 차츰 변화해갔다는 점이다. 근세초기부터 시야에 넣는다면 벌겋게 달군 철 조각 잡기나 입찰방법에 의한 진위 심판 등이 소송이나 영주의 이해를 거쳐 공인 거래인을 개재시켜 내적 해결(內濟)하는 방법과 대항하면서 점차 후자가 지배적으로 되어갔다. 그리고 운용의 경험, 기득권의 축적이 거듭되자 이번에는 그러한 방법이 획득된 것으로서의 자치유지 방법이라는 성격을 지니게 되었다. 이러한 사정을 갖는 근세적 자율성의 발로는 중세와 같은 척도로는 이해할 수 없다.

그러한 가운데 촌락과 가족의 관계는 차츰 변화하였다. 촌락에 대한 가문의 자립화가 진행되자 어떤 가족의 구성원을 총백성 회합의 힘으로 촌락으로부터 추방하는 것이 어렵게 되었다. 그 대신에 가족 내부의 절연(勘當)이나 이별(旧離) 등의 수속을 통하여 가족성원으로부터 떼어낼 수 있어서 실질적으로는 동일한 효과를 갖게 되었다. 따라서 절연·이별을 연좌성 도피(連座逃)라는 영주와의 관계에서만 보는 것은 충분치 않다. 가호 자립화 과정 속에서의 공동체 의사의 관철방법으로서도 보아야 한다. 그것은 촌락에 의한 추방으로부터 가족에 의한 추방이라는 형태로 변화되었던 것이다. 총백성 회합(寄合)은 하나의 권력체인데, 개별 백성 가족에 대해서는 서서히 검단자(檢斷者)로부터 감독자로 변화해갔다. 징벌내용에 대해서도 추방으로부터 교제의 제한이라는 방식으로 후퇴해갔다. 그것도 혈연조직의 협력이 없다면 힘을 발휘할 수 없었다. 근세 후기가 됨에 따라 성문 촌락법이 증가해갔던 것은 그 내용에서 영주법을 받아들였다는 점만을 의미하는 것은 아니다. 오히려 보다 근원적인 동기로서 공동체의 제재력 약화와 관습적 촌락 규정에 대한 위반의 증가라는 흐름을 보아야만 할 것이다. 그러나 그렇다고 해도 일직선으로 공동체의 이완으로 나아갔던 것은 아니다. 반대로 성문의 촌락 규정을 작성하고 돌아가면서 도장을 찍어 매년 확인함으로써 한층 더 조항 준수라는 공동단체적 방향으로 몰아갔던 것이다. 이렇게 해서 촌락은 소송·요구·감독의 주체로서는 신용을 확장해갔고 공법적 존재성을 고조시켜갔던 것이다.

근세촌락을 부담의 연대책임 단위로 이해한다면 그것은 생산·생활공동체의 확인으로부터 시작되었던 것은 아니라고 할 수 있다. 한편 이렇게 본다면 생활조직으로서는 지나치게 광범한 영역이라는 측면이 있는 반면, 초기 토지조사로 촌락분할을 했던 사태를 이해할 수 있다. 임의로 촌락 범위를 결정하는 것은 애초부터 불가능했다. 토지를 조사하는 관리는 조세·제반 부역 같은 백성역을 징수하는 것이 최대 관건이었다. 따라서 지형적으로 지연적인 공동방위 그룹으로 만들어진 경관에 대한 확인이 최초의 일거리였을 것이다. 다만 거기엔 또 하나의 조건이 가미되었다. 그때까지 영주·백성 간에 존재하고 있었던 상대(相對) 방식 위에 무라우케제도(村請制度)를 채용하기 위해서는 장부관리·징세능력을 가진 유력 백성의 존재를 그 속에서 확인해야만 했다. 간혹 생산 공동체로서는 부자연스러운 광범한 범위의 여러 개의 생활집락을 내부에 포함한 촌락이 있는 것은 이를 통하여 설명할 수 있을 것이다.

무라기리 켄치(村切檢地)[100]를 이런 조건에서 시행한 것은 필연적으로 농경지와의 근접성을 초래한다. 거기에다가 나아가 향촌사회에 있었던 종래의 쇼(庄), 고(鄕), 소(惣)의 역사적 유래, 미야자(宮座)[101] 관계의 신청을 추가한다면 실제 공동체와 거의 비슷하게 된다. 그러나 완결된 공동체적 존재를 확인하고서 근세촌락을 출발시켰다고는 말할 수 없을 것이다. 당시의 촌락은 한 명의 나누시(名主) 제도로부터 시작되었는지 아니면 복수의 나누시 제도로부터 시작되었는지, 그리고 당초의 조세청부를 무라우케(村請)라 부를 것인가, 아니면 유력백성 청부라고 부를 것인가 하는 논란이 있다. 이에 대해서는 아마도 지역적 차이가 있었을 것이다. 중요한 것은 정치권력에 의한 병농분리, 토지조사, 무라우케 부담의 강행하에 다시 이러한 새로운 조건을 부담하면서 촌락형성이 진행되었던 것이다. 처음에 근세 공동체가 완성되어 거기에 무라우케가 강제된 것이 아니라, 무라우케적 강제가 동기가 되어 그것을 요건으로 편성된 새로운 공동체의 정비로 나아갔던 것이다. 17세기 후반에 새롭게 형성된 공동체의 내용은 백성 수의 증가, 경지

---

100 (역주) 촌락을 분할시켜 토지조사를 함.
101 (역주) 마을의 제사·제례를 독점적으로 집행하는 氏子 안의 제사 집단.

면적의 확대, 촌락의 공동이용(村中入會) · 농업용수의 순번제 확립, 다카가이 공유지(高外共有地)[102] 존속을 전제로 한 개별 토지소유의 보증방법, 일개 촌락재정의 성립, 백성주(株)의 결정, 연중행사의 정착 및 그 외의 새로운 관행의 창출, 신촌(新村) · 분촌(分村)의 등장 등이다. 이들 각각과 동반된 공동관계는 자연 발생적으로 생겨났던 것은 아니다. 그 하나하나의 형성에 부담의 연대책임이 자극이 되었다. 실제 생활 속에서도 미납에 대한 연대책임으로 인하여 동반 파산(友潰れ)을 방지하기 위한 부담자 집단이 되었다. 영주로부터의 부담은 촌락 공동체로서는 공동 방어의 태세를 필요하게 한 커다란 외압에 다름 아니었다. 그에 대항하려 한 총백성 연판장은 촌락의 가장 높은 공동서약형식이었다. 다만 그렇게 형성된 근세 촌락은 통일화폐를 가진 국가하에서의 존재였으므로, 필연적으로 홀로 주민 재생산을 보증할 수 있는 완결된 공동체가 될 수는 없었다.

초기의 농민운동에 대해서도 이미 형성되었던 촌락을 기반으로 그곳의 여건에 기초하여 일어난 것이 아니라, 실제 생활 가운데서 여러 가지 사정으로 인하여 분쟁 · 저항 · 투쟁이 일어났고, 그것들이 근세 공동체에 구체적인 형태 · 성질을 부여해갔다고 말해야만 될 것이다. 다시 말하면 초기 농민투쟁의 힘은 근세촌락이 형성되는 데 영향을 미친 커다란 요소였다. 촌락 질서에 직접적으로 영향을 미쳤던 농민투쟁은, 초기 및 중후기도 포함하여 촌락소동(村方騷動)뿐만이 아니었다. 영주와 대항하여 영주로부터의 부담을 둘러싸고 싸웠던 백성 잇키(一揆)에서도 실은 촌역인 나누시(名主)의 임기 등, 촌락 내 질서에 대한

---

102 (역주) 고쿠다카(石高)에 포함되지 않는 경계지역으로서 도로 · 묘지 등과 같은 곳을 말한다.

요구가 종종 표면화하였다. 촌락 형성기 농민운동의 의의는 촌락질서라는 관점에서부터 본다면, 상층의 무제한적 자의에 한계를 부여하거나 특권의 수량화라는 방향에서 소농자립을 위한 노력이었다는 점에 있다. 계층 관계가 없어진 것은 결코 아니지만 부담의 공동책임을 명분으로 하거나 또는 계기로 하여 점차 계층 평준화 방향으로 촌락구조를 밀어붙인 것이 바로 17세기의 농민 투쟁이었다. 이를 통하여 총백성 회합은 보다 정치적 의미를 지닌 서약집단이 되어갔다. 이 과정이 무라우케제도 촌락의 형성이며 초기에 지니고 있던 부담자 연합이라는 성격 이상의 공동성이 갖추어지게 되었다. 초기 유력 백성의 특권이 약속되거나 특별 취급을 받는 가문이라는 것이 명시된 것은, 실은 농민투쟁 결과 그때까지 계속되어왔던 무한정한 자의에 처음으로 한계가 가해진 것을 나타내는 것이다. 비혈연 종속적 소가족의 탈출=백성화, 바꾸어 말하면 소농의 자립현상이 많이 나타나게 된 것은 바로 이 시기였다.

이렇게 형성된 관계를 전제로 하여 근세후기 특권가문 신분을 붕괴시키기 위한 투쟁이나 상위계층으로의 상승을 목표로 한 신분상승 투쟁이 가능하게 되었다. 이러한 노력들이 특권 자체의 폐지가 아니라 특정 가족의 탈출이라는 결과가 된 점을 망각해서는 안 된다. 이런 비혈연 종속적 소가족의 탈출, 즉 백성 이하 신분으로부터 백성 신분으로의 상승은 시기에 따라 다소 차이가 나기는 하지만, 근세시대를 일관하여 나타났다.

거주촌락 범위 내의 부담·생산·생활·신앙과 관련된 계획·집행·감독을 수행하였던 총백성 회합은 다른 제반 조직들과 어떤 관계에 있었을까. 내외의 여러 조직들 중에는 총백성 회합이 직접적으로 관리하거나, 간접적으로 관여하였던 것도 있고, 거의 간섭하지 않은 것도 있다. 일개 촌락을 초월하여 촌락들 간에 공동으로 이용했던 용수조합, 쓰케고(助鄕),[103] 구미아이무라(組合村) 등은 총백성 회합이 직접 책임지는 조직이었다. 촌락 내부에서는 고닌구미(五人組)[104]가 그렇다. 또 그 각각의 가족도 총백성 회합으로부터 보증되거나 감독되었다. 간접적으로 총백성 회합이 관련했던 조직은 와카모노구미(若者組)라 불린 청년회가 있었다. 연령적 집단이 총백성 회합의 지휘를 받을 필연성은 없었으나 와카모노구미는 촌락의 제재나 마쓰리 등이 있을 때 실행자 역할을 하였기 때문에 총백성 회합이 관여하였다. 다만 와카모노구미가 비순종적 조직이 되어간 점은 후기가 될수록 규칙 합의나 금령이 증가해갔다는 점에서 명확하다. 촌락의 중심기관이었던 총백성회합이 간섭하지 않았던 조직은 혈연 조직들, 금융·영업의 고(講)·나카마(仲間) 등이었다. 상층 농민들은 촌락을 초월한 친척·문화 조직 속에 포함되었으나 이것도 총백성회합은 관여하지 않았다.

근세시대 동안 총백성 회합의 필요성이 없어진 것은 아니었으나 필요성의 비중은 같지 않았다. 촌역인의 급료(給分) 취득, 임기제에 따른 지배력 저하, 촌락 외부로부터의 자극에 촉진된 각 가호의 자립화 경향으로 인하여 총백성 회합은 이른바 서약집단으로부터 계약집단으로 나아갔다. 총백성 회합의 개별 백성경영에 대한 관계는 간섭·구제로부터 감독·보증으로 정도가 점차 강화되어갔다. 촌역인의 조세대체 기능도 그 지위 저하에 의하여 능력이 저하되었기 때문에 그 이외의 사적 대차에 의존하는 일이 많아졌다. 그러나 총백성 회합이 일직선적

---

103 (역주) 에도시대에, 역참에 인마(人馬)가 부족할 때, 그것을 보충 제공하도록 명을 받은 부근 마을이나 그 부역(賦役).

104 (역주) 오가 작통(五家作統). 에도시대, 오호(五戶)를 단위로 연대 책임을 지게 한 자치 조직.

으로 이완되어갔던 것은 아니다. 그것은 영주의 치안·구제 능력 약화
와 더불어 계약적 결집을 심화하였다. 촌락재정에 의한 인건·물건비
의 지출, 촌락의 이름에 의한 촌락 대출·융통 등의 방법이 그것을 나
타내고 있다. 그러나 나는 근세후기 효자표창이 공제단체로서의 능력
저하를 상징하고 있다고 생각한다. 왜냐하면 그것은 개별 한 가호의
재생산이 그 가족 구성원에게만 무겁게 부담되었음을 증명하기 때문
이다. 친척·촌락과 더불어 각 가문에 대한 구제력을 약화시키고 있었
기 때문에 남녀 효자가 고난을 이겨내어 부모와 집안을 사수하지 않을
수 없었던 것이다. 그것은 동시에 근세사회가 소가족 시대로 완전히
돌입하였음을 나타내는 증거이다. 그러므로 영주도 원래의 '토지긴박'
원칙에서라면 소홀히 할 수 없을 터였던 촌락의 가호감소에 대해 촌역
인이나 친척 모두 처벌하지는 않았다. 각자의 경영은 각 가족 내에서
지켜져야만 한다는 상하의 묵인이 있었기 때문이다.

2) 가족의 '성립'

촌락과 마찬가지로, 근세시대 가족에서도 시기나 지역에 따라서 무
시할 수 없는 차이들이 있었다. 분석결과에 의한 어떤 수치로 평균적
인 상을 그리는 것은 대단히 힘들다. 그러므로 여기서는 근세시대 사
람들 스스로가 촌락과 가족에 대해 가졌던 평균적 이미지를 그들의 경
영상과 더불어 나타내 보이기로 한다.

'성립'을 가능케 하였던 가족의 한계는 어느 정도였을까. 쓰번(津藩)
의 『宗國史』에서는 18세기 전반의 '중층 백성(中百姓)'에 대해, "1町
1反의 전답면적에 수확량은 22석(石) 남짓이며, 또 우마를 한 필 소

지·경영하는 데 본인이 건장하다 하더라도 처자 이외에 남녀 봉공인이 각 한 사람씩 필요하였다"고 하였다. 동시대의 후반, 다카사키번(高崎藩)의 한 무사가 기록했던 『地方凡例錄』에서는 "전답면적 5反5畝의 '소백성'의 집의 경우 가족 5명으로, 그중에 3명은 경작에 종사하였으나 2명은 노약자였다."라고 계산하고 있다. 이 가족은 말을 갖고 있지 않았으므로 '소백성'인데 말과 인부를 고용해야만 했다. 이러한 경영 계산은 상당수가 잔존하고 있으며 근세를 통하여 점차 경영규모가 협소화하고 집약화하였음을 지적하고 있다.[105] 지주경영도 그러한 소규모 경영에 편승하고 있었던 것으로, 스스로가 분담했던 지주 직영의 규모를 확대하고 있었던 것은 아니다.

『宗國史』의 '中百姓'도, 『地方凡例錄』의 '小百姓'도 영주부담·경영경비·가족생활 등 세세하게 수지타산을 맞추고는 있으나 결국 적자였다. 그러나 적자라고 하더라도 경영이 당장 파탄되었던 것은 아니다. 농가경영에는 '농경' 이외에 '제반 부업' 부분들이 존재하여 그 보충에 의하여 겨우 성립할 수 있었다.[106] 근세시대의 경우 촌락이 전체로서 이질적 외부세계와의 교류를 전제로 하여 존속될 수 있었을 뿐만 아니라 한 가호 한 가호의 '백성성립'도 또한 촌락 외부와의 매매관계를 필수불가결한 조건으로 하였다. 따라서 촌락의 변화도 촌락 외부로부터의 압력을 충분히 고려해야만 한다.

이와 같은 경영계산의 대상이 된 가족은 봉공인을 제외하면 대개 5~6명으로 구성된 단혼 소가족이었다. 이 숫자는 가호의 세분화, 가

---

105 古島敏雄, 『近世日本農業の構造』(『古島敏雄著作集』第三卷, 東京大学出版会, 1974).

106 농경과 농한기 벌이와의 관계에 대해서는, 深谷克己·川鍋定男 『江戸時代の諸稼ぎ-地域経済と農家経営-』(農山漁村文化協会, 1988) 참조.

족수의 소수화 방향 속에서 존속 가능했던 한도의 숫자에 대한 이미지적 반영이라고 나는 이해하고 있다. 한 가족 내 총인구가 너무 많아도 너무 적어도 좋지 않다는 것은 일본근세의 대표적 법령 「게이안 포고령」에서 한편으로는 잉여 자식에 대한 대책을 지시하면서 또 다른 한편으로는 독신백성의 대책에 대해서도 구체적으로 세심하게 지시하고 있는 것에서 잘 살펴볼 수 있다. 상층 백성 중에는 대가족적 경영도 있었으나 표준적 수지계산 모델로서는 사용되지 않았다. 왜냐하면 첫째로 그것이 매우 소수적 존재였기 때문이고 또 둘째로 가족 수가 많든 적든 간에 실은 가족론적으로는 동질이었다는 사정 때문이라고 생각한다. 실은 대가족도 핵심부분은 소수 단혼 일가였다. 나아가 비혈연멤버, 때로는 미혼, 보호를 받는 입장의 혈연멤버가 가미됨으로써 그 숫자적 규모가 바뀌었다. 30명 또는 50명이라 하더라도 소수의 주인 일가에 봉공인이나 종속적 비백성 가족들이 추가되어 그 수가 된 것으로, 다수라 하더라도 복합가족이었던 것은 아니다. 복합가족은 오히려 중간층 농가에서 찾아볼 수 있으며 형과 동생 가족의 동거인 경우 8~9명 규모로서 봉공인 등도 없었다. 이 또한 '백성성립'을 위한 궁리였으나 이런 형태는 적었으며 비록 대소 차이는 있어도 중핵이 비슷한 이른바 양파 형태가 근세시대의 가족형태였다. 이것이 계층성이 존재하였음에도 불구하고 근세 가족관을 단일한 것으로 만든 근거이기도 하다.

'백성성립'은 농경전업을 목표로 가업을 경영체로 계승해나가는 것이었다. 그 목표는 반드시 순혈·장자·남자로 절대화시킬 필요는 없었다. 왜냐하면 가업(家職) 경영을 위한 '기량'(재능)은 예능 및 장인의 가문뿐만 아니라 특별 훈련을 비교적 필요로 하지 않는 백성 가족에서도 중요한 요건이었기 때문이다.

가족의 혈연관계 중에는 본가—분가 · 친척 · 의제 부모—자식관계(親子分)와는 다른 성격을 가지는 것도 존재하나, 그 중요도 측면에서 보자면, 상하격의 본가—분가에서부터 동격의 친족으로 그 의존 비중을 바꾸어갔다는 견해가 타당할 것 같다. 다만 이 두 가지 요소가 서로 혼합되어 가문의 격을 복잡하게 만든 상태를 과소평가해서는 안 될 것이다. 동아시아의 다른 국가들과는 달리, 근세 일본의 경우 촌락이 오로지 하나의 동일한 성씨의 본가—분가 체제로 되지 않았던 것은 본래 복수의 가문들(家筋)이 촌락 내에 존재하였던 것과 더불어 삼촌 · 사촌 등과 같이 좁은 의미의 친척들로서 일상 교제범위에서 분리되어버리고 말았던 동족의식 때문이라고 생각된다. 그리고 혈연관계의 상부상조는 전면적이 아니라 행동선택의 상담 · 융통 · 보증인, 관혼상제 · 긴급시의 노동력 원조 등이었으며 일상적 공동 노동자는 아니었다. 의제 부모—자식관계(親子分)는 친척 이외의 후견인 형태로 생각되는데 친족에게 있어서는 의제적 부자(親子) 관계에 의한 노동력의 공급 · 보증이 되었다. 그러나 의제 부모—자식관계(親子分)는 개인 당대로 제한되었으며 본인을 포함한 집안끼리의 규제력은 약했으며, 후대에까지 대대로 이어지는 지속력은 없었다.

　양파의 중심에서 본다면 상하계층이 동질적인 가족형태를 취하고 있다. 그러나 대가족은 혈연 이외의 성원을 수용하고 있었다. 그 가족 속에 포함된 광협(廣狹)의 비혈연 멤버와 가족구성원과의 관계 의식을 어떻게 이해하면 좋을까. 서로 부자간적 의제 의식은 없으며 기본적으로는 주종관계적 의식이었다. 어느 한 집안의 자식이란 대대로 이어지는 일체감으로서 부모 자식 간의 감각과는 달랐다. 일반적으로 근세시대의 주인 가문은 사역 측면뿐만이 아니라 봉공인에 대한 교습 기능도 기대되었다. 이것은 대대로 계속되는 봉공인뿐만이 아니라 교체되는 봉공인을 사용하는 지주가에서도 동일했다. 가옥 바깥에서 가족생활을 영위하는 종속농민들은 근세시대의 오랜 세월 동안 주변 가족 구성원의 위치에서부터 신분 그 자체가 해방되든지 그렇지 않으면 종속신분에 고정된 채 실질적으로 경제적 상하관계, 예를 들면 소작농적 위치로 바뀌었다. 가옥 내 봉공인은 세습으로부터 고용으로 변모되어갔는데, 백성경영에서는 입주 노동력과 일용 노동력을 조합하여 보조 노동을 조달하게 된다.

이런 백성가족의 가장 중심 부분에 '가장(家主)'과 '아내'가 존재했다. 근세시대의 '가장'은 생사여탈 전권을 장악했던 고전고대적 가장권 개념과는 달랐다. 그러나 장로·부모·부권(夫權)만으로는 설명할 수 없는 부분이 존재하였다. '가장'은 대외적으로 가족 중에서 백성 신분으로 등록되고 총백성 회합의 구성멤버가 되는 유일한 사람이었다. 그리하여 바로 가장으로서의 권능이 부여되었다. 다만 근세시대엔 '은퇴(隱居)'하는 관행이 있어, '가장'은 종신직은 아니었다. 일반적으로는 아들 중에 장남이 가역(役目)으로서의 백성 신분과 가직(家職)으로서의 농업을 계승하였다. 이런 의미에서 삶의 과정 중에 짊어지게 되는 집안 내부의 역무적 성격이 강하여 만약에 기대, 즉 되어야만 할 길로부터 크게 벗어나기라도 한다면 은퇴로 몰고 가는 강제력이 주위에서 발동되었다. 즉 백성으로서는 총백성 회합으로부터 규제당하고, '가장'으로서는 친척모임으로부터 규제되었으며, 본가로부터도 에보시오야(烏帽子親)[107]로부터 윤리적 규제를 받았다. 그리고 이 '가장'까지도 인연을 끊어버릴 수 있었던 친권이 발동되었다고 생각되고 있다. 이 경우 '은거'

---

107 (역주) 무사사회에서 성인식을 할 때 쓰는 모자(烏帽子)를 씌워주고 그 모자 이름을 붙여주는 사람.

하는 쪽이 친권을 지닌다. 또 근세시대 '가장'은 소유 주체로서도 한계가 있었다. 그는 가산처분을 마음대로 할 수 있는 입장이 아니라 일상적으로는 경영·노동의 지휘자였다. 그 이름도 종종 선대의(혹은 대대로 계승되어 온) 호주 이름을 은거할 때까지 이어받는 일이 있었다. 이런 사정을 보면 '가장'은 '아들'의 위치에서부터 '은거'에 이르는 과정 중의 역직(役職)적 가장이었던 것이다.

한편 아내는 '백성성립' 개념 속의 가문계승 관념으로 인하여 이혼에서 수동적 위치에 놓여 있었다. 다만 시가(媤家) 측의 자의만이 전부는 아니었다. 이렇게 여성은 독립해 있었던 것은 아니고 친정 쪽과도 연결되어 있었다. 시가는 친정 쪽의 입장을 헤아려가면서 '며느리'를 대우해야만 했다. 남편이 아내에게 주는 이혼장인 '미쿠다리한(三下り半)'에 대한 통념은 최근 수정되었는데, 이것은 재혼에 대한 간섭을 포기한 문서(一札)이다. 재혼여성을 특별히 꺼려하는 사고는 다른 외부 사회와 마찬가지로, 촌락사회에서도 존재하지 않았다. 근세시대의 이혼율은 낮지 않았고, 사망했을 때 친정 쪽에서 일정 정도의 짐을 받아가는 경우도 있었다. 종교를 남편과 같이하지 않는 한단카(半檀家)[108] 관행을 가진 지역도 있는데, 이것이 여성 자립도를 나타내지는 않는다. 그것은 친정과의 강한 결합, 시가에 대한 약한 귀속을 나타내고 있다. 이것은 기혼 여성이 여전히 친정에 강력히 귀속되고 있음을 나타내는 측면이기도 한다. 그러나 그러한 현상이 나타난다 해도 근세시대 시가 측으로의 귀속정도야말로 논점으로 삼아야 할 것이다. 나는 동아시아 사회의 경우 비교적 시가에 대한 귀속정도가 깊었다는 것이야말로 특

---

108 (역주) 일정한 절에 소속하여 그 절의 재정을 돕는 집을 단카(檀家)라 하는데 가족 중에 다른 종파에 속한 사람이 있는 경우.

징이라고 생각한다. 실질적으로 가문의 실권 계승도 존재했음은 '과부(고케: 後家)' 호칭을 가진 '가장'으로서의 서명·날인에서도 알 수 있다. 근세의 작은 경영체, 소인수의 가족 구성 중에 아내는 실무적으로 가장의 능력을 발휘할 수 있었다고 생각되어졌다.

그렇지만 그것에는 중간단계의 계승(나가쓰기: 中繼), 후견인, 단기간이라는 제약이 존재했음은 부정할 수 없을 것이다. 그 근거 중에서 첫째가 백성 부담의 대납화(代納化)라는 큰 동향이 크게 전개되어가면서도 여전히 물품·화폐로 순화되지 않고 근세시대 동안 영주에 대해서는 몸으로 때우는 부역(人足役)이 지속되고 있었으며 또 촌락에서는 실제 노동현장에 모여서 행하는 협동노동(出会い)이 존속하고 있었다는 것이다. 이와 같이 가장에 의한 노동력 제공이 필요불가결하였던 사회의 경우, 남성 우위는 피할 수 없었다고 생각되어진다. 두 번째는 신사 제사와 관련된 촌락 내 특권적 집단을 의미하는 미야자(宮座) 등의 신앙관습 중에서 여성의 참가를 거부하는 것도 있었다는 점이다. 무라우케 연판장에 '과부(後家)'인 여성의 서명·날인도 통상적인 것이 되었으나, 필자의 소견에서 추측한다면 아마도 원형 연판장일 경우 그 기청문(起請文)적 성격 때문에 남성만이 서명·날인한 것으로 생각된다. 그 세 번째는 유교적 남녀 도덕관념이 민간사회로 하강·침투한 때문이라고 생각된다. 유교적 이데올로기가 선행한 것이 아니라, 사회 실상에 부부관계와 관련된 유교덕목의 말들이 그들 개별 관계(부자·부부·형제·자매 등)를 변증하는 형태로서 일상적 사고방식, 따라서 육아 과정에까지 침투했다고 생각된다. 근세말기의 경우 부인(妻)이 실제 상속자가 되는 경우가 있었다는 견해도 있으며 딸이 연판장의 연판자가 되는 경우조차도 찾아볼 수 있지만 남자 쪽 계통을 당연시한 사고방식이 우위에 있었다. 나아가 소가족이 증가하여 가산(家産) 개념이 하층에까지 충만해짐에 따라서 더욱 강해져갔다. 근세 일본에서는 인근 동아시아 사회와 비교할 때 혈연계승보다 가직(家職)계승이 우위였다는 사고방식이 강했음은 의심할 바 없다고 이해하고 있다. 따라서 그만큼 순수하게 남자에 집착하는 성향이 옅어지고 이른바 이 비유교 사회의 정도가 여성이 가문을 대표하는 경향을 인정하기 쉽게 만든 점이 있었다. 그러나 그 반면 노동=가직(家職) 우위적 사고방식은 당시의 농업·농촌 노동이 근육중심 노동인 한, 반대로 여성 상속자를 독립된 존재로 인정하기 어려웠을 것이라고 생각된다.

남녀 분업 면에서는 어떤 흐름을 보였을까. 가호별(家別化) 분화가 진전되면서 부인의 농업노동 참가가 보다 기대되었다. 그러나 동시에 소가족이었기 때문에 부인의 가사·육아 담당 비중도 증가하였다. 이 때문에 논일과 가내 일의 결합에서 남녀의 양상이 형식화되었다. 그것은 단지 남자는 논에서, 여자는 집 안에서라는 식으로 구별되었던 것은 아니다. 모내기라는 노동을 예로 들면 모판에서 모를 옮겨와 논 안에 던져 넣거나 고랑 정비를 하는 것이 남자의 일이라면 이때 여자들은 모내기를 하였다. 물고기를 잡아 진흙을 토하게 하여 다듬는 것 까지는 남자의 일이지만 구워서 맛을 내는 것은 여자의 일이라는 식으로 노동·가사의 각 단계 속에서 남녀 분업이 존재한 것이지 노동과 가사 사이에 존재한 것은 아니었다. 비혈연 멤버의 감소도 남녀 관계에 영향을 미쳤다. 봉공인에 의해 담당되어온 생활·생산의 일들이 부부 어느 한쪽에 맡겨지게 된 것은 계층 분업이 남녀 분업으로 전화된 것이다. 그 때문에 일의 국면의 차이에 따라 남녀노동의 유사화와 남녀분담의 진행이 동시에 나타나게 되었다.

3) '유이(結)'와 고용노동

가족 내 남녀 노동의 편성에서의 변화뿐만 아니라 촌락 내 노동 배치도 변화하였다. 근세의 노동조직을 생각할 때, 공동노동과 가족노동의 구별만으로는 모든 상황을 설명할 수 없다. 백성 노동에 대해서 공동노동에 대한 과도한 신념 내지는 아직 정리되지 않은 공동노동관이 만들어져 있다고 판단한다. 대다수 인원이 동시에 노동하는 것이 공동노동은 아니다. 일꾼이나 종속농민 가족, 혹은 날품팔이 등을 이용하여 집단노동 경영을 하는 것은 얼마든지 존재했으며, 근세초기엔 평백성을 부릴 수 있는 특권을 지닌 촌역인 계층조차도 보였다. 그러나 이것은 타인 노동을 사역하는 집단노동이라고 말해야 되는 것이지, 독립된 주체가 상호규제를 서로 약속하며 일하는 공동노동이라고는 말할수 없다.

물론 공동노동이 지속되어, 개별 토지소유를 지탱하는 공유 감각이 고쿠다카에 포함되지 않은 토지를 의미하는 다카하즈레치(高外地)의 광범위한 존재를 기반으로 지속되었던 것이 근세이다. 그러나 그것을 지나치게 확대하여 생각한다면 담보토지 소작(質地小作)의 확대나 파산, 잉여토지 발생 등을 설명할 수 없다. 역시 생산기술·생활윤리·가산(家産)의식·부흥방법 등이 전체를 이루며 각 가호별로 노력하는 방향으로 나아간 것은 인정해야만 할 것이다. 촌락 내 가호 숫자를 감소시킨 촌역인이나 총백성 회합이 처벌되는 일은 없었으며 가호파산 사태는 당사자 각 개인의 집안 사정, 당사자의 근면·나태함 등 도덕문제로서 평가되었다. 통속 도덕의 심화 및 보편화 상황은 촌락·가호 간 관계 변화 속에서 볼 때 비로소 의미를 가질 것이다. 아울러 상업 등 다른 산업에 대한 농업 자체의 지위 저하 상황 아래에서 불안감을 극복하기 위하여 오히려 일국일성(一國一城)[109] 의식이 백성의식 속에 싹트게 된 사정도 간파할 필요가 있다.

정착된 촌락 이미지 중에 매우 친숙한 것이 모내기 등을 할 때 서로 노동력을 빌려주는 공동체 내의 상조조직인 '유이(結)'인데, 이것은 근세시대 사료 속에서는 의외로 표면화되어 있지 않다. 『會津農書』등의 여러 농서·민속서에서 확인되고는 있지만 가족 멤버의 작업 배치와 예정 등이 상세하게 기입된 것들과 비교하면 거의 기록에 남아있지 않다고 말해도 좋을 것이다. 이것은 '유이'가 성문법화될 필요조차 없었던 관행이었기 때문에 기록되지 않았던 것이 아닐까. 그러나 만약 그렇다고 한다면 가족노동 이상으로 묵계로서 그치기 쉬운 공동노동에 대해서는 무엇 때문에 그렇게 방대한 기록들이 남겨지게 된 것일까. 나는 역시 이것은 '백성성립'에서의 중요도의 차이가 반영된 것이라고 생각한다. 근세의 공동노동으로는 우선 지역적 생산기반을 정비하기 위한 노동을 들 수 있다. 대표적으로 하천공사, 다리·도로 수리공사 등이다. 수리공사비용이 영주부담이든 자기부담이든 간에 백성들이 그곳에 일하러 나가는 것은 촌역 인부(村役人足)로서였다. 이것은 '유이'가 아니라 데아이(出會い) 일로서, 계약성이 강한 동시 노동이었다. 이러한 데아이 일은 거주한 촌락 규모로 많이 행해졌으나 다른 촌락과의 공동노동인 경우도 얼마든지 있었다. 수호(鎭守)신의 제사도 데아이 노동적 성격을 띤 거주 촌락 규모의 공동노동이다. 개별 가족 생활의 환경정비를 위한 공동노동도 있다. 지붕 잇기나 가옥신축, 전문 장인이나 임금 고용인을 포함한 적이 있는 이웃·친척에 의한 임시

---

109 (역주) 한 지역을 영유하여 한 개 성만을 소유한다는 의미로 외부로부터의 간섭·원조를 받지 않고 독립해 있음.

적 공동노동이 된다. 관·혼·상의 예는 친척 중심이었으며 이때 근린 주민들이 입회인으로 참여했다.

공동노동 가운데 생산노동에 해당하는 것이 전부 '유이'였던 것은 아니다. 촌락공동의 야산에 들어가 낫을 들고 하는 일은, 시기를 똑같이 배분한 가호별 노동, 즉 공동노동 형태를 취한 개별노동이었다. 그리고 소유 자체가 개별화된 백성산림의 증가 양상도 의심의 여지가 없었다. '유이' 형태를 17세기 말 『會津農書』에서 찾아보면, '친족·친우로부터 도움을 받는' 방법과 '5월 부부 유이', '남자들 유이' 등을 분리해서 기록하고 있으며 또 같은 시기 지방의 서적에서는 "유이 사람"과 '임금(날품팔이: 日傭) 노동자'가 나란히 열거되고 있다. '유이'가 이웃인지 친척인지, 또 고용·임금지불과 어떤 관계가 되는지는 아직 검토되어야 하겠지만 그 이외 제반 사료들도 함께 대조해보면 아래와 같은 경향이 상정될 것이다.

근세사회의 노동력 양상은 당초부터 현금(물품) 벌이라는 부분에 상당히 의존하고 있었다. 농업 노동도 마찬가지로, '유이'는 노동현장에서 또 따른 고용·임금노동들과 병존했던 것이 근세초기부터의 일상적 상태였다고 생각된다. 양자의 비중은 토지에 따라서 다를 것이다. 『家業考』(『일본농업전집』9)에서는 촌락의 모내기를 '조합'과 의논하여 의견이 잘 정리되지 않으면 청부자에게 맡기거나 날품팔이를 고용했다고 한다. 일손조차 있다면 고용하는 것을 좋다고 하겠지만 이것은 촌락 상층이 '유이'로부터 이탈하는 경향이 전개되고 있음을 시사하고 있는 것으로 생각된다. 고용노동력을 요구하는 경향은 하층 경영에서도 점차 전개되었다. 가축을 유지할 수 없어 최소한의 인구로 살고 있었기 때문에, 오히려 농번기의 인부 고용이 불가피하게 된 것이다. 백성이 지불하는 급료의 상한을 촌락에서 서로 의논하는 일이 점차 늘어나게 되는데, 이것을 지주층의 이익이 표현된 것으로 보는 것은 반드시 적절하지는 않다. 모든 계층이 타인의 노동력에 의존하고 있었다. 모내기철에는 한 지역에서부터 다른 지역으로 임금노동자가 대거 이동하였으며 또 이에 의지하는 관계도 도처에서 찾아볼 수 있었다. 그 시기의 고용주는 지주층뿐만이 아니라 일반 백성들 중에도 있었다. 종속 농민의 자립, 대대로 이어져오던 봉공인의 소멸, 단기간·교대(出替) 봉공인에 대한 노동력 의존 경향은 이미 되돌릴 수 없었다. 중하층의 농가에서도 고용인 또는 매우 소수의 봉공인을 고용하여 경영을 유지하였다.

그런데 임금 노동에 대한 의존 경향이 일직선상으로 전개될 수는 없었다. 점차 고용자·봉공인들의 급료가 상승하였고 노동력 조달이 곤란해졌기 때문이었다. 그 이유를 촌락 내부 사정만으로 설명할 수는 없을 것이다. 노동력이 도시로 흘러 들어가거나 교통노동 등에 빼앗겼기 때문이다. 근세시대 경제의 전체 양상에서 살펴보자면 이것은 바로 농업 그 자체의 기타 산업에 대한 지위 저하였다. 근세시대의 경우 일본역사상, 이른바 농업이 가장 첨단 산업으로서의 지위를 확립하여 농업에 의해 방대한 숫자의 소경영이 지속할 수 있게 된 시대였다고 개략적으로는 말할 수 있을 것이다. 그러나 실은 똑같은 근세라는 시대 속에서 농업은 상업을 중심으로 한 다른 산업들에 대하여, 이른바 경쟁력을 서서히 상실하고 있었다.

아마도 '유이'에 대한 요청은 이러한 경제적 추세 때문에 새로이 강화되었던 것이었다. 그것은 불변하는 '유이'로서가 아니라 그 내용을 변화시키면서 '유이' 자체를 필요 최소한으로 해가는 경향, 고닌구미와 같은 근린 관계를 점차 공동노동 단위로서 만들어가는 경향, '유이' 의존 노동 종류도 최소한의 범위로 바꾸어간 경향 등을 변화의 표시로서 들 수 있을 것이다. 농촌노동의 다양한 국면에 무한정으로 '유이'가 활용되었다고 생각하는 것은 현대인들의 확신에 지나지 않는다. '유이'는 생산노동 중에서 배수기술에 제약된 모내기, 중노동인 논밭 갈기, 화재위험이 많은 화전 불태우기 작업들뿐이었으며 연간농경 작업 전체에서 본다면 매우 소수 규모 노동활동만을 담당하게 되었다. 그것도 다른 집들과 비교하여 농경 작업이 늦은 경우에만 '유이'를 부탁하는 경우도 있었을 것이다.

일이 바쁠 경우에 '유이'를 부탁하였다고도 할 수 없다. 벼농사보다 농지면적당 노동이 많이 필요한 작물도 있으며 집중노동을 필요로 하는 작물도 있었다. 거의 대부분의 상품생산 작물은 그러했다. 그러나 이윤작물(德用作物) 재배 및 양잠 등에서는 '유이' 노동이 아니라 급료노동, 또는 철야로 움직이는 가족노동 강화에 의존하였던 것이었다. 재배 과정(作付)의 복잡화, 작물선택의 개별화 등과 같이, 전체에서부터 점점 더 집약화 방향으로 바뀐 기술개량도 공동노동을 어렵게 하였다. 벼농사, 특이 모내기에 '유이' 관행이 잔존했던 것은 소농사회에 있어서의 모내기가 벼농사의 상징적·축제적 성격을 대표하기 때문이었다고 생각된다. 벼농사는 다른 여러 작물들이 어느 정도 다양화되었어도 농업의 왕이자, 현실에서는 달성되지 못했던 전업농업에 대한 갈망을 나타내는 것이었다. 조세미 생산을 중심으로 하고 있었기 때문에, 실제로는 근세 최대의 상품이면서 농경의 비영리적 공공성을 상징하기도 하였다. 배수기술의 한계가 벼농사를 개별화시키지 못했던 제약조건과 더불어 벼농사의 비영리성(이라는 관념)이 '유이'에 풍작기원행사(田遊び) 등의 의식성·형식성을 남기게 되었다. 환금작물은 치부(致富)·사적 성격을 지니고 있었으므로, 벼농사의 위상을 대체할 수 없었다.

'유이'에 의존하는 현상의 재부활이라는 현상이 나타나고 있었지만 이는 한정되었으며, 가호당 개별화가 기조였다는 사실에는 변함이 없다. 촌역인의 중요한 직무 중의 하나는 각 가족이 논으로 일하러 나갔는지 여부와, 농사일을 게으름 피우고 있는지 아닌지를 살피는 것이었다. 농사에 대한 휴일 규정을 엄수하는지 서로 간에 문서를 교환하며 약속을 정하는 일이 늘어난 것도 개별화 진행과 그로 인한 공동체의 감독 기능 비중의 증가 추세로 보아야만 할 것이다. 이러한 감시 강화는 오히려 실질적 공동관계 약화의 표현이며 공동체규제의 존속이라는 하나의 노선만으로 보는 것은 적절하지 않다. 그리고 그것은 공동체의 이른바 공제기능의 약화이기도 하다. 그러나 그것은 결코 공동체의 무력화는 아니었다. 단지 느슨한 결합으로의 기나긴 변질의 길 위에 있었던 것이다.

 나는 농업기술 개량이 각 가호로서의 개별노동(가족 내 공동노동)을 더욱 개별화시켜 점차 개인노동이라는 국면을 증가하게 한다고 생각한다. 근세시대 농업기술의 변화를 농기구 측면에서 살펴본다면 일관하여 쟁기의 시대였으며 그 조건하에 쟁기의 소형·경량화가 나타나고 있다. 쟁기는 체격에 맞추어 제조했으므로 처음부터 개인성을 지니고 있었는데, 히라구와(平鍬: 끝 부분이 평편한 쟁기)는 전답을 뒤집어 일구고 가는 용도로서 무거웠기 때문에 남자 청장년층만이 이를 사용하여 장시간 노동을 견디어낼 수 있을 뿐이었다. 그러나 작물 다양화, 비료 배토관리의 궁리, 비료 개량 등이 윤작이나 동시 재배를 증가시켜, 각자 어울리는 농기구를 고안해내게 했다. 노동집약적 작물재배가 행해지게 되자, 농번기의 절정시기가 일 년에 한 번뿐만이 아니라 빈번하게 되었다. 그리고 한편으로는 가벼운 작업 종류도 증가하였다. 이러한 사정하에 여태까지의 경영계산에서 노동력에 산입되지 않았던 노약자

멤버의 노동참가가 늘어나, 전원이 모두 함께 하는 것이 아닌 개인 노동이라는 장면이 증가하게 되었다. 이러한 시대적 흐름 속에서 여성도 또한 종래 이상으로 농경에 참가하는 비중이 증가하게 되었으며 또 가능하게 되었다.

각종 공동노동은 계속되고 있었으나 그 목적·기능별 조직화도 증가하여 생활권 범위도 확대되었다. 구미아이촌락(組合村) 등, 총백성 회합의 의사형성 기관도 확대되었다. 이것은 백성의 존재하는 장소가 광역화되어가는 측면이었다.

동시에 공동체 내부의 요인뿐만이 아니라 도시의 수요, 유통 등 외부로부터의 자극에 의해서도 생활의 각개 가호별화가 촉구되었다. 생활 붕괴는 촌락 모두에 동시적으로 일어난 것이 아니라 점차 가족별로 나타났고, 더욱이 신세를 지기 위해 어느 한 집 식구가 몽땅 친척집으로 찾아 들어갈 수 없는 의식관계가 전제로서 굳어졌다. 가호별 관습이 하층에까지 형성되어 가산(家産)·가묘(家墓) 관념이 강력해지고 선조 공양관습이 일반화하였던 것도 이와 관련된다. 이러한 모습은 개별적인 것으로의 세분화 흐름이었다. 이러한 광역화와 세분화는 어느 한쪽으로만 전개한 것이 아니라 양 방향으로 동시에 진전되었다. 왜냐하면 개별화하면 할수록 '백성성립'에 대한 불안이 심화되어갔으며, 그 때문에 안정을 위하여 공동성을 요구하지 않을 수 없기 때문이다. 또 그와 같이 공동성을 추구한다 하더라도 결과적으로 형성될 수 있는 것은 본질적으로는 이전보다도 더 느슨한 결합이었다.

나가며

메이지시대 역사에서 바라보면 근세시대가 불변의 공동체적 사회인 것처럼 보이는 일도 있지만, 메이지시대의 민법이 구관습을 중시한다고 했을 때의 구관습이란 결코 근세시대 전체를 관통했던 '자연촌락'적 촌락 관행은 아니었다. 그러한 '자연촌'은 인간사회가 정치를 시행해 온 이래로 존재하지 않았다. 메이지시대 역사가 이어받아 계승했던 구 촌락과 그곳에서의 구관행이란 각 가호의 개별화가 진행되어 가문·인간 관계의 보다 느슨한 결합으로 이행되어온 촌락·가족의, 느릿느릿하지만 멈추는 일 없이 개편되어온 생활 촌락 및 생활 관행이었던 것이다.

II 근세 백성의 실태

4. 백성의 인격

들어가며

필자는 역사적 존재로서의 인간을 '인격적 범주'로 파악하는 일의 의미에 대해 별도로 검토한 바 있다.[110] 역사적인 인격은 특정 시대나 사회를 불문하고 연구되어야 할 주제이지만 필자 자신은 특히 근세 농민의 인격적 특징을 밝히는 일에 적합하다고 생각한다. 근세 농민을 인격적 특징에 초점을 두고 살펴본 연구로는 '예농적(隷農的) 인간유형'의 '예농정신'이라는 시카노 마사나오(鹿野政直)의 견해를 떠올릴 수 있다. 다만 여기에서는 이러한 연구성과를 환기하는 것에 그치고 구체적 검토는 생략하기로 한다.[111]

---

110 [원주] 深谷克己, 「역사학과 개인사의 연구·서술(歷史学と個人史の研究·叙述)」, 『歷史評論』, 344. (이후 「개인사의 가능성(個人史の可能性)」으로 『상황과 역사(状況と歷史)』 (校倉書房, 1984)에 수록.)

111 [원주] 시카노 마사나오(鹿野政直)는 근세 농민의 인격적 특징을 파악해 '예농적 인간유형'이라 지칭했다. 그는 '예농정신'의 이념형으로 ① 안분지족(安分知足) 사상, ② 공동체로의 귀속의식, ③ 실존[具象的] 세계로의 침윤이라는 세 가지 점을 들고 있다(鹿野政直,『자본주의 형성기의 질서의식(資本主義形成期の秩序意識)』, 筑摩書房, 1969).

대신 이 글에서는 하나의 구체적 사료의 내용을 분석해서 농민 인격을 전체적으로 파악하는 방식을 시도해보고자 한다. 필자가 의미하는 '인격적 범주'란 반드시 '정신'에 국한된 것은 아니다. 그러나 사료의 조건상 어쩔 수 없이 인격 가운데 사상적 측면에 치중하게 될 것이다. 분석 대상은 백성 신분이 직접 계통적으로 정리한 첫 번째 농서라고 볼 수 있는 17세기 말의 『百姓傳記』[112]이다. 이 책은 근세 백성 인격을 살펴보기 위해 도움이 되는 매우 풍부한 자료를 포함하고 있다.

1) '인간'으로서의 몸가짐

근세의 백성을 세계사적으로 볼 때 어떠한 성질을 가진 피지배자 유형으로 생각할지에 대해서는 지금까지도 다양한 의논이 있다. 실제 생활태도에 대한 평가만 봐도 절대적인 부자유를 강조하는 견해부터 '자립', '자치'적 성격을 강조하는 견해까지 매우 폭넓다. 다만, 근세 백성이 지배를 받았으며 예속성이 강한 위치에 놓여 있었다는 점은 사실이지만 인격론의 측면에서 볼 때에는 다른 기준이 필요하다.

농민이 직접 기술한 농서에 따르면, 백성은 '사람(人)' 혹은 '인간'적인 존재임을 승인받았으며, 당사자 역시 이 점을 자각하도록 요구받았다. 따라서 '사람' 혹은 '인간'으로서 의무를 지니고 수행해가야 하

---

112 [원주] 1891년(明治24) 간행된 『농사참고서해제(農事參考書解題)』(國書刊行會) 이래 성립연대에 대한 의논이 있었다. 현재로서는 덴나(天和: 1681~1684, 延寶 8년은 天和 원년) 연간으로 추정된다. 여기에서는 『일본농서전집(日本農書全集)』 16 · 17권 수록 사료(농산어촌문화협회)를 주로 검토하고 부분적으로 이와나미문고(岩波文庫)판을 참조할 것이다.

는 존재였다. 예속당한 경우 '사람'이나 '인간'으로 승인을 받을 수 없는 상태가 있다는 점을 떠올린다면 근세의 백성 인격은 이러한 수준을 넘어선 상태에서 형성된 것이었다. 물론 이는 근대적인 인격의 승인을 의미하는 것은 아니다. '새 · 짐승 · 초목'(권1 · 四季集) 같은 다른 생물과의 구별이자, 가치의 높낮이로 말할 때 '짐승'과는 다른 '사람', '인간'이라는 구별 방식이다. 이러한 인간관은 너무도 당연하게 생각된다. 그러나 근세 백성에 대한 모든 교계(敎誡)와 교유(敎諭)는 백성이 인간이라는 인식을 전제하지 않고는 성립되지 않는다. 때문에 각각의 계유(戒喩) 항목과 함께 '사람다움'이라는 자각을 구하는 내용이 많은 것이다.

> 오상(五常)의 도(道) 중 한 가지라도 빠지면 사람이 아니다. 짐승과도 같아진다. (권2 · 五常之卷)

라는 것도 그렇다. 백성은 '짐승'이 아니라 '사람'이기에 혹은 '사람'이라고 본다면 인의예지신(仁義禮智信)이라는 오상(五常)의 도를 준수해야만 한다. 지배 · 피지배 중 어느 한쪽에 속했기에 준수해야하는 것이 아니다. 기점은 무엇보다도 '인륜'(권1 · 四季集)을 요구받았다는 점에 있다. 선과 악 중 악한 일, 즉 막부(公儀)를 속이고, 농토를 숨기고, 이웃을 해치고, 자기 땅에만 물을 대고, 처자를 굶기고, 일꾼을 함부로 대하고, 베풀지 않는 여러 행위는

> 이러한 土民은 짐승과 다름없다. (2 · 五常之卷)

라며 '짐승' 같은 행실로 여겨져 배척된다. 신앙 · 예배도 '예배드리지

않으면 새나 짐승과 같아진다.'(권2 · 五常之卷)며 '사람 됨'의 증거로 강조된다. 지혜는 오상의 하나이다. '살아 있는 모든 것에는 각각의 지혜가 있다'(위와 같음)고 하지만 이는 어디까지나 "인간에게 갖추어진 지혜"(위와 같음)일 때의 문제이다.

오상의 윤리는 속박적이지만 본래 피지배자를 위해 존재한 것은 아니다. 오히려 근세 이후 지배자의 윤리가 피지배자의 윤리 규범으로 침투한 것으로, 그러한 과정에서 백성이 '사람'으로 규정되었던 것이다. 이처럼 근세 백성이 '토민인 자'(위와 같음)로 취급되고, 그들 자신도 그렇게 자각해가는 가운데 비로소 '인간으로서 일생동안의 품행'이 의미 있는 과제가 된다. 근세 백성은 예속을 당했지만 노예제의 노예, 양천제(良賤制)의 천민의 경우에는 상상할 수 없는 지위이며, 백성 스스로도 그들과 구별하면서 자신의 인격 내용을 만들어갔다. 이처럼 '인간'으로 취급받은 백성은 이를 바탕으로 집합적인 존재가 아니라 각자 개별적인 존재로 파악된다. 다만, 이 개별성은 한 명 한 명의 감성이나 취향에 대한 것은 아니다. 개별적인 신체적 능력, 특히 농업 생산에서 경영주체로 갖는 개별적인 능력 면에서 문제가 된다.

> 전답이 그러하듯 경작에도 능숙한 자와 미숙한 자가 있다. 미숙한 자는 많이 수고해도 쌀을 얻지 못한다. 능숙한 자는 수고를 별로 들이지 않아도 쌀을 얻는다. (권9 · 田耕作集)

위와 같은 지적은 경작주체의 능력차를 말하고 있다. 이러한 개인의 능력차는 근세 백성의 중심인 '소농'의 증가로 피할 겨를도 없이 확대되어 어느 누구에게나 명백한 것이었다. 능력차에 따른 성장 · 몰락이란 모순도 생겨났다. 그러나 이는 농업경영체가 보다 소규모 단위−전 형적으로는 단혼(單婚) 소가족−로 자립할 수 있는 가능성을 서서히 강 화해 일정 수준에 다다랐을 때 비로소 현저한 사회적 문제로 인식되는 모순이었다.

> 토민 중에는 능숙한 자와 미숙한 자가 있어 낭비되는 바가 많다. (권9 · 田耕作集)

이는 능숙 · 미숙이 있는 것은 좋지 않다는 관점이다. 이러한 생각 이 절실해진 것은 대규모 경영체 안에서 다수의 노동력이 포섭되어 개 체의 차이가 평준화되는 역사적 단계를 지나,[113] 부부가 중심인 경영 주체로 변화하면 개별적 차이가 직접적으로 경영을 좌우하게 되기 때 문이다. 개별 능력이 "힘이 없어 경작이 서툰 토민은 쌀을 조금밖에 얻 지 못한다"(권10 · 麥作集), "농민이 힘이 없고 솜씨가 좋지 않으면 씨를 뿌려도 깊지 않아 땅에 뿌리내리지 않는다"(권11 · 五穀雜穀耕作集)라고 할 만큼 문제가 된 것은, 개별 경영이 발달되어 가는 것을 보여주는 것 에 다름 아니다. 동시에 이 단계에서의 개별 경영이 처한 힘겨움을 보 여주는 것이기도 하다. 이처럼 개별적인 존재가 된−인신(人身)의 구별 이 있는 한 개별 노동력은 태곳적부터 실재했지만 이것이 여기서 논하 고자 하는 개별 노동력은 아니다−농민의 관계 속에서 일본사에서 처 음으로 농업기술서가 탄생하게 된 것이다. 농서는 처음부터 '소농'의 존재를 시야에 두고 기술 · 지식의 보급과 습득을 목적으로 했다. 『百 姓傳記』는 농업기술을 '대농'과 '소농'의 관계 속에 두고,

---

113 (역주) 원문은 "단계를 역사적으로 지나". 여기서는 "역사적 단계를 지나"로 수정.

소농이 묻기를 … (권3 · 田畠地性論)

대농이 대답하기를 … (권3 · 田畠地性論)

이라는 방식으로 표현한다. 이는 기술을 누구에게 보급할 것인가 역시 명시한다. '대농', '소농'은 촌락 내의 계층 관계이지만 여기에는 농업의 지도자와 지도를 받는 자의 관계로 다루어지고 있다. 농업 지도자는 그 외에도 '古農', '農圃', '老農'이라는 호칭으로서 나타나는데, 실체는 복합가족의 노동력 혹은 예속노동력에서 농업 생산을 유지하는 상층의 농민일 것이다. 이 계층차를 중시하는 논의도 안 될 것은 없지만, 이는 '소농' 전개의 한계에 대한 표현에 지나지 않는다. 여기서는 성장에 따라 개별성이 강해지고 이로 인해 취약한 '소농'에게 '대농에게 물어서 배워가며 경작하라'(권3 · 田畠地性論), "古農에게 묻고 배워야 한다"(위와 같음)라고 하며, "묻고 배우는" 주체 · 기술의 주체로 이들을 파악하고 있다는 점이 중요하다. 이러한 관점을 전제하지 않는다면 『百姓傳記』의 기술 자체가 불필요하다. 이러한 서술은 무엇보다도 경영단위(소농)별로 '묻고 배우기'를 계속해 농사를 일구어나갈 개별자로 근세 백성을 상정할 수 있게 되었던 당시의 상태를 보여주는 것으로 주목할 점이라고 생각한다.

이처럼 근세 백성의 인격을 고찰하고자 할 때에는 그들이 '짐승'과 구별되는 '사람', '인간'으로 취급되었고, 동시에 개별적 존재—물론 근대적 개인개념과는 이질적인—로 파악되었다는 점과, 이러한 의미에서 인간적 주체성을 용인받고 나아가 이를 도야하도록 요구받았음을 명확히 해두어야만 할 것이다. 따라서 근세적 지배와 예속은 이러한 주체성을 승인받은 자들로 하여금 그 주체성을 이끌어내면서 편성해가는 방식으로만 구체화될 수 있었을 것이다.

2) 가직(家職)과 공의역의(公儀役儀)

17세기 말에 쓰인 『百姓傳記』가 '가직(家職)'을 논하였던 것은 이 시기 백성이 자신의 주체성에 기반해 막번제 지배에 대응해가는 데에 가직이 무엇보다 중요한 도리였음을 보여준다. 백성이 "마을 젊은이가 가직을 하지 않고 떠도는 것은 뜻을 져버리는 악행이다."(권2·五常之卷)라며 지적받을 때의 '가직'이란 '경작의 의(儀)'(위와 같음)를 말한다. 그러나 이 '경작의 의'가 단순한 강제노동이었던 것은 아니다. "토민의 직분을 다하는 것이 본의이다."(위와 같음)라는 표현은 이 노동이 입에 풀칠하는 차원의 생업 이상의 의미를 지닌다는 것을 보여준다. 경작노동은 단지 목숨을 잇기 위한 육체적 노동의 영위가 아니라 '직분을 다하는' 행위인 것이다. 따라서 이를테면 객관적으로는 모두 잉여수탈이라고 말할 만한 결과가 되더라도 생산주체에게는 백성의 생존에 보편적인 가치가 부여되는 것이다. 이는 지배 측에서 부여하고자 한 것이기도 하지만 백성 측에서도 굴종이 아니라 자기 존재가 보편적 가치를 가진 것으로 이해하고자 했던 것이다. 『百姓傳記』의 저자는,

> 밭을 갈고 벼를 심어 경작하는 것은 토민의 근본이다. … 가직을 잊은 채 여직(余職)에 세월을 보내는 일은 천리(天理)에 등을 지는 것으로, 백의 하나라도 결실이 없이 기아와 추위에 고생하는 무리가 그 지역에 늘어 눈앞에서 슬픔을 당할 것이다. (권9·田耕作集)

라고 말한다. '여직(余職)'은 '경작'을 내용으로 하는 '가직'과 대비되어 부정되고 있다. 나아가 경제적 이익이 아닌 '하늘의 이치'라는 무엇보다 근본적인 원리의 이름으로 부정되고 있는 것이다. '여직'은 당시에

도, 그 이후에도 막번제 시기의 농가경제를 유지하기 위해 불가결했으나 이념적으로는 가직과 대치되며 부정당했다. 이 가직은 '하늘의 이치'에 근거한다고 이야기되는 이상, 매우 추상적인 가치를 부여받고 있었다. 또한 "여러 백성을 기른다"(권9 · 田耕作集)는 목표가 제시된 이상 사회와 직접적으로 연결될 수밖에 없었다. 그러나 현실적으로는 공권력과 결부되어 공권력을 매개로 한 기능이 강조되고 있다. 백성 존재의 보편적, 사회적인 목표가 강조되면 될수록 공권력에 대한 결합정도가 커지는 관계가 되어버린 것이다.

가직에 관해서는 오상(五常) 중 하나인 인(仁)이라는 보편 개념에 다음과 같은 내용이 부가되었다.

> 인(仁)이란 지토(地頭)께 삿됨 없이 역무[役儀]를 잘 수행하고, 관리[奉行]를 바르게 모시고, 공의(公儀)라면 누구나 공경하며, (권2 · 五常之卷)

'지토(地頭)'란 보통은 개인 영주를 말하지만 여기서는 '공의인(公儀人)'과 관계된 '공의(公儀)' 권력 혹은 위아래의 '윗사람(上)'의 의미이다. 영주에 대해 백성의 역(조세年貢와 제반 역役)을 노력하며 역인(役人)을 공경하는 것이 인(仁)으로 정의된다. 이와 대비되어 "불인(不仁)한 사람이란 지토의 역무[役儀]도 제대로 하지 않고, 관리[奉行]께도 모든 일에 순종치 않으며, 관리가 촌락에 오면 업신여기"(권2 · 五常之卷)라고 본다. 즉, 영주가 맡긴 일에 응하지 않는 것, 영주의 역인에 반항하는 것이 불인한 것으로 취급되어 있다.

'의(義)', '의리(義理)'도 역시 "공의(公儀)를 속이는"(위와 같음) 것이 의리에 반하는 것으로 여겨진다. 반대로 "의리에 도달한 토민은 자기에게 맡겨진 일이 아니어도 공의, 지토께 위중한 고난이 생길 때에는 처자와 집안 아이들까지 모두 모아 목숨이 다하도록 쓰임을 다하며"(위와 같음)라고 한다. 즉, 고용된 자를 포함한 가족 전원이 공의·지토에게 '쓰임'을 다하는 것이 백성이 갖는 의리의 첫 번째로 여겨진 것이다. '신(信)' 역시 추상적으로는 "물(物)이 변치 않는 것을 말한다"(위와 같음)고 했지만, 현실의 여러 관계 속에서 나타나게 되면 "공의, 지토께서 분부하신 일을 조금도 부족함 없도록. 선악, 부정한 마음은 추호도 없이 하여 참된 정성의 도(道)로 내리신 분부를 받드는 것이다"(위와 같음)가 된다. 이런 식으로 영주에게 흠이 없음을 한결같이 신뢰하는 방향으로 작용해버리는 것이다. 그리하여 백성의 가직을 기점으로 하는 '공의'에 대한 복종은 다음과 같이 이야기될 때 거의 완전해진다.

> 공사(公事)를 다하고 지토를 원망하는 일은 언제나 토민이 즐겨하는 바이다. 공사란 공의(公儀)의 일이다. 토민은 밤낮으로 공의의 역을 다한다. 각각의 역을 장관(庄官)과 고닌구미(五人組)를 따라 조금의 삿됨 없이 착실히 따르고, 나아가 조세(年貢)를 남보다 먼저 준비하여 바치고, 모두 마친 후 법도를 잘 지켰는데도 윗사람들의 잘못으로 처벌을 받게 되었다면 원망할 일이다. 그러나 어떤 일에서나 지토의 삿됨이 들어가 백성이 처벌받게 하는 일은 있을 수 없다. 모두 우리들이 잘못하여 법도를 어기고 음지를 넓혀간 것이니 죄는 사형에 처할 만하다. (권2·五常之卷)

백성은 역무를 다하고, 조세를 모두 바치고, 법도를 성실히 지킨다. 그런데도 영주 쪽에 잘못이 있거든 비로소 백성 쪽에서 원망할 수 있지만, 영주의 그릇됨은 절대로 없다. 그렇기에 모두 백성의 그릇됨일 뿐이므로 백성이 벌을 받는다는 견해이다. 또한 토지에 대해서도 "손마디 끝만큼도, 바늘 끝만큼도 백성의 땅은 없다. 국주(國主)·군주(郡主)·지두에게, 위에서 아래로 내려주신 촌들(村村)·리들(里里)·정들(町町)에 사는 백성이 있는 것이다."(권2·五常之卷)라며 완전한 영주소유의 사고방식에 서 있음을 밝히고 있다. 이처럼 토지관념과 가산화의식(家産化意識)의 관계는 별도로 검토해보지 않으면 안되겠지만, 적어도 여기에서는 공의은뢰관(公儀恩賴觀)이 극도에 달해 이러한 공의전답론(公儀田畑論)으로 나타난 것이다.

인(仁)이나 의(義), 신(信)과 같은 보편적 덕목을 원리로 하는 공의에 대한 철저한 복종은 단순한 예속감각으로 설명할 수는 없다. 이 복종은 '공의에 대한 받듦·받들지 않음'(위와 같음)이라는 표현에서도 나타나듯 백성 내부에서는 주종제(主從制)로 비유되는 '받든다[奉公]'는 감각으로 이해되고 있는 것이다. 이는 '사람'으로서의 주체성에 기반을 두고 철저한 복종을 납득시키려는 것이며, 한편으로는 '사람'으로서의 주체성을 얻었기에 "각오가 되어 있는 자는 열 살에도 학문에 능하며, 10살 노인보다도 분별과 사리가 밝은 자가 많다 … 어린아이에게는 먼저 글자를 가르치고 지혜가 담긴 간단한 옛 문장을 익히도록 해야 한다. 이것이 모든 부모의 자비이다"(위와 같음)라는 식으로 백성의 '학문'이 긍정되며 나아가 장려받은 것이다. 백성의 가직도 주체적 능력에 따라 '받드는' 것이기에 "분수[分限]에 어울리는 학문을 하여 토민직을 다하는 것이 근본이다"(위와 같음)라고 하는 것처럼, '학문'과 결부되어 있었다. 백성에게 배움이란 불필요한 것이 아니었던 것이다. 스스로 복종한다는 것을 양해[了解]해가는 것이었지만 상대인 영주는 반드시 절대적 초월자는 아니다. "네 가지 은혜(四恩)란, 첫째는 하늘과 땅의 은혜이며, 둘째는 부모의 은혜이고, 셋째는 주군의 은혜이고, 넷째는 일체 중생의 은혜이다"(위와 같음)이기에 영주의 은혜는 '네 가지 은혜' 가운데 세 번째에 놓여 있다. 앞에서 말한 백성토지 무소유론은 이 세 번째에 놓인 주군의 은혜가 예시된 지점에서 언급되고 있다. 영주의 절대성은 그 '공의'성에 기반하고 있기에 백성의 생업은 영주의 납득을 받아 공적 성격을 띠며 보편적 가치를 부여받는다. 이러한 관계 속에서 근세적인 복종적 인격이 형성되는 것이다.

3) 부귀와 덕

'사람', '인간'으로서의 지위. 이를 바탕으로 주체적, 윤리적으로 납득되어간 공의에 대한 절대 복종. 백성의 인격 형성은 이러한 차례로 진행되었지만, 실제 이 근저에 분열적인 계기가 포함되어 있었음을 지나칠 수 없다. 백성은 그 이념형태가 '농경전일(農耕專一)'하는 농업생산자인 한은 언제나 생산력 증대에 대한 의욕을 지니고 '오곡풍작[五穀萬作]'(권2·五常之卷)을 기원한 자들이었다. 또한 한편으로 그 성과를 연공(年貢)으로 모두 바치는 데에도 납득했다. 그러나 다른 한편으로는,

> 모든 일에 힘쓰고 궁리하며 살아가면서 모두에게 존경을 받고 스스로 장자(長者)가 된다. (권2·五常之卷)

라며 '장자'가 자아의 이상향이 되었다. 현실에서는 '소농'인 대다수가 장자가 되는 것은 불가능했겠지만, 장자의 이미지는 그들에게 긍정적 환기를 불어넣는 힘이었을 것이다. 다만 '장자'가 상당히 개별적이며 멀리 떨어진 목표 제시였다는 것 또한 분명하다. 보다 보편적인 백성

상이 "귀하고 천한 자, 윗사람과 아랫사람의 출입이 잦은 집안은 부귀하지 않은 적이 없다"(권2·五常之卷)는 표현에 사용된 '부귀'라는 말로 제시되어 있다. '장자'인 백성이 아니라 '부귀'한 백성. 이것이야말로 모든 농민의 행복의 목표가 될 수 있었을 것이다. 나아가,

> 여러 민이 크고 작은 행실에 주의하면 복과 덕이 원치 않아도 이루어져 자손이 여복[餘慶]을 누릴 것이다.(위와 같음)

와 같은 '복덕(福德)', '여복[餘慶]' 역시 영주에 대한 역을 다하는 것과는 다른 목표이다. "한 세대가 평안하고 자손까지 풍요로울 것이다"(위와 같음)에서 말하는 '풍요' 역시 동일한 성격이다. 이들은 모두 개인이 아닌 가족 단위의 개별적인 만족을 목표로 했기에 역으로 "집(家)을 잃고 다음날에는 헤어져 자손을 잃는다"(위와 같음)와 같은 집[家宅]과 토지의 상실, 자손의 단절, 이산에 대한 두려움을 문제로 삼는 것 역시 백성에게는 똑같이 절박한 일이었다.

'덕(德)'이란 말도 넓은 의미로 쓰여 다양하게 나타난다. '부귀'와 같은 가(家)의 목표는 아니지만 덕은 작물, 도구, 행위와 같이 백성이 하나하나 직접 무언가를 만들 수 있는 긍정적인 상태를 표현하는 말로 빈번히 사용된다.

> 세공인(細工人), 대장장이 가운데에도 물건을 만드는 데 능숙한 자와 서투른 자가 있다. 덕을 얻을 것을 생각하듯 여러 도구를 만들어야 가히 쓸 만할 것이다. (권5·農具小荷駄具揃)

이 의미는 조금이라도 쓰기 좋고 오래갈 것을 생각해서 농구를 만든

다는 말이지만 "밭을 가는 쟁기는 잡기에 가벼운 것, 칼은 얇은 것을
쓰라. 풀뿌리를 세밀하게 자르고 갈아엎는 것에 덕이 된다"(권5·農具
小荷駄具揃)라고 할 때의 '덕'은 단순히 효과가 있다는 의미이다. 기타
하수(下水)를 버리는 법, 우물 파는 법 등 어떤 일에나 덕의 유무, 많고
적음이 이야기된다. 최종적으로는 농업생산량이 많고 적음의 여부로
연관되었다. 단적인 예를 들면, "어떤 것을 얻기 위해서는 … 우물물
을 자유롭게 끌어 쓸 수 있는 논이 된다면야, 논을 만들어야만 한다 …
이는 덕이 많이 될 것이다"(권11·五穀雜穀耕作集)라는 용례에는 덕의
양적 의미가 잘 드러나 있다.

이처럼 부귀는 가문[家]―자손으로 연결된―의 바람직한 목표이며,
'덕'은 매일의 구체적 생활 속 행위의 목표를 보여준다. 이들은 백성의
일상에서, 즉, 영주의 지배와는 뒤바꿀 수 없는 세계 속에서 가치 있는
것임이 명시되어 있다. 이러한 개별적인 백성이 하나로 얽힌 촌락 공
동체를 형성할―필자는 백성이 개별성을 늘려가는 것과 근대법적인 의
미의 독립된 존재와는 구별하고 있다―때, 『百姓傳記』에서는 다음과
같은 이상향이 상상된다. 그것은 "복 받은 땅[福地]" 혹은 "귀한 땅[寶
土]"이라고도 표현되는, 실제로는 존재하기 어려운 촌락의 이미지이
다.

① 그 촌락은 논밭이 40정(町[114] 혹은 50정인 광대한 장소로 토질이 좋
  다. (좋은 땅)
② 촌락의 동서남북을 말먹이 풀이나 땔감나무를 얻을 야산이 둘러싸며,

---

114 (역주) 전답면적 단위로서 1정(町)은 10단, 1단(段)은 약 300평(坪) 즉 991.7㎡이다. 그러
므로 본문의 40정은 120,000평에 해당한다.

야산과 촌락이 연결되는 곳[腰]에는 농경지에 댈 물이 풍부하다.

③ 거기에 백성의 가옥을 짓고, 집에서 나온 하수를 그보다 낮은 곳에 있는 밭으로 흐르게 한다.

④ 논도 밭도 백성이 다니는 길은 넓게 만든다.

⑤ 논밭을 크게 구획하고 두둑[畔]이나 경계[境]에 빈 곳이 없게 한다.

⑥ 촌락은 어류나 소금, 해초를 얻을 바다에도 가까운 위치에 있다.

⑦ 촌락은 여러 생필품을 구하고 거름(인분뇨)을 얻을 만한 마을에 보다 가까이 자리를 잡는다.

(권3 · 田畑地性論)

이것이 17세기 후기 백성이 열망하는 촌락환경이다. 물론 백성은 그러한 곳이 "드물게 있는 귀한 땅"(위와 같음)에 지나지 않는다는 것을 잘 알고 있다. 다만 거주하는 마을에 해당하는 요소뿐만 아니라 바닷가 마을 및 시가지[町場]의 필요성에도 관심을 기울인 묘사 안에서 근세 백성의 상상력이 풍부하게 발휘되고 있다는 점에는 의심의 여지가 없다.

공의에 역을 지는 것에 대한 철저한 복종 정신과, '부귀', '덕', '귀한 땅'을 탐욕스럽게 추구해 '장자(長者)'라는 이미지까지 묘사하려는 욕구. 일견 상반된 이 요소는 현실 속에서는 서로 부딪치지 않고 한 사람의 내부에서 공존되어 있었을 것이다. 양쪽 모두는 충족되는 일 없이, 역으로 양쪽 모두 충분히 만족되지 않은 채 오히려 실제 실현된 적이 없는 채로 표리로서 하나가 되었을 것이다. 이 점은 백성 인격이 한편으로는 '공민(公民)'의 방향으로 확충하려고 하면서, 다른 한편으로는 '사인(私人)'의 방향으로 팽창하려고 하는 것─'공민'에 대치되는 것에는 '사인'만이 아니라 공동체의 충족을 희구하는 '촌인(村人)'으로서의 입장도 있지만—이라 할 수 있다. 그러나 단지 이뿐만 아니라 근세 백성 인격의 근본적인 분열 내지는 모순을 이 점에서 볼 수 있는 것이다. 앞서 저술한 촌인을 포함해 생각하면 비중은 동일하지 않겠지만 백성이란 공적 인격으로 표면화되면서도, 사적(가문 차원의)이기는 하지만 개인적은 아니다) 인격인 동시에, 공동체적(여기서의 공동체는 가족이 아닌 가문의 연합인 촌락) 인격에 대립적인 계기를 포함한 채 실재했다고 이해할 수 있을 것이다.[115]

4) 조상[祖靈]·마을신[氏神]에 대한 예배

법문·기구·제도가 괄목할 만큼 신장하고 사회생활 속의 계산, 세밀한 관찰, 실학적 인과론이 비중을 높인 시대이지만 이는 사회생활 운영의 표면적인 모습에 해당하는 것이다. 신비적이고 종교적인 관념론은 근세 백성의 정신생활 속에서 큰 비중을 점하고 있다.『百姓傳記』에서도 여기에 대한 기술이 빈번하게 나온다.

> 토민은 또한 매일 밤낮으로 해와 달을 모시고 제신 제불(諸神諸佛)께 공손한 마음으로 기도드리고 이슬을 담은 순정한 물을 길어 바치면 해마다 오곡백과가 풍성히 열릴 것이다.(권3·田畑地性論)

① 해와 달, ② 제신(諸神), ③ 제불(諸佛), 즉 사람의 앎을 초월한 위

---

115 [원주] '공(公)'과 '사(私)'와 '공(共)'의 관계에 대해서는,『백성(百姓)』(深谷克己,『1980년도 역사학연구회대회보고 별책특집호(一九八〇年度歷史学研究会大会報告別冊特集号)』, 青木書店, 1980, 이 책의 I 장 2절)에서 간단히 소개하였다.

력을 지닌 대상에 대한 기도가 풍작으로 이어진다는 것으로, 이 시대에도 농업생산의 자연적 성격이라는 큰 틀을 기반으로 근세 백성이 신성함[神威]에 의존한 구체적 방식을 살펴보지 않을 수 없다.

오상 중 하나인 '예(禮)'는 이러한 신비한 위력이 있는 대상에 대한 숭경(崇敬)이나 태도라고 한다. 이는 예배(禮拜)와 같은 것으로, 새·짐승과의 구별 역시 이 점에 있다는 견해로 다음과 같이 말한다.

> 토민인 사람은 우선 전날 머리를 밀어 정돈하고[116] 목욕재계한다. 다음 날 새벽녘에 머리를 빗고 조상님 영령 앞에 절을 올리고 마을 수호신께 예배를 올린다. … 우리 마을의 절과 신사를 존경하여 해마다 매달 제사를 올려 소홀함이 없이 하라. 고장 사람들[117]이 소홀히 모시거든 마을신의 덕이 적어지게 될 것이다. (권2·五常之卷)

여기에는 ① 조상[父祖]의 영령, ② 마을 수호신, ③ 거주 지역의 절과 신사라는 농민이 신앙하는 세 가지 방향이 명시되어 있다고 해야 할 것이다. ①은 가(家)의 존속을 기원하는 조상신(佛)이다. ②는 마을의 영속을 비는 수호신[鎭守神]이다. ③은 단하제(檀下制)[118]에 소속된 절을 비롯해, 내세왕생(來世往生), 현세이익(現世利益)을 비는 마을 내 수많은 사당[社祠]이다. 근세 백성은 신심만으로 오곡백과가 맺힐 것이라고는 생각지 않았고, 그렇기에 농업기술서가 저술되기에 이르렀

---

116 (역주) 원문은 사카야키(月代)로 남자가 이마에서 머리 한가운데에 걸쳐 머리털을 밀었던 것을 말한다.

117 (역주) 원문은 우지코(氏子)로 같은 씨족신을 모시는 고장에 태어난 사람들을 말한다.

118 (역주) 원문은 단제하(檀制下)로 일정한 절에 소속하면서 그 절에 장례식 등 불사(佛事) 일체를 맡기고 시주로써 그 절의 재정을 돕는 집이나 그 신도를 의미한다.

다. 그러나 근세의 기술은 단지 그것만으로 존립하지 않고 거기에 어떠한 신비한 주술을 가미했다. 이 점이 이 시대의 '합리성'임에 주의할 필요가 있다. 기술의 신장과 신앙의 심화는 결코 대립하는 것이 아니었다.

『百姓傳記』에는 '다이코쿠(大黑)'[119]신앙이 특히 중시되었다. 다이코쿠는 "다이코쿠텐신(大黑天神)을 잘 믿으면 부자가 될 것임에 틀림없다"(권2·五常之卷)라는 내용처럼 각 가문의 발전에 힘을 빌려주는 신이다. 다이코쿠의 기량은[120] 보이는 것보다 맑은 진심이 더욱 중요하기 때문이다. 다이코쿠의 눈썹이 두껍고 아래쪽만 내려다보는 것은 위를 보지 말고 자신보다 낮은 사람만을 보면 세상살이에 교만한 마음이 없어진다는 의미이다. 이러한 가르침이 다이코쿠의 몸과 모습 모두에 연결되어 있다. 그러나 이 경우에도 자신보다 나은 것을 부러워 말고 낮은 것을 바라보는 것만으로 만족시켰다는 이해로는 충분치 않다. 실은 하나하나의 가르침을 거쳐 '복자(福者)', '부귀', '복덕', '여복[餘慶]'이라는 바람이 성취된다는 것이야말로 다이코쿠신앙에 생기를 불어넣은 점이다.

'삼사(三社)'신앙도 이미 이 시기 백성의 신앙 속에 크게 자리 잡고 있다. 삼사란 아마테라스 오미카미 신궁(天照太神宮),[121] 가스가다이메

---

119 (역주) 대흑천(大黑天)의 준말로 삼보(三寶)를 수호하고 음식을 풍족하게 하는 불교의 수호신 및 칠복신의 하나로 복덕의 신.

120 (역주) 원문은 器量の悪さ. 悪さ가 나쁨, 나쁜 상태, 정도의 뜻이 있어서, 여기서는 '정도'로 번역.

121 (역주) 일본신화에 등장하는 태양신(日神)으로, 일본 천황의 조상신(祖上神)으로 알려진 신을 모시는 신궁이다.

이신(春日大明神),[122] 하치만궁(八幡宮)[123]으로, 이 세 신은

> 위의 신들은 우리 조정 본래의 주인으로서 신령(神領)[124]도 넓어 일본국
> 여러 민이 받들어 모신다. (권2·五常之卷)

라는 말처럼 '촌락의 수호신'과는 달리 일본국 쿠니(國) 안의 여러 민이 받드는 내셔널한 성질을 가진 신들이다. 또한 개별적 이익보다 "여러 민에 경계를 주기"[125](위와 같음) 위해 존재하는 신이다. 이 세 신에게 백성은 별도로 공물을 헌납해야 한다.

이들 여러 신불은 백성에게 '복덕'을 주는—그러나 숭경하지 않으면 벌이 내려진다—존재였다. 그러나 주의할 점은 이에 대한 숭경을 권할 때 이를 믿는 자의 모범으로 '천자(天子)', '쇼군(御上樣)·공의(御公儀樣)·대신(大臣)', '지위가 높은 사람[上たる人]'이 거론되었다는 것이다. 이외에도 여러 대상이 거론되었지만 분명한 점은 여기에는 천황 이하의 조정에 관계된 권위가 드러나 있다. 또한 다이코쿠텐신(大黒天神)에 대해서도 히에이산(比叡山)[126]의 왕성 수호에 부여된 역할을 서술한 후, 다이코쿠텐신이 이 히에이산의 진수(鎭守)[127]임을 강조하고 있다.

---

122 (역주) 春日神(かすがのかみ)는 神道の神である。春日明神または春日権現とも称される。春日大社から勧請を受けた神のことであり、神社の祭神を示すときに主祭神と並んで春日大神などと書かれる。春日神を祀る神社は春日神社などという社名になっており、日本全国に約1000社ある。

123 (역주) 일본의 고대 궁시신(弓矢神)인 팔번신(八幡神)을 모신 별궁.

124 (역주) 신사가 소유한 땅. 신사 운영에 필요한 제물 헌납을 목적으로 한다.

125 (역주) 원문은 いましめ(戒め)로, 곧 훈계, 교훈, 주의, 제지, 금지, 억제, 징계, 경계, 방비.

126 (역주) 고토시(京都市) 동북방 시가현(滋賀県)의 경계에 있는 산.

127 (역주) (그 고장·절·씨족 등을) 진호하는 신, 또 그 신을 모신 사당.

때문에 '귀천, 상하'의 사회 질서가 신앙을 통해 납득되는 구조로 되어 있는 것이다.

5) 신분의 관계의식

백성 신분의 자기 인식은 다른 신분과의 구별, 비교하는 형태로도 나타났다. 이 표현 방법을 살펴보자. 『백성전기』에서는 백성을 무사와 비교해 논한 것이 많다.

> 의리에 통달한 무사는 구사일생의 공적을 거두어 이름을 높이고 영지를 얻으며 자손 대대로 번영한다. 이를 의사(義士)라고 부르며 공경으로 대접한다. 일과 품위[品]가 바뀌어도 토민인 자도 각오를 잘못하면 가(家)를 잃을 것이다. (권2 · 五常之卷)

『백성전기』에서는 '의리를 성취한 무사'와 대비되는 모습으로 '의리를 성취한 토민'(권2 · 五常之卷)이 목표로 되어 있다. 그러나 토민의 의리가 전장에서의 의리가 아니라는 점 역시 분명하게 제시되었다. ① 공의, 지토(公儀地頭)를 섬긴다 ② 처자 · 가문[家]의 아이 · 친족[一類]의 어려움을 구제한다 ③ 이웃 백성과의 약속을 어기지 않는다 ④ 타인의 논과 밭, 두둑을 훔치지 않는다 ⑤ 은혜를 잊지 않는다 ⑥ 처자 · 아이들에게 기대지 않고 속이지 않는다 ⑦ 금은과 미곡, 금전을 적절히 사용한다 ⑧ 용건을 분명히 한다 ⑨ 언행을 일치시킨다는 것이 토민에게 '의리자(義理者)'(위와 같음)였다. 추상적인 윤리적 목표는 무사와 동일하지만 구체적인 내용은 크게 다르다.

이러한 형태로 병(兵)과 농(農)이 구별된 것은 각기 사용하는 도구와 관계된 경우에도 나타난다. "토민은 분한에 알맞게 여러 장비를 만들고 구배해야 할 것이다. 무가(武家)는 가(家)에 갖추어진 활·총포·창·긴칼·큰칼·외날칼·마구, 기타 하나라도 무기를 잃지 않도록 몸가짐을 주의해야한다"(권5·農具小荷駄具揃論). 물건을 갖추고 사용하는 목적은 완전히 다르지만 농기구에 대한 토민의 마음가짐과 무기에 대한 무사의 마음가짐이 동일한 차원의 것으로 상정된다.

이 시기 이미 사농공상의 사민구별(四民區別) 인식이 진전되어 백성과 조닌(町人)·직인(職人) 사이의 구별에 대한 논의도 진행되었다.

> 백성의 쟁기, 괭이는 항상 흙이 묻어 있는 까닭에 녹슬기 쉽다. 닦고 씻어서 날마다 기름칠을 해야 한다. 또한 조닌(町人)은 주판, 저울, 되[카]에 먼지가 쌓여 더러운 것은 몸가짐이 바르지 못한 것이다. 여러 직인(職人)도 집마다 도구를 팽개쳐두고 챙기지 않는 자는 세공도 서툴러 끝내 망하게 된다. (권5·農具小荷駄具揃論)

백성의 농기구. 이는 조닌에게 주판·저울·되이며, 직인에게는 공작용 도구이다. 이러한 직분론의 구별이 어떻게 진전되어 왔는지, 아직 검토해야 할 점은 남아 있지만 17세기 후기에는 적어도 촌락 상층에는 이러한 사농공상관이 정착해갔다고 생각된다.

다만 이 경우 사농공상은 단지 가직 구분의 등급으로 존재했던 것은 아니다. '무가(御武家)'는 "만일의 등용[御用]을 위해 밤낮으로 기예를 익힌다"(위와 같음)는 특별한 높은 지위에 놓여 있다는 식의 근세 백성의 무사관—중세와는 다를 것이다—이 보인다. 나아가 이 무사와의 비정(比定)에서 백성의 태도가 보다 집중적으로 이야기되고 있음에, 공상(工商)의 민보다 무의식적으로 보다 한 단계 위로 자리하고자 하는 백성의 자기인식이 드러나 있다.

간과할 수 없는 점은 백성의 '히닌(非人)'에 대한 구별의식이다. 백성이 '불인(不仁)한 자'가 될 때 백성은

> 자기 소유의 전답에서 조상 대대로 살아온 터전을 떠나 걸식 · 히닌(非人)이 되어 결국 죽게 될 것이 확실하다. (권2 · 五常之卷)

라 하며 몰락한 '백성'은 '걸식 · 히닌'으로 타락하게 된다는 것이다. 여기서의 히닌은 걸식이나 형리(刑吏),[128] 게이샤(藝者)와 같은 뜻은 포함하지 않는다. 백성이 가장 가까이에서 일상적으로 자기 몸과 연장선상에서 연결된 상태에서 형상화한 '히닌'이란, 자신과 멀리 떨어진 아무 연고도 없는 존재가 아니라 늘 자신이 그렇게 될 현실적 가능성을 가진다. 때문에 자신들의 히닌에 대한 차별 감정을 강하게 가지는 관계에 있었던 것이다. 히닌은 백성 인격을 중심으로 생각해보면 그 반대의 대상으로 정해진 하나의 인격적 범주였다고도 할 수 있다. 이는 영주와 백성과 같은 정치적 대항 관계가 아닌, 윤리적으로 부정될 존재였다.

나가며

단순한 의식론이 아닌 인격론을 세우기 위해서는 보다 광범위한 문

---

128 (역주) 형리(刑吏).

제가 고찰되어야 할 것이다. 다만, 여기에서는 한 가지 사료를 사례연구의 방식으로 검토한 것에 그친다. 그러나 보다 심화된 인식으로 나아갈 수 있는 몇 가지 논점은 제시했다고 생각한다.

5. 농경과 겸업[129]

들어가며

근세의 소가족 농민상(農民像)을 어떻게 보면 좋을까. 필자가 이 책의 전반부에서 서술한 것은 주로 '백성 신분'이라는 정치적 위치에서 농민을 생각한 것이었다. 그러나 물론 이것은 실상 그 자체는 아니다. '농경전일(農耕全一)' 선언은 소농이 증가한 역사적 흐름에 따른 것으로 결코 허구는 아니다. 그러나 이는 전면적인 실상이 아니었고, 이념상과는 다소 동떨어져 있었다. 더욱이 이 괴리를 극복하려고 한 활동

---

129 (역주) 일본국어대사전에 의하면 모로카세기(諸稼ぎ)는 동료나 일가의 사람들이 함께 일하여 버는 것, 특히 부부가 함께 버는 것, 맞벌이의 의미이다. 하지만 저자는 "에도시대의 가족노동에서 불가결한 부분이었다고 해도 좋은" 것, 즉 가족노동의 성격을 지칭하는 의미로 이 용어를 사용하고 있다. 특히 메이지 정부가 나눈 전업/겸업의 구별에 반대하면서, 근세 농가의 일은 크게 '농경'과 '돈벌이 일(稼ぎ仕事)'의 두 부분으로 구성되는데, '농경'으로 간주되는 일들에도 다대한 '돈벌이 일'의 노동력이 필요했음을 주장하고, '諸稼ぎ農家'는 오늘날의 '겸업농가'와 통한다고 설명한다. 모로카세기에는 가공도 있고 거래도 있고 임노동도 있어서 그 내용은 다양한데, 농민들은 순수한 '농경'만으로는 생활이 성립하지 않기 때문에 이러한 일들을 행하고, 이를 통해 다양한 재능을 겸비하게 된다는 것이다. 이러한 시각에서 볼 때 모로카세기는 맞벌이보다는 겸업으로 번역하는 편이 적당하다고 판단된다. 자세한 내용은, 深谷克己・川鍋定男,『江戸時代の諸稼ぎ』(人間選書132), 社団法人農山漁村文化協会 참조.

[営為: 일, 노동, 근무, 생업]은 이후의 사회 전개 방식에서 '체제' 그 자체에 관련될 정도의 영향을 미쳤다. 그러므로 이 괴리의 폭과 질을 알기 위해서는 생활 실태에서 논의를 시작해야 할 것이다. '소농'이란 존재는 근세 사람들도 주지한 바였고, 현대에도 포착할 수 있는 실상이다. 그러나 소농을 오직 벼농사 한 가지에 구애된 단순한 생업자로 묘사해 버린다면 이념(기대되는 백성상)과 실태(끝없이 새로운 분업을 낳으며 변화해가는 사회 속의 여러 생업민) 사이의 관계를 파악할 수 없고, 백성 신분이 내포하는 모순에도 다가갈 수 없을 것이다.

필자는 여기에서 '농경전일'이 아닌 측면, 즉 여러 겸업을 검토하고 싶다. 이를 통해 이후의 근세사 전개에서 갖는 의미에 다가서보고자 한다. 종래의 연구에서 이를 의식하지 않았던 것은 아니며, 이에 대한 원리적인 고찰로 나아간 연구자도 있다.[130] 또한 이제까지의 근세사 연구는 겸업에 대한 수많은 사실을 밝혀 왔다. 그럼에도 이것을 근세사 전체의 흐름 속에서 파악하려는 노력은 충분하지 않았다. 때문에 주변적인 문제 중의 하나로 여겨져, 지방사 사료나 통사에서 소개되는 것에 그쳤다.

---

130 [원주] 모리타 시로(守田志郎)씨의 유고집 『文化の展開』(朝日新聞社, 1978년)를 읽어 나가노라면 오늘날의 농가경영에 대해서 〈겸업농가〉를 "왜곡된 것", "진정한 농가가 아니다"라고 보는 "상식"에 의문을 제기하여 "농경생활이란 본래 겸업적 부분을 많든 적든 간에(다소간에) 겸비하여 왔던 것은 아닐까"라고 지적하고 있다. 나 또한 역시 이 지적에 자극을 받은 자인데, 특히 막번체제 구조, 그 변용이라는 시각으로부터 검토하면 어떻게 보일까라는 것이 여기서의 과제이다.

1) 겸업을 통한 보충

고즈케국(上野國) 다카사키번(高崎藩)의 고오리부교(郡奉行)[131] 오이시 히사다카(大石久敬: 1725~1794)가 1791년(寬政3)부터 1794년(寬政6)에 걸쳐 기록한『地方凡例録』에는 다카사키(高崎)[132] 일대 지역의 사례로서 표준적인 농가경영 상의 수지가 추정되어 있다. 이때의 표준은 "백성 1호[軒]", 즉 부부 중심 소가족이 "약 5, 6反에서 7, 8反 정도" 규모의 "양모작(이모작)"이 가능한 논과 밭이란 규정이다. 실제로는 연공(年貢)[133]의 고하, 경작지의 토질, 논·밭의 비율, 쌀값·비료가격의 고하, 용수 공급 사정에 따라 '작덕[作徳]'이 달랐지만 개괄적인 기준은 세울 수 있다.

농토 5反 5묘(畝)[134](중급의 밭이 4反, 중급의 논이 1反 5묘), 가족 구성원 5명(경작노동 3명, 노인과 아이 2명), 말이 없는 '백성 한 호'가 사례의 농가로, 중하층 정도의 '소백성(小百姓)' 가호이다. 논의 대표 작물은 벼로, 노동력은 '자가농'(가족노동)이 중심이다. 그러나 '고용인부'가 필요하다. "밭을 가는 데"에 말을 빌리지 않을 수 없었기 때문이다. '자가'(자급) 비료도 물론 사용해서 이를 생산할 궁리도 했지만, 비료용 말린 정어리 같은 것은 아무래도 구입할 필요가 있다. 이렇게 경작해 쌀 6석(石) 7두(斗) 2승(升)의 수확을 거둔다. 뒷갈이[裏作]로는 보리를 심는다. 보리농사에도 '고용인부'와 말을 빌리지만 비료는 자급한다. 보리 수확은 6석 4두이다. 밭[畑] 쪽에도 우선 보리를 심는다. 여기서 거둔 것이

---

131 (역주) 고오리부교(郡奉行).

132 (역주) 다카사키(高崎).

133 (역주) 연공(年貢): 조세, 조공, 소작료, 도조.

134 (역주) 묘(畝): 단(段)의 10분의 1. 30평.

2석 4두이다. 다음 번 보리 심기까지 콩[大豆]을 5묘 심어서 5두 거둔다. 피[稗]는 밭[畑] 3묘에 심어 7두 수확한다. 조는 3묘에서 6두를 수확하고, 팥[小豆]은 1묘 심어 1두 2승을 거둔다. 고구마가 2묘 정도로, 3석 2두를 건진다. 남은 밭[畑] 1묘에 채소·무·가지·광저기[大角豆] 등을 기르지만, 이는 자가용(自家用)으로 매우 적은 수입밖에 되지 않기에 수지도 "취급하지 않는 것[見捨]"으로 한다.

금 15냥 3푼 2주(朱)와 영(永) 39몬(文) 3푼[135]이 이러한 경작의 결과로 얻은 총수입이다. 이 중 연공이나 경영에 필요한 잡비로 7냥, 영 67몬 1푼이 빠진다. 나머지 8냥 3푼·영(永) 97몬 2푼이 '농부의 작덕(農夫作德)'이라 이르는 순수입에 해당한다.[136] 한편, 가족 5명의 부식(夫食)인 보리가 12석 3두 9승으로, 그 값이 8냥 1푼·영 10몬이다. 이외에 소금, 된장, 땔감, 의복, 농기구 수리나 기타 여러 잡비로 2냥이 나가는데, 이 비용이 103푼, 영 10몬이다. 위의 총 수지에서 이 금액들을 제하면 1냥 1푼·영 37몬 8푼의 적자가 난다.

적자는 나지만 곧바로 몰락해버리는 것은 아니다. 가족이 살아가는 기본이 되는 부식비용(夫食費用)의 경우는 "보리만 먹는 게 아니라 조·피·채소·나물[木葉]·풀뿌리도 섞어 먹고, 때로 쌀가루, 쭉정이 같은 변변찮은 것[落ちあぶれ]도 먹는" 식으로 내핍을 궁리해 예산[計上]으로 잡은 금액보다 낮도록 지출을 줄인다. 그렇다 해도 제반 잡비로 계상한 2냥은 5인 가족생활에는 턱없이 부족하다. 어떻게든 적자가 나버리는 것이다. 그렇다면 어떻게 이 고비를 넘길 것인가. 이를 히사다카는 "어느 쿠니[国]에나 농업 이외에 겸업은 조금씩은 있게 마련

135 [원주] [단위] 영(永) 1貫文은 금 1냥이다.
136 (역주) 한국식으로 문장 순서를 바꿈. 의역 추가.

이다”라는 식으로 설명한다. 그 예로 죠슈(上州)에서는 ‘양잠[蠶飼]’이나 ‘연초 경작’이 있다. 또한 ‘줄무늬 목면[縞木棉]’[137]을 짜서 자가용으로 삼은 촌락도 있고, 판매한 곳도 있다. 촌락에 따라서는 가마니를 짜거나 새끼를 꼬기도 한다. 산간 지방에서는 목재를 잘라 숯을 굽기도 하고, 장작을 패기도 한다. 바다나 하천에 인접한 촌락에서는 어로(漁撈)를 한다. 도회지 근교에서는 야채를 재배해 판매한다. 이처럼 어디에나 농사일을 하는 틈틈이 남녀 모두 익숙한 ‘걸맞은 돈벌이’가 있고, 그 ‘소소한 벌이’로 간신히 유지되는 것이다. 그러므로 ‘돈벌이에 소홀한’ 것은 게으르거나 병에 걸리는 것만큼이나 농가 몰락의 원인이 된다. 이처럼 오이시 히사다카는 18세기 말경의 평범한 농가의 재생산 속에서 농업 외의 걸맞은 벌이가 불가피한 위치를 점한 점을 명시한다.

‘걸맞은 돈벌이’를 분류하면 재배하는 일, 가공하는 일, 채집하는 일로 나뉜다. 앞서 말한 5反 5묘의 백성은 가족 3명의 노동과 이웃·친척의 도움을 보태고, 부족한 노동력을 ‘고용 인부’로 보충한다. 이것이 29명분으로 전(錢) 2관(貫) 900몬(文)이 소요된다. 말을 사육할 여유는 없기에 대신 빌려주는[雇立] 말을 쓰고 이용료[賃錢]를 지불한다. 이 5필 분으로 전 1관 500몬이 필요하다. 또한 촌락에 써레[馬鍬]를 써서 땅을 고르는 작업을 하루당 300몬의 노임으로 하는 자가 있고, 하루당 100몬의 수당으로 벼농사·보리농사에 고용할 수 있는 자가 살고 있었다고 한다. 위의 재배·가공·채취 외에 수당을 받는 일거리가 있었던 것이다.

어느 촌락에서는 아래와 같은 돈벌이 수입이 있었다. 1819년(文政 2) 시모즈케국(下野國) 호가군(芳賀郡) 니시다카하시촌(西高橋村)에서는

---

137 (역주) 시마모멘(縞木綿): 목면 직물의 일종으로, 줄무늬를 짠 목면이다.

"농한기 남녀 수입[農業手漉之間男女稼方]"에 대한 조사가 시행되었다. 이 촌락은 막부(幕府) 직할령으로 1,343석에 달하는 커다란 촌락이다. 한 가호 별로 '부업[余稼]'을 조사하고, '남자 돈벌이'와 '여자 돈벌이'로 나누어 1년간의 수입액을 파악한 것이다(「農業手漉之間男女稼方凡積上書」, 『栃木縣史』史料編 近世8). 조사결과는 다음과 같다.

해당 가호 수	농한기 남녀 부업 형태	
4	남자: "멜대[天秤]에 물건을 달고 다니며 장사", "방물장사" 여자: "마오카(眞岡)목면 짜기"	남자: 연평균 錢 3貫文 여자: 연평균 錢 5貫文
5	남자: "장작패기" 여자: "목면 짜기"	남자: 5貫文 여자: 5貫文(1년에 5反)
3	남자: "솜 따기" 여자: "마오카 목면 짜기"	남자: 5貫文 여자: 4貫 400文
1	남자: "나무통[桶屋] 팔이" 여자: "마오카 목면 짜기"	남자: 6貫文 여자: 5貫 400文
64	남자: "자리짜기[莚·菰]" 여자: "목면 짜기"	남자: 2貫 875文 여자: 3貫 125文
5	"농사가 바쁘고 병자가 있는 등, 부업을 할 수 없는 집" 남자: "짚신·자리 짜기"	남자: 2貫文
14	"농사가 바쁘고 더욱이 땔감을 구하는 일 등으로 인해 농업 외 부업을 하기 곤란함"	

역자해설: 인용을 문단으로만 구분했으나, 여기서는 표 형식으로 수정했음.

95개의 가호 중 절이거나 "도망가"버린 가족이나, 60세 이상의 노인만 사는 집을 제외하면 농가경영이라고 할 만한 곳은 86가호이다. 이 86개 가호가 앞서 서술한 상황과 같다. 이 중 '부업'을 전혀 하지 않는 집이 14개 가호였기에, 나머지 84%의 가호가 부업을 한다고 할 수 있다. 또한 촌락 전체의 '부업' 수익은 모두 515관 600몬에 달한다. 부업을 할 수 없는 집은 부유한 백성으로, 논밭이 커서 겨우 자가 연료나 취하는 정도로 '경작전일'하지 않을 수 없었다. 병자나 아파서 자리에 누운 노인을 보살피는 집 역시 아마도 여성이 보살핌에 매여 있어서 부업은 하고 싶지만 그 쪽으로는 수입이 적을 수밖에 없다. 이 조사에서 분명한 것처럼 부업에서 '여성'의 역할은 실로 크다. '마오카 목면'이란 에도시대에도 유명했던 마오카 주변 특산물이다. 이러한 특산지의 경우야 말할 것도 없고 어느 곳에서나 실을 잣거나 직물을 짜는 것이 부업이 되는 곳에서는 '여자의 부업'이 한 집안의 생계를 '성립'하는 일에 빠트릴 수 없는 요소였다.

위에서 살펴본 재배, 가공, 채취, 품삯일과 더불어 이 촌락의 '부업'에는 방물 행상, 목면 솜 따기, 술통 상점과 같은 '농업 이외'의 소상인·소직인(小職人)의 부업을 볼 수 있다. 근세 말기 각지에서 행해진 농한기 생업 조사에서는 도리어 농업 이외의 상인이나 장인에 대한 기록이 중심을 이룬다. 1843년(天保14) 사가미국(相模國) 아이코군(愛甲郡) 다시로촌(田代村: 약 288 석)의 「농한기 생업 기록부」(『神奈川縣史』 자료편 8권)를 살펴보면 55명의 '백성'이 36종류에 이르는 여러 '농한기 생업'을 하고 있다. 반드시 한 집에 한 종류라고 할 수는 없다. 술통 파는 집에서 선술집을 겸하거나, 대장간에서 조리를 파는 것처럼 상인과 직인의 양면을 겸한 자도 있다. 또한 '농한기 생업'은 중하층만의 생활 방식도 아니다. 나누시(名主)였던 다케베에(武兵衛)는 1767년(明和4)부터 미곡가게를 비롯해, 1798년(寬政10)부터는 전당포·양조장·간장 제조를, 1823년(文政6)에는 목면실 등의 상업에도 손을 대기 시작했다고 이 장부에 기록되어 있다. '호농(豪農)'이라고 부를 수도 있겠지만 이 계층 역시 농업경영 확대(자기 땅이든 소작지든 간에)라는 방향만을 목표로 하지 않고, 금융·제조·유통 등 농업 이외의 제반 영업에 진출해서 이 때문에 중하층 농민과 대립을 심화시키는 일이 적지 않다.

오이시 히사다카가 말한 '적절한 부업'에서 전락한 '고용노동'의 벌이는 야슈(野州) 니시다카하시촌(西高橋村)의 '부업벌이', 소슈(相州) 다시로촌(田代村)의 '농한기 생업'에는 나타나지 않는다. 그러나 먹고 자고 하는 기간제 입주식 봉공인도 있지만, 자기 집에서 생활하며 자기가 사는 촌락이나 인근 촌락으로 돈벌이를 다니는 일 년짜리 계약 일꾼, 한 달짜리 계약 일꾼, 날품팔이 일꾼 같은 부업을 하는 자도 많았다는 것은 이들을 고용하는 상류층 농가의 급여 장부, 마을의 일용 임금 규정 등에 분명하다. 무라메이사이쵸(村明細帳)에는 "농한기 벌이로는 남자는 노끈을 짜서 가마니를 짜거나 날품팔이를 한다. 여자는 목면실을 잣거나 직물을 짜 이를 파는 부업을 한다"(1824년(文政7) 소슈 相州 고자군高座郡 하토리촌羽鳥村), "농한기 부업은 겨울, 봄은 땔나무 자르기, 띠(茅) 베기를 한다. 날품팔이로 이웃 마을에 가기도 한다" (1835년(天保6) 소슈相州 유루기군陶綾郡 테라사카촌寺坂村, 「農間諸渡世書上帳」, 『神奈川縣史』)라고 쓰여 있다. 날품팔이 벌이가 촌락 규모의 '농한기 부업벌이'가 되어 있음이 판명되는 경우도 적지 않다.

근세 후기의 '적절한 돈벌이', '여가벌이', '농한기 생업', '농한기 부업벌이'는 연구사에서는 '농민층 분해', '사회적 분업'의 발달 과정 혹은 결과로, 즉 '해체기'의 현상으로 설명된다. 그러나 해체기에만 여러 부업이 행해진 것은 아니다. 1681~1794년의 덴나(天和) 연간의 집필로 추정되는 『百姓傳記』 중 「麥作集」의 서문에 "당시의 토민, 부업에 시간을 보내고 날을 지새워 동지 무렵이 되어서야 씨를 뿌린다"는 구절이 있다. 이 부업의 내용은 알 수 없지만, 벼의 추수나 연공(年貢) 상납 이후에 착수한 여러 가지 부업벌이를 가리킨다고 생각된다. 가가번(加賀藩)에서 1691년(元綠4)부터 1694년(元綠7)에 걸쳐 백성의 농업 외 부업을 조사한 기록으로 「각 촌락의 농한기 경작집(農隙所作村々寄帳)」

(『日本農書全集』5권)이 있다. 이것을 보면,

도롱이 만들기, 옻칠 세공, 종이접기, 두꺼운 종이, 돗자리, 원숭이 돌리
기, 땔감, 숯, 비단, 전차, 하천어업, 목욕탕 자릿세, 소금가마, 갓 제조,
곶감, 礎石 자르기, 천 말리기, 꿀벌, 복숭아, 담배, 목면, 모시풀(靑苧),
흰모시(白苧)

등 각종 '농한기 작업'으로 생계를 돕고 있음을 알 수 있다.

막부의 1649년(慶安2)의 법령, 즉 후레가키(「여러 지역 향촌에 내리는 명
령」, 『德川禁令考前集』 5권)에는 "산지·해안에는 인가도 많아 생각지 못
한 부업벌이도 있는데, 산지에서는 땔감·재목을 실어 나르고 가라루
이(からるい)를 팔며, 해안가에서는 소금을 굽고 물고기를 잡아서 장사
하므로"라는 부분이 있다. 여기서는 눈에 띄게 산지·해안 마을을 들
고 있다. 지형적으로도 부업벌이 조건에 혜택을 받은 곳도 있지만 산
지·해안가뿐 아니라 "예상치 못한 부업벌이"가 각 도처 촌락에서 모
색되고 있었다고 할 수 있다. '여업', '농한기 경작', '부업벌이' 등으로
불리는 부분이 17세기에도 모든 농민층이라고는 말할 수 없다 하더라
도 많은 농가의 경영에 중요한 위치를 차지하고 있었음은 아마도 틀림
없는 듯하다. 다만 후기와 비교해 다른 점은 그것이 "생각지 못한 부
업수입"으로 보일 정도로 우발적이며 자연발생적 성질을 강하게 지니
고 있다는 점과, 이에 따라 사회적인 확산 범위나 깊이, 부업의 총량에
상당한 차이가 있다는 점이 있다. 나아가 앞서 말한 「게이안 포고령」에
"자식이 많으면 남의 집에도 보내고 또 일하러 내보내기도 하여"라고
한 것처럼 부양 인구를 줄이기 위해 입주식 기간제 계약 하인 봉공이
일반적이었으며, '고용인부' 같은 품삯일은 거의 성립하지 않았다는 점

등이다.

2) 여업관(余業觀)과 여작(余作)의 확대보급

「게이안 포고령」에서는 "다소 장사할 마음도 가지고 살림살이가 나
아지도록 해야만 할 것이다"라며 "그 이유는 조세 때문이다"라 서술해
잡곡 매매에 '상심(商心)'을 가지라고 주의시켰다. 그러나 잡곡을 일단
제쳐두면 요는 "조세를 완납하는 것"을 지속하기 위해서는 백성에게
다소 '상심'이 있어야 한다는 말이다. 원래 「게이안 포고령」의 목적은
최대한 자급자족을 장려하는 것에 있다. "전답의 경계지역엔 콩·팥
등을 심고", "낮에는 전답을 경작하고, 밤에는 노끈이나 가마니를 엮
으며", "부인은 목면을 짜서 벌고"라고 서술한 것에서 드러나듯 '콩·
팥', '노끈', '가마니', '직물 짜기' 등은 어디까지나 자기 가정에서 사용
하기 위한 용도이다.

농가경영에서 노끈·자리 짜기, 여성의 실 뽑기, 목면 짜기 등은 원
래 개인사용분(自分遣) 등으로 표현되는 자급용 부업이고, 근세 초기
부터 말기까지 그 성격을 바꾸지 않은 촌락도 많다. 그러나 "조세납부
를 위해"서는 "다소는 상심"을 권하지 않을 수 없는 것이 영주의 입장
이며, 그렇게 하지 않을 수 없는 것이 농민의 입장이었다. "개인이 쓸
용도"의 '돈벌이'와 환금·환품을 동반한 '예상치 않은 부수입'과의 구
별은 애매했다. 그러나 서서히 전자에서 후자로 점차 진행되어 간다.
노끈·자리는 말 그대로 "자기가 쓰기 위한" 것이었다고 해도 다른 '여
업'을 가지게 되는 일도 있었을 것이다. '생업'이 된 새로운 부업은 농
민 측에서 구한 것도 있고, 외부에서 들여온 것도 있다. 18세기 전후

부터 향촌사회에 지주·소작관계가 보급되었음은 이미 널리 알려져 있다. 이 관계가 발생·확대되어간 계기나 이유에 대해서는 여러 가지를 고려해야만 할 것인데, '여업'도 그중의 하나이다. 후루시마 토시오(古島敏雄)는 이미 1941년(昭和16)에 도시의 발달, 가공업의 발달이 농촌주민에게 여업의 기회를 주고 이것이 작은 면적의 소작에 독립 가능성을 주었다는 탁월한 지적을 하였다.[138] '소작'과 '여업'을 연관시켜 생각하는 것은 이후의 소작 농민을 이해하는 관건이다. 소작농민의 여업 중에는 '고용인부'로서의 부업벌이도 빠뜨릴 수 없다. 1770년(明和7) 비츄국(備中國) 오다군(小田郡) 가사오카촌(笠岡村)에서 소작 백성의 소요가 일어났다. 이때 체포된 사람 중의 한 명인 "미즈노미 백성 큐죠(久蔵, 56세)"의 경우 "촌락의 백성 공유지에서 소규모 소작을 하며 평상시는 일용직으로 돈벌이를 했다"(長光德和 編,『備前·備中·美作百姓一揆史料』제1권)고 하는 생활방식도 있었다.

근세 농민의 일상은 이처럼 팔 수 있는 것이나 원료가 될 만한 것을 재배하고, 팔 수 있는 것을 채취하고, 팔 수 있는 것을 가공하고, 팔기 위해 돌아다니고, 집을 빌려주거나 가게에서 물건을 팔고, 기술적인 일로 돈을 벌고, 힘쓰는 일이나 잡일에 고용되어 노임을 받거나 하는 등 이에 해당하는 광범위한 '여업', '여가', '농한기 돈벌이(農間渡世)'에 관여되어 살았던 것이다. 농가경영에 불가결한 수입을 가져온 이러한 잡다한 남녀 노동은 어디까지나 '농업 이외', '농한기', '농사짓는 틈' 혹은 '경작하던 틈'의 일로 자리매김되어 있었다. 분명히 이 일 가운데에는 농한기나 야간에 이루어지는 것이 있고, 보조하는 정도에 지나지

---

138 [원주]『일본봉건농업사(日本封建農業史)』(『후루시마토시오 저작집(古島敏雄著作集)』제2권, 東京大学出版会, 1974).

않는 수익인 경우도 많다. 다만 그러한 이유를 제외하고라도 이들이 "남는다(余)"라는 말로 표현된 것은 분명히 막번(幕藩) 권력의 지배 양상에서 유래한 것이었다.

1687년(貞享4) 소슈(相州) 아이코군(愛甲郡)에서 막부 다이칸(代官)이 발부한 「토민처벌문서」(『神奈川縣史』 자료편 6권)에서 "경작하는 틈틈이 남녀 모두 적당한 부업벌이를 해야만 한다"라는 문구가 있다. 이것이 영주 측에서 권하는 원칙이며, 양보할 수 없는 원칙이었다. '적절한 부업벌이' 가운데에는 잡다한 일이 분화되지 않은 채 얽혀 있었지만 점차 확대되면서 각기 독자적인 모습을 가지면서 더욱 진전되기 시작한다. '알맞은' 정도를 훨씬 초과한 '수입'을 이번에는 영주 권력이 번(藩)재정으로 거두어들이려 했으니, 잉여수입으로 간주한 것은 억제하고자 했기 때문이다.

그 가운데에도 상업적 여업이 막번 영주에게 경계심을 품게 했다. 때문에 이에 대한 규제가 반복된다. 이른 예로는 "도처에 떡·술·방물 등을 팔거나 길가에 판자를 세워 이러한 장사를 하지 못하도록"(1661년(寬文 元), 가가번加賀藩, 『改作所舊記』 상편), "최근 새로 지은 방물점이 보인다. 작은 마을에 그런 게 있으면 그 촌락은 물론이고 인근 마을에까지 낭비가 있다"(1701년(元祿14), 미토번水戸藩, 『勝田市史』) 등이다. 이러한 내용은 물건 판매를 하는 사람보다도 오히려 기타 농민의 생활이 파괴될 것을 우려하고 있다. 그러나 1722년(享保7) 막부가 발표한 「覺」에서 "그리하여 백성이 농업을 소홀히 하고 상업에 매달리는 것은 그만두도록 해야 한다 … 지금부터 새로 상거래를 하는 것은 금한다. 오로지 농사에만 전념하도록 할 것이다"(『德川禁令考前集』 5권)라는 규제는 새로 상업을 시작하는 백성을 문제로 삼고 있다. 백성을 '경작 전념'으로 되돌리고자 하는 것이다. 다만 산에서 목재·숯·땔감을 하거나 바닷가에서 고기를 잡는 것은 별도로 하고 있다.

돈을 받고 하는 일에 대해서도 "품삯 벌이를 위해 타지로 출타한 자들이 많아 소유 전답을 황폐하게 내팽개쳐두는 무리가 있다는 소식이 들리는데 발칙하기 그지없다"(1777년(安永6) 법령, 『德川禁令考前集』 5)라며 규제한다. 그러나 영주 측의 걱정은 다른 곳에 있었다. 상업적 부업으로 옮겨 가는 것, 혹은 타 지역이나 다른 영지로 품삯벌이로 출타하는 것이 그 토지에 필요한 농업 종사자 인력을 부족하게 하고 노임 급등을 불러와 심지어는 그를 필요로 하는 농가경영을 위협한다. 그리고 조세 납부가 연체된다. 이 가운데는 '품삯 벌이'로서 조세 상납으로 모인 수입에서 받고자 하는 자조차 나타났다. 이 모든 일련의 것들이 영주 측이 걱정했던 것이다. 상업적 부업이 무엇보다 나쁘다고 한 막번 체제의 사고방식은 1842년(天保13)에 내려진 아래의 법령(『德川禁令考前集』 5권)에 그 근거와 함께 잘 나타나 있다.

최근 남녀 모두 농업 품삯인이 적어져 품삯이 저절로 높아졌으며 특히 베 짜는 하녀로 불리는 자가 과분한 임금을 받아 이 또한 부업에 치닫는 이유이다. 본말이 전도되었다. 원래 백성들이 상업을 할 경우 눈앞의 이윤만으로 경영하는 조닌(町人)과는 격이 다르므로, 이러한 점을 잘 변별해 오로지 농업에 정성을 다하도록 각자 이어받은 전답을 잃지 않도록 전념해야 한다.

영주가 강력히 개입한 것은 작물의 판매단계, 즉 '상업동향'의 규제이다. '소상품 생산'이라는 말로 묶을 수 있는 것도 있지만 묶을 수 없는 것도 많았다. 재배·채취한 그 상태로 판매하거나 아니면 가공·판매하는 과정을 가진 '부업'의 성장도 가속되었다. 이에 대하여 재차 영주 측이 '여업', '여분의 수입'으로 규제했다. 그러한 과정 중에서 '여(餘)'라는 문자는 '경작 전념'의 생활과는 반대되었다.

더욱이 "농업 이외"라 말할 때의 "농업"은 실은 모든 농업관계의 재배분야와 작업범위를 가리키는 것이 아니라 곡물생산을 가리키는 것이었다. 그것을 더욱 깊이 생각해보면 전답의 제반 곡물생산 일반이 아니라 논에서의 벼농사를 말하며, 이를 행하는 것이 '백성'으로서의 존재이유라고 생각되었다는 점을 알 수 있다. "신세(神世)부터 신의 논(御田)으로 부르기 시작해 만인의 식량이 되었으며 그때 '백성'을 들어 논을 지키도록 하였다. 이제야 논에 적합한 자가 나와 백성을 맡게 되었다"라는 해설이 1770년(明和7)「五人組前書」(『神奈川県史』 자료편 7)에 추가되어 있다. 여기서는 '논의 수호'는 즉 '백성'이라는 규정이 명시되어 있다. '백성(御百姓)'이란 호칭도 에도시대에 많이 사용되었는데 이것을 끝까지 미루어 생각해보면 영주로부터 논을 일임받아 미곡을 지어 '막부(公儀)'에 조세를 상납하는 역(役)에 종사하는 농민에게 부여된 호칭이었던 것이다. 그런 의미에서 '막부의 백성'인 까닭에 '백성'으로서 높여지기까지 했다. 근세시대 논이 밭과 결정적으로 다르며, 논은 영주 직영의 논 경작 위탁이라고도 말해야 된다는 지적이 있는데,[139] 이것은 매우 예리한 지적이다. 논이라는 땅의 종류, 쌀이라는 농산물의 '정치적' 성질을 제도적으로 표현한 것이 농업생산 여러 분야를 모든 수전 생산력으로 변경하여 미곡납부 조세로 통일한 것이 고쿠다카제도(石高制)이다. 또한 밭에도 고쿠다카제도가 적용되어서 미곡생산량으로 환산된 조세 '쌀(米)', '에이(永)'가 부과되었으나 현실적으로 이곳은 농가경제에서 일상식량이나 의복, 나아가 이곳이야말로 '적

---

[139] 앞의 책(守田志郎, 『文化の展開』, 朝日出版社, 1987년).

절한 돈벌이'의 주요 거점이었다.

'여업', '여가'의 첫머리 글자 '여(余 또는 餘)'라는 단어는 이런 동향 속에서 살펴본다면, 백성의 조세미를 만들기 위한 '본업', '가업'으로부터는 벗어난 것이라는 가치관을 명료하게 포함하고 있다. 그런 가치관을 동반하는 여업에 대한 경계는 영주 입장에서 규제와 똑같은 의미가 아니라 하더라도 17세기 『百姓傳記』이래, 농민적인 농서 중에서도 종종 나타나고 있다. 그러나 현실은 표면적 방침과 똑같을 수는 없었다. 에도시대 농민들을 조세 부담 능력을 가진 '소농'으로 유지시키기 위해 영주 측에서는 한편으로는 수전에 강제로 벼농사를 관철하게 하고 다른 한편으로는 적절한 부업을 권유해야만 되었다. 조세 부담이 없는 '적절한 부업'은 '소농'이 '자립'해갈 수 있는 필수조건이라고 말해도 좋을 정도였다. 그런데 영주는 농민의 기대 속에 증가하는 제반 부업 수입을 언제까지나 조세가 없는 상태로 방치할 수는 없었고, 궁지에 몰린 번(藩)재정 때문에 이를 수탈하는 방향으로 눈을 돌리게 되었다. 많은 번이 이에 착목하기 시작한 시기는 18세기 전반 무렵이었다. 고모노나리(小物成) 형태의 여러 부역(小役)으로 우선 수탈할 수 있는 것을 수취해 들이는 형태로서의 과세가 시도되었다. 이것이 18세기 후반에 이르면 결국 재정 악화에 시달리게 된 영주는 더욱 가혹한 수탈을 감행하게 되었다. 즉 이윤작물의 경작을 장려하거나, 특산물 재배를 도입해 농민이 스스로 '여업'을 구할 것을 독려했다. 결국 그 환금과정을 통제해 금은수입 증가를 시도하기에 이르렀다. 각 지역에서 보이는 식산전매제도가 바로 이것이다. 이것은 이른바 번이 시행했던 '부업'이라고도 말할 수 있다. 그러나 이것은 어디까지나 번의 수입을 중심으로 한 '국익'정책이었다. 그리고 아마도 고쿠다카제도의 본래 원칙에 상반되는 이 정책은 "등으로 배를 대신할 수 없다"는 말과 같이 떳떳치 못하다는 느낌이 늘 따라다녔다고 생각된다.

3) 새로운 여작론(餘作論)과 겸업[諸稼ぎ]의 인간상

그러나 19세기가 되면 이러한 방향의 돈벌이[稼ぎ]를 농가경영 본위라는 관점에서 당당히 권유하는 농학자가 등장한다. '여작(餘作)'이라는 같은 단어를 사용하지만, 그에 따른 떳떳하지 못한 느낌은 완전히 사라져 있다. 그 농학자는 19세기 들어 다수의 저작을 남긴 오쿠라 나가쓰네(大藏永常: 1768~?)이다. 말미에 "덴포 15년 갑진 초봄(天保十五甲辰初春)"(1844)이라고 집필 연도가 적혀 있는 그의 『廣益國産考』를 읽다 보면 다음과 같은 부분이 있다.

> 연공(年貢)을 생산하는 쌀에만 집중하면 그다지 남는 것이 없을 것이다.
> 토지[高]를 많이 가진 농민은 미리부터의 대비가 있지만, 조금 가진 자,
> 그리고 미즈노미인 자(水のみの者)는 전답에 경작하기보다 여작(餘作)에
> 유의해야 할 것이다. (권1)
> 어쨌든 농가에서는 여작을 하여 정작(定作) 이외에 이익을 얻을 수 있는
> 일을 하지 않으면 살림을 꾸려나가기 어려운 법이다. (권5)
> 소작을 하는 미즈노미 백성(水呑百姓)은 벼만 경작해서는 이익이 없어서
> 경작해도 손해가 되는 법이다. 벼에서 이익이 없더라도 보리 · 채소 종자
> 에서 이익이 있는 법이다. (권8)

다만 오쿠라 나가쓰네는 이러한 주장들에 의거해 영주의 '국익(國益)'정책을 부정한 것은 아니다. 오히려 설탕(砂糖)의 항목 등에서는 적

극적으로 영주가 가이쇼(會所)를 세워서 농민이 설탕을 "다른 곳에 파는 일을 금지"(권2)하고 모아서 힘써 도시에 판매하는 것이 좋다고 설명한다. 이러한 의미에서는 그에게 영주 지배의 구조, 그 자체에 대한 비판적인 시각은 없다. 그러나 이 경우에도 자세히 읽으면, 각 촌락에서 상인에게 팔아넘기는 것보다는 영주의 전매정책 쪽이 이득이 있다고 말하는 것이다. 그렇게 하면 농민이 도시에 직판하게 되는 것이고, 게다가 실제로는 가지 않아도 되므로 "유리하다"라는 의견인 것이다. "연공을 생산하는 쌀"을 "경작해도 손해"라고 태연하게 말해버리고 "여작에 유의해야 할 것"이라고 하는 사고방식은, 영주적인 '본업(本業)', '여업(余業)'을 구분하는 사고방식에서 보자면 상당히 모순이 된다. "등심초[藺]를 잘 재배하는 데 다투어 경쟁하기 때문에 벼는 다만 쌀의 값어치뿐 여분의 이익이 없다"(권3)라고 하는 서술마저 있다. 게다가 그는 소농 경영 일반을 보고 있는 것은 아니다. 막부 말기(幕末)에 이르는, 한층 모순이 확대되는 시대를 살고 있는 농학자 오쿠라 나가쓰네의 눈은, "조금 가진 자"(小高인 농민), "미즈노미인 자"(無高인 농민)를 분명히 응시하고 있는 것이다.

'여작'이라는 것은 대개 원료 작물에 관한 일이기 때문에, 그 가공과정을 어떻게 할 것인지가 이득의 여부를 좌우한다. 오쿠라의 '여작론'도 이윤이 되는 작물을 재배하는 것만이 아니라 재배에 이어 가공하는 것까지를 포함한다. 오히려 가공과정이 없어서는 안 된다는 것이다. 등심초가 벼보다 이득이 있는 것은 어째서인가. 오쿠라는 다음과 같이 설명한다. 벼를 쌀로 만드는 것은 조정(調整) 작업이지만 등심초를 돗자리[筵]로 직조하는 것은 가공이다. 그 가공에 대한 품삯이 덧붙여지는 것이 이득이 된다. 오쿠라는 이 경우, 타인을 고용하는 것이 아니라 가족 전원의 힘으로 하지 않으면 수지가 맞지 않는다고 말한다. 예를 들어 종이에 대해 말하자면, 전문적인 "종이 뜨는 사람[漉人]"을 고용하는 것이 아니라 "농가에서 농한기에 뜨지 않으면 이익을 얻지 못 한다"(권5)라고 말한다. 벼를 수확하여 쌀로 만들어 연공을 바친다. 그다음에 보리를 다 심고 나면 나중에 거름 주는 작업이 있지만 여가가 생긴다. 그 이후 다음해 3~4월까지 집안에서 종이를 뜬다. 그 예상 수입은 남편[亭主]은 1일 임금 200몬(文), 아내는 150몬, 조모는 종이를 널판에 붙이는 일을 하여 80몬, 12~13세의 남자, 여자 아이도 1인 20몬 정도는 된다. 합해서 가족 전체로는 1일 470몬 정도가 된다. 이래도 겨우 수지가 맞는 생활이며, 그 이상은 되지 않는다.

씨를 뿌리거나 심거나 하는 것뿐 아니라, 히나 인형[雛人形][140] 만들기나 김 만들기 등도 추천된다. 다만 여기서 중요한 것은, 오쿠라가 "장사[商]와 혼동해서는 안 된다"(권8)라고 말하고 있는 점이다. 그렇기 때문에 '만든다(作)'는 행위를 돈벌이[稼ぎ]의 중심에 둘 것을 나타내기 위해 '여작'이라고 표현한 것은 아닐까 생각되는 것이다. 그도 역시 '정작(定作)', '본업(本作)'을 중시하기 때문에, 가치판단상 그로부터 벗어난 것이라는 의미에서 근본적으로는 피할 수 없는 '여작'이지만, 이는 "농가에서는 먼저 1년 동안 먹을 만큼의 곡물을 경작하는 일이 제일"(권1)이라는 시각에서이다. 연공 상납이야말로 백성된 자의 의무이기 때문이라고 말하는 것은 아니다. 오쿠라에게 "나머지(余)"라는 의미는 "농업 틈틈이의 돈벌이[稼ぎ]"(권1)라는 의미뿐이다. 그의 견해가 경제사에서 말하는 '맹아적 이윤'을 낳는 것 같은 '민부론'일 수 있는지에 대해서는 의문의 여지가 많다. 그러나 내 시각에서 말하자면, 그의 '여

---

140 (역주) 3월 3일, 여자아이의 행복을 빌기 위한 히나마츠리(雛祭り) 때 제단에 진열하는 인형.

작관'이 막번제적인 '백성(御百姓)' 규정과 짝을 이루는 '여업관'과 크게 다르다는 점이 중요한 것이다.

　여기서 근세의 농가경영에 대하여, 그 속에 포함된 다양한 돈벌이[稼ぎ]에 관한 부분을 대략적인 추세로서 정리해보자. 17세기의 농가경영 속에 짜여 들어가 있던 미분화된 '적절한 돈벌이'는 18세기 이후 점차 각각의 방향으로 전개되어 독자적인 성질을 띠기 시작한다. 사료상의 언어를 골라 구별해보면, 자가소비용을 약간 넘는 땔감·숯·돗자리 등을 돈으로 교환하여 벌어들이는 '여가(餘稼)', 상인·직인의 입장에서 벌어들이는 '여업(餘業)', 이윤이 되는 작물이나 여러 산물의 재배·채취·가공으로 버는 '여작(餘作)', 그리고 월별·일별 고용노동[月雇·日雇] 등으로 버는 '날품팔이(手間取)', 대략 이 네 가지가 될 것이다. 이것들은 실제 생활 속에서는 복잡하게 서로 섞여 있다. 재배와 가공, 제조와 판매, 특별한 기술과 일반적 작업은 구별하기 어려운 것이 많다. 한 채의 농가, 한 사람의 농민의 일생이 몇 종류의 돈벌이[稼ぎ]에 관련되는 일도 있다. 확실히 분류하기 어려운 점이 오히려 근세의 '사회적 분업' 상태라고 생각하는 편이 좋다. 게다가 자가소비[自分遣い]의 돈벌이[かせぎ]로 가공 일을 하는 농가의 생활이 살림살이의 광범위한 기반이 되는 것도 사실이다. 이러한 토대 위에, 여작, 여업, 여가, 날품팔이 등 다양한 돈벌이[稼ぎ] 생활이 짜여 들어가 있던 것이다. 이들 농가에 계층이라는 기준을 적용하면 각각 상하로 구별될 것이다. 그러나 내가 중요시하는 것은, 그러한 구별을 넘어 농경과 농경 외의 돈벌이[稼ぎ]가 결합할 때 비로소 '백성성립(百姓成立)'이 실현된다고 하는 에도시대 중하층 농민의 경영상태 쪽이며, 그것이 막번체제에 갖는 의미가 크다는 점이다.

　겸업[諸稼ぎ]의 추세가 이렇게 전개되는 과정은, 개별 농가의 생활

추이라는 관점에서 보자면 조금이라도 고단한 하루하루를 보다 좋은 것으로 만들고 싶다는 궁리의 축적에 다름 아니다. 흉작이나 기근에 맞닥뜨리거나 혹은 일상의 생활과 경영의 불안에 고통 받으면서, 어떻게든 그런 고단한 상황에서 빠져나가고자 하는 선택의 반복이었을 것이다. 좋은 쪽으로 선택했다고 생각했지만, 그 선택 때문에 도리어 몰락하거나 혹은 다른 지역으로 도망가거나 도시로 흘러들어가 농업을 그만두게 된 자도 적지 않았을 것이다. 에도 말기에 심각한 농촌의 황폐와 농민의 몰락이 진행되었던 것은 많은 실례를 통해 알려져 있다. 경작과는 계속 관련되면서도 전담보다 겸업[諸稼ぎ] 쪽에 힘쓰는 자도 나타났을 것이고, 이미 농민이라기보다는 상인·직인·임노동자 등과 같은 자도 늘어났을 것이다. '농한기 돈벌이[農間稼]'라기보다 별도의 '생업[渡世]'으로 보는 편이 적합한 자도 다수 나타났을 것이다.

이러한 추세는 농민이 비농업민이 되고 다른 생업자가 되는 것이 일직선적으로 진행되었음을 예측하게 하지만, 이를 과대평가하는 것은 적절하지 않다. 그 이유는 첫째, 백성이 농경을 완전히 버리고 순수한 상인·직인·임노동자로 간단히 바뀔 만큼 이 시대의 '사회적 분업'이 진전되어 있지 않았기 때문이다. '농한기 생업[農間渡世]'이라고 적는 것은 영주의 신분 규제 때문만이 아니라 그것이 실제의 상태였기 때문이다. 둘째로, 이러한 겸업[諸稼ぎ]의 진행을 그대로 이농화의 진행으로 간주한다면, 다음과 같은 사태를 놓쳐버린다. 1704년(寶永1), 미토번(水戸藩)은 '보부상[かつぎ商]'을 규제하고 있었다. 그중에 "앞의 보부상이나 행상의 무리들은, 고용인과 함께 고향으로 물러나, 미즈노미(水呑) 등이 되어, 매매하고 있다고 생각한다"(『勝田市史』)라는 문구가 있다. 이 상황은 농민이 '보부상'이 된 것이 아니라, 아마 가난한 농가 출신 고용인들이 어떻게든 고향에 돌아가 농민이 되고 싶다고 고투하는 모습이 실로 미즈노미(水呑)의 보부상 돈벌이[稼ぎ]였음을 보여주는 것이다.

겸업[諸稼ぎ]의 수입을 어디에 쓰려 했는지에 대해서도 주의를 기울이지 않으면 안 된다. 1746(延享3)년의 부슈(武州) 타치바나군(橘樹郡) 스가촌(菅村)의 '남성의 돈벌이[男稼]'는, "에도에 가서 땔감 등을 실어 보내고 대신 비료 등 여러 물건을 갖춘다"(『神奈川縣史』 資料編7)는 것이었다. 농경 외의 겸업[諸稼ぎ]은 연공(年貢)과 소비뿐 아니라 농업경영비에 보태지는 것도 있었던 것이다. '적절한 돈벌이'가 농기구 수리비로도 사용된 것은 앞에서 본 오이시 히사타카(大石久敬)의 수지 계산에서도 엿볼 수 있다. 후루시마 토시오(古島敏雄)는 『日本農業技術史』에서, 여업으로서의 하역마[中馬][141] 돈벌이[稼ぎ]가 말의 사육비를 대주기 때문에 사육을 유지할 수 있고, 또한 통행하는 말의 배설물이나 사육하는 말의 마구간 두엄을 얻을 수 있는 것이 농업을 지탱하는 힘이 되었다는 흥미 있는 지적을 하고 있다.[142] 이에 따르면, 여업의 전개는 농업을 쇠퇴시키는 것이 아니라 반대로 그 지역의 농업을 끈질기게 지속시키고 어떤 경우에는 보다 좋은 것으로 만드는 경우도 충분히 있었던 것이다.

겸업[諸稼ぎ]의 확산은 촌락주민 간에 새로운 의식 관계를 만들어냈다고 생각된다. 시모즈케국(下野國) 니시타카하시촌(西高橋村)에서는 86호 중 14호가 농경에 전념하였고 나머지 72호가 '부업' 농가였다. 농경에 가치가 부여되고 그러한 법령·교론류(敎論類)가 영주로부터

---

141 (역주) 에도시대, 信州에서 宿場, 問屋을 거치지 않고 짐주인과 직접 계약하여 하물을 운반한 말. 또는 馬背운송업

142 『古島敏雄著作集』第6卷, 東京大学出版会, 1975년.

유입되는 것이나, 농작 전업농가가 대지주(大高)층이라는 사실로 보아, 14호 쪽에는 전지(田地)의 수호 관념에 입각하여 부업을 인정하지 않는 감정이 지속되었던 것으로 생각된다. 그러나 한편에서는 오쿠라 나가쓰네가 보여준 것 같은 여작관(余作觀)도 점차 촌락의 남녀에게 퍼져나가서, 열등감을 품으면서도 오히려 이쪽이 당연하다는 분위기가 있었을 것이다. 그것이 생활의 압도적인 현실이기 때문이다. 이러한 의식관계의 변화와 함께 또 하나 거론해두고 싶은 관심사가 있다. 그것은 근세, 특히 후기의 농민들이 여작(余作), 여업(余業), 부업[余稼], 날품팔이(手間取) 등을 생활 속에 포함시키게 됨으로써, 무언가 새로운 인간적 자질이나 능력을 지니게 되지 않았을까 하는 기대이다. 겸업[諸稼ぎ]의 일도 각각 내용이 다르고 농민의 계층 차이도 있지만, 몇 가지 사실로부터 생각을 진전시킬 시사점은 얻을 수 있다.

앞에서 때때로 그 저서를 인용해온 오쿠라 나가쓰네라는 농학자는 1768년(明和5)에 분고국(豊後國)의 농가에서 태어났다. 조부는 면작(綿作)에 정통했던 농민으로, 오쿠라는 목화밭 일을 도왔다고 한다. 이는 '여작' 농민이다. 아버지는 농한기에 거망옻나무(櫨木)의 열매를 짜내는 납제조소(製蠟所)에서 일하는 직인이었는데, 오쿠라도 같은 곳에서 일했다고 한다. 이는 '여업' 농가가 된다. 이것이 모든 요인이라고는 할 수 없지만, 그의 그 후의 관심·의욕·지식·견해를 형성하는 데, 여작(余作), 여업(余業)의 환경이 중요한 요인이 되었다는 것은 부정할 수 없을 것이다. 농정 전문가[地方[143]功者]인 다나카 큐구(田中丘隅)도

---

143 (번역 참고) 일본국어대사전: 江戸時代、町方に対して田舎をいう語。都市に対しての農村。転じて、農村における田制、土地制度、租税制度などをさし、さらに広く、農政一般をさすようになった。

그렇다. 그는 반농반상(半農半商) 농가의 자식으로서, 젊었을 때 무사시국(武蔵國)에서 행상으로 매일을 보냈다. 그리고 데릴사위로 들어가 가와사키슈쿠(川崎宿)[144] 나누시(名主)가 되고, 만년에는 막부 직할 다이칸(代官)까지 되었는데, 청년시기 행상으로 돈벌이를 한 체험은 세상사에 대한 견문을 넓히는 계기가 되어 그 후의 삶에 자산이 되었다. 그러나 완전히 상업자이지도 않았는데, 그는 농사에 밝았고 이후에도 종사한 분야는 용수(用水)와 농정(地方, じかた)이었다. 그는 농촌사회에 깊숙이 발판을 마련해왔다. 백성 잇키(一揆)의 우두머리(頭取) 중에도 그 경력이나 경영내용에 여작, 여업, 날품팔이에 관련된 비중이 크고, 게다가 그 요소가 그의 능력을 형성하는 데 큰 의미를 지닌다고 생각되는 자가 적지 않았다. 1853년(嘉永6)에 일어난 난부번[南部藩領] 잇키의 우두머리 중 한 사람인 구리바야시무라 메이스케(栗林村命助)는 17세 때부터 아키타(秋田)의 인나이(院内) 은광에서 일하고, 20세 때 구리바야시촌으로 돌아왔으며, 그 후에도 가마이시(釜石)·하나마키(花巻) 사이를 왕래하며 해산물이나 쌀을 실어 보내는 일을 했다. 메이스케는 나중에 체포되어 옥중에서 긴 편지(『獄中記』)를 남겼는데, 거기에서 '소액생산(ぜにとり)',[145] '기술(手ど)'의 중요성을 지적하고, 야채나 옻·과수 등을 재배하여 "널리 판매한다"는 경영구상을 전개하고 있다. 1836년(天保7) 고슈(甲州) 잇키의 지도자 중 한 사람인 이누메슈쿠(犬目宿)[146]의 효스케(兵助)는 잇키 후 도망친 곳에서 주판이나 계산을 가르치고 그 사례로 숙소를 얻는 일이 자주 있었다. 효스케는 거의 단

---

144 (번역 참고) 東海道宿駅の一つ。多摩川右岸平地に位置し、品川(しながわ)宿(現東京都品川区)から二里半、神奈川宿(現横浜市神奈川区)から同じく二里半の距離にある。

145 (번역 참고) 일본국어대사전: わずかな金銭をもうける程度の仕事。また、小銭をかせぐ人。

146 (번역 참고) 犬目村内に置かれた甲州道中の宿駅. [現]上野原町犬目。

작화된 양잠지대에서 자랐지만, 그곳에서의 겸업[諸稼ぎ] 능력이 도망할 때에도 발휘된 것이다.

걸출한 인물뿐 아니라 근세의 농민이 전체적으로 도달할 수 있었던 지식이나 기술의 수준, 정보와 교제의 범위, 읽고 쓸 줄 아는 능력[読み書き計算], 거래, 변설 능력, 흥미나 욕구의 폭, 사물을 보는 방법 등등을 생각해보면, 그것이 획득된 구체적인 계기로서 여작, 여업, 부업, 날품팔이 등이 각각의 의미를 가지고 이루어낸 역할을 간과할 수는 없는 것이다. 그리하여 또한 그것들을 통해 이 시대의 농민들은 그 각 지역에서 상인이나 직인이나 임노동자 등 다른 생업자의 세계와 의외로 연결되는 – 종종 그렇기 때문에 대립도 생겼다 – 생활을 영위하고 있었던 것에도 생각이 미치게 되는 것이다.

나가며

겸업은 농민의 생활실태일 뿐 아니라, 경작에 전념하는 백성을 이념으로 내세운 근세 국가가 지배하는 사회에 내재하는 모순이면서, 더 나아가 그것이 마침내 소상품생산의 강한 물줄기가 되어 막번체제를 떠내려가게 하는 저류가 된다는 의미에서도, 종래와 같이 부차적으로 취급하는 데 그쳐서는 안 된다고 생각한다. 또한 백성은 농업민인가라는 중세사 연구의 차원에서 제기된 물음에 근세사 연구의 방면에서 답변하는 데에도, 농경과 겸업의 관련, 백성과 생업의 관계에 대한 인식을 심화해갈 필요가 있을 것이라고 생각한다.

6. 상업적 농업의 기술

들어가며

근세의 백성을 이념과 실태가 상호 교착하는 존재로 이해하고자 한다면, 상업적 농업은 그를 분석하기 위한 하나의 접근 방법이 될 것이다. 일반적으로 상업적 농업은 특정한 시기와 지역, 그리고 대개 상위에 있는 경영형태에 중점을 두고 이해되어왔다. 그러나 백성과 막번체제에 대한 인식을 심화시키는 시각에서 상업적 농업을 보려면, 한층 넓게, 앞 장에서 본 농민의 겸업을 바탕에 두고, 그것이 점차 전개되는 방향을 각 지역마다 생기는 편차로서 이해하지 않으면 안 된다.

1) 상업적 농업의 옛 형태

상업적 농업은 외국의 자본주의 발달사를 설명하는 개념이었는데, 일본에서는 1941년에 간행된 후루시마 토시오(古島敏雄)의 『日本封

建農業史』[147]가 이미 상업적 농업이라는 사고방식을 적용하고 있다. 여기서의 첫 번째 관점은 시장론이고, 이하 생산기술론을 포함하여 특산지, 비료, 면작, 상인, 양잠의 지역차, 기업으로서의 제사(製絲), 양잠기술 등을 고찰하였다. 이어서 후루시마는『近世日本農業の構造』[148] 이후의 논저에서는 계층분화에 대한 관심을 중심에 두고, 그 전제조건으로서 유통관계, 특히 농업의 농산물 판매 조건을 중시한다. 그 이후 연구자에 의해 만들어져온 상업적 농업에 관한 인식의 대강은 다음과 같이 구성되어 있다. 근세에서 농산물의 상품화는 영주의 연공 미곡 판매를 고리로 하여 시작된다. 그 운송수단으로서 해운선[廻船]이 발달하고, 이를 지렛대로 하여 연공 미곡 이외의 농산물도 유통할 수 있게 된다. 그리고 무사, 도시민을 포함한 도시 수요가 주변 농촌을 채소 재배·판매지대로 만든다. 마침내 교토·에도·오사카[三都]로 운반할 수 있는 작물이 생산되고 중앙시장에서 평판을 얻어, 시장과 산지가 항상적으로 연결되는 특산지가 형성된다. 어떠한 상품작물도 처음에는 자급품으로서 재배가 널리 확대되지만, 자연의 악조건이 완화되고 넓은 시장에 운송할 수 있게 된 장소에서 전문화가 진전된다. 판매작물의 중심은 가공된 원료작물이다. 이것의 생산은 농민경영이 신장될 조건을 형성하는 경우도 있지만, 번 권력·상업자본이 농민의 자유로운 상업적 농업을 제지하기도 하였다. 그러나 작은 영지[所領]가 착종하는 지역이나 대도시 주변에서는 대개 특정 생산물의 재배가 늘고, 그 과정에서 기술이 고도화되어간다. 그러한 가운데 농촌 가공업 중에는 매뉴팩처 단계에까지 달한 것도 있지만, 다만, 그것은

---

147 『古島敏雄著作集』第2卷, 東京大学出版会, 1974.
148 『古島敏雄著作集』第3卷, 東京大学出版会, 1974.

생산지나 주변 농촌에서의 경우는 아니다.

　대략 이러한 경로를 갖는 상업적 농업의 전개는 의심할 여지가 없다고 생각된다. 보통은 여기에 한 가지 더, 상업적 농업의 담당자가 되는 경영계층에 대한 이해(理解)가 짝을 이루고 있다. 이전부터 농업경영의 형태를 선진지와 후진지로 대별하는 것은 많은 연구자가 인정한 바이지만, 그중 근세 전기의 경우 상업적 농업의 담당자로 간주된 것은 선진지(先進地)의 자작[手作]지주 경영이었다. 이 경영은 사역하는 노동력의 성질에 따라, 상속받은[譜代] 하인·하녀를 부려 자급 잉여분을 판매하여 비료 구입비 지불에 충당하는 것과, 기한부 계약고용인[年季奉公人]을 이용하여 판매를 위한 농산물을 생산하는 부농적 경영으로 구별된다. 중기가 되면 상업적 농업이 확대·일반화되는데, 이러한 동향은 근세 후기에는 한층 진전된다. 이와 같은 움직임은 기술상의 진보와 함께 도시의 발달이라든가 농촌의 화폐경제로 인하여 촉진되었다. 후진지(後進地)에서는 자작지주 경영 쪽이 자급작물과 상품작물을 재배하고 금비(金肥)도 조금이나마 도입하며 여업(余業)에도 조금은 관여한다. 이에 비해, 이 시기 근기(近畿)를 중심으로 하는 선진지에서는 자작지주의 상품생산적 대규모 경영, 나아가 자작농의 소상품생산적 소규모 경영이 진전되고, 농민층 분화로 인해 증가된 소작농 중에서조차 사람을 고용해 소상품생산 경영으로 나아가는 자가 있었을 정도이다.

　근세 상업적 농업의 기점과 궤적을 위와 같이 이해하는 것은 정리된 사료군을 이용한 경제사적 분석에 따르자면 틀렸다고는 할 수 없을지도 모른다. 하지만 선진지든 후진지든 상업적 농업의 추진력을 상위의 경영에서만 찾아서는 그 후 소상품생산의 전국적인 확산을 제대로 설명할 수 없다고 생각한다. 선진지의 자작지주가 매우 이른 단계의

도시 수요에 부응할 만한 현저한 존재인 것은 확실할 것이다. 그렇지만 근세적 소농의 성립과 그 지속의 논리 자체에, 주곡 이외의, 분명히 '거래(商い)'를 지향하는 여러 산물이 있었음을 인정해야 한다고 생각한다. 집안별 경영 사료를 검토하는 방법으로는 그 존재를 크게 부각시킬 수 없는 것이다.

일반적으로 중세 말 어느 정도의 화폐경제 진행, 근세 초두 자급경제의 강제라는 통사적 인식이 받아들여지고 있지만, 원래 촌락공동체는 비자급물자를 당초부터 구입하지 않으면 안 되며 정치적 강제로 자급시킬 수는 없다. 또한 무라우케제(村請制)[149] 촌락 중에는 연공을 기한 내에 완납[皆濟]하기 위해 융통이 발생한다. 경영 기반이 불안정한 소농은 그 존속을 위해 '농경 이외'에서 수입을 얻지 않으면 안 된다. 바꿔 말하자면, 소농자립의 조건 그 자체에 결국 상업적 농업으로 확대되어 가는 요소가 내포되어 있었다는 것이다.

이러한 상황은 농민지배법령 중에도 반영되어 있다. 「게이안 포고령」 제17조에 "조금은 상업으로의 관심(商心)도 가져서 살림살이를 향상시켜야 할 것이다. 그 자세한 사정은, 연공 때문에 잡곡을 파는 것도, 또는 사는 데에도, 상업으로의 관심이 없어서는 남에게 손해를 입게 되는 것인 바"(『德川禁令考前集』 5, 2789호)라고 '상업으로의 관심'을 강조하는 것도, 제28조에서 "산이나 바다 쪽에는 거주하는 사람도 많고 뜻밖의 벌이도 있으니, 산 쪽에서는 땔감 재목을 내고 베어낸 나무 줄기나 가지[からるい][150]를 팔며, 바다 쪽에서는 소금을 굽고 생선을 잡

---

149 (역주) 에도시대, 연공·제역, 신전개발, 무주지의 경작 등을 마을에서 도급받아 전촌민이 부담하는 것.

150 (번역 참고) 일본국어대사전: 伐り取った木の幹や枝。多く、薪(たきぎ)または土砂止めの 材料、海苔つけの材料などに用いられたが、農具や大工道具などの柄(え)に用いられるも

아 판매하니"라며 '판매[商賣]'를 지적하는 것도, 그러한 사정의 반영이다. 이미 대차(貸借) 관계가 널리 농민의 생활 속에 들어와 있어서, 제25조에서는 연공의 기한 내 완납[皆濟]을 위해 부족한 쌀을 빌리려면 이자를 가볍게 하기 위해 미리미리 빌려두어야 할 것을 지시하고 있다. 또, 제6조, 제23조 등의 술·차·담배 규제의 부분에는 반대로 이를 구입하여 사용하는 상태가 반영되어 있다. 여기에는 자급의 강제와, 자급을 규제할 수 없는 농민 생활의 실제를 인정한다고 하는 모순이 있다. 제19조에서도 마당 정리의 좋고 나쁨이 벼·보리·대두·잡곡을 팔 때의 가격에 영향을 미친다고 한다. 이렇게 「게이안 포고령」은 연공 완납[皆濟]이라는 관점에서 설명된 것이지만, 그를 위해 이자가 붙는 빚을 내거나 잉여분을 판매하는 것이 상정되고, 더 나아가 '백성 성립'을 위한 '판매[商賣]'='뜻밖의 벌이'도 상정된 것이다.

여러 번에서도 초기에는 소농 육성이라는 관점에서 다양한 잉여의 획득과 그 판매를 권했다. 도도번(藤堂藩)처럼 그러한 돈벌이[稼ぎ]는 세금을 면제함을 명확히 하여(『宗國史』) 백성경영의 육성을 도모한 곳조차 있다. 파는 행위와 결부된 겸업적 면세 산물의 생산 혹은 취득은 거의 구조적이라고 해도 좋을 만큼 소농세계 속의 필수요건이 되어 있었다. 이러한 겸업적 면세 산물은 즉시 상품작물이라든가 상품생산이라든가 하는 기준으로 파악하기는 어렵다. 오히려 자급경영의 한 측면이라는 의견도 성립할지도 모른다. 그렇지만 중요한 것은, 근세 초기의 '뜻밖의 벌이'나 중기에 확산되는 '적절한 돈벌이'(『地方凡例錄』)는 극히 영세한 것이 무수히 집합된 것으로 소농=백성경영을 가능하게 하는 역할을 하고, 게다가 그 총량이 도시의 수요에 대응해 공급되는 물

のも含んでいう。

자의 두터운 저변을 형성하고 있었다는 점이다. 이와 같이 화폐 취득 내지는 경영 보완을 위해 잉여 농작물, 산·강·바다의 채취물, 가공품을 판다 – 때로는 노동력을 파는 임노동 벌이[賃稼ぎ]도 있었지만 – 는 것으로 겨우 유지되는 소농경영의 상태가, 근세 중후기에 그들이 극히 활발히 상품작물 재배에 나서서 관여해가는 계기를 만든 것이다.

　다시 말하자면, 상업적 농업이 왕성해지는 요인은 소농경영의 재생산 구조 속에 내재해 있다는 것이다. 도시의 확대는 분명 농촌의 생산구조를 바꿔갈 만큼의 영향력을 가지고 있었지만, 상업적 농업은 도시의 확대를 기다려 비로소 출발한 것은 아니다. '백성성립'의 구조 속에 본래 교환·판매의 요소가 있고, 그것이 도시 수요라는 외재적 조건에 촉진되어 확장돼가는 궤적을 그린 것이다. 상업적 농업이 성립하기 위해서는 수요자와 시장의 확장이 필요하지만, 근세라는 시대의 성립 자체가 상당한 정도의 교환관계·시장관계를 전제로 하며, 죠카마치(城下町)가 확립되지 않은 단계에서도 이동하는 도시와 같은 군단(軍團)의 핵(核)이 항상 존재하고 있어, 거기에 관련된 전사(戰士)인 무사들은 많은 물건을 구입하지 않으면 안 되었다. 당연히 백성이 잉여를 파는 것은 근세 대도시가 형성되기 전부터 전국시대의 도시와 이동하는 군단을 수요자로 하여 당초부터 필요하였고, 또 약간의 돈벌이로서 백성경영의 측에서도 수지가 맞는 것이었다. 근세 중후기가 되면 일부 상층 농민이 기업가적인 경영으로 상업적 농업을 담당하는 것도 보이며, 양조·직물 등에서는 독자적인 가공 분업도 성립했지만, 이 경우에도 그 경영의 주변 소규모 생산자를 조직하여 그 전체 상품생산을 유통시키는 것으로써 각지의 소상품 생산이 성립해 있었다. 상업적 농업을 경영하는 자와 소생산자 농민의 사이에는 절대적인 단절[隔絶]이 없고, 마을(在村)의 소생산자들이 광범위한 기반이 되어 상업적 농업을 지탱하고 있었다. 이는 실은 광범위한 기반이 아니라 근세 상업적 농업의 본체였던 것이다.

2) 농서·비료·작물·가공

근세의 상업적 농업에는 그 조건이자 결과가 되기도 한 몇 가지 기술적 특징이 있었다. 그중에서 농서, 비료, 작물, 가공의 네 가지를 살펴보자.

농서는 근세에 들어와 비로소 만들어졌다. 정포(定圃)와 정주지(定住地)를 갖고 작물을 재배하고 가축을 사육하기 시작한 후에도 일본에서는 오랫동안 농업 기술서가 저술되지 않았다. 후루시마 토시오(古島敏雄)는 그 이유에 대해, 생산력이 발전해도 과거로부터의 사회관계 속에서 집단적 관행으로 기술이 유지·전승된다면 기록할 필요는 없다는 것, 문자를 적을 수 있는 자가 지배층에 한정된다면 외래서를 번역할 수 있더라도 생산에서 벗어나 있기 때문에 실제의 치수(治水)·농업의 조건에 적합한 농서를 만들지 않는다는 것의 두 가지 점을 들었다.[151] 근세 촌락사회의 특징 중 하나는 읽고 쓸 수 있는 능력이 모든 촌락 – 당초는 무라야쿠닌(村役人) – 에 획득되었다는 것이다. 만약 그렇지 않다면 병농분리제하에서의 백성지배는 불가능했다.

사세요지에몬(佐瀬与次右衛門)은 1704년(宝永1)에 『會津歌農書』를 저술하였다. 여기서 사용된 형식은 문자에 의한 농서가 성립하기 이전

---

151 古島敏雄,「農業全書出現前後の農業知識」(日本思想大系 62 『近世科學思想 上』岩波書店, 1972).

과의 관계를 시사한다. 즉, 집단 관행 속에 기술이 그 일부로서 전승된다고 할 때, 이 책과 같이 소리 내어 외우기 쉽고 기억에 남기 쉬운 노래의 형식이 활용되는 것은 충분히 있을 수 있기 때문이다. 노래는 무술과 같은 예도(禮道)에서부터 농민생활에 이르기까지 기술·사상의 전달에 널리 사용되었다. 『會津歌農書』는 그를 방증하는 동시에, 그것을 굳이 기술했다는 사실을 보여주어, 농서 기술(記述)을 향한 새로운 단계[階梯]를 나타낸다. 그러나 이것이 곧 농서의 성립은 아니다. 농촌의 일상으로부터 이해할 수 있는 언어로 농업기술의 세부를 묘사할 수 있는 인간이 존재하는 것, 그리고 관행 전승에서는 완전히 뒷받침할 수 없는 새로운 기술의 단계에 도달하는 것으로써, 농서 작성의 구체적 조건이 갖춰지는 것이다.

노동의 계획과 실행이 소가족 단위로 이루어진 소농경영의 전개는 과거로부터의 집단적 관행으로 인한 기술의 유지·전승이 가능할 수 없었던 가장 큰 이유가 된다. 농서가 쓰였다고 해도 그것이 가문 전승[家傳]의 성격을 넘기 위해서는 그 내용을 알아듣고 응용하는 개별 경영 능력이 준비되어 있지 않으면 안 된다. 덴나 시기(天和期: 1681~1684)의 것으로 추정되는 『百姓傳記』는 널리 분명히 읽히거나 들리게 되는 것을 의도하고 있다. 이 농서에는 "소농, 묻기를"[권3·田畠地性論]이라든가, "대농, 답하기를"(同前)과 같은 문답의 형식이 곳곳에서 산견된다. 촌락 내에는 복합가족의 가내 노동력이나 예속 노동력 등으로 농업생산을 유지하는 상층의 백성도 존재할 것이다. 『百姓傳記』는 이러한 사회층의 존재를 "대농" 등의 표기로 명시하는 동시에, 저술 의도가 그들을 중심 목표로 한 것이 아님도 보여주고 있다. 이 농서는 어디까지나 소농 경영의 기술 지도에 주안점을 두고 있는 것이다. "대농에게 물어 배워서 경작하라"(同前)라는 표현은 학습하는 측이

'소농'임을 명시한다. 이는 물어서 배우고 싶다고 희망하는, 또는 그렇게 하도록 기대되는 소농들이 사회층으로서 출현 내지는 등장하는 것이 근세 농서 성립의 필요조건임을 이야기한다. 소규모 경영 농가가 늘어 노동집약적 경영방식으로의 변화를 강화하면, 그러한 경영에 적합한 생산기술을 기록할 것이 요청되기에 이른다. 근세 촌락의 성립은 그 이전보다 더욱 질적으로 서로 닮은 농업경영을 다수 만들어내고 그를 유지하는 기술의 동질성을 강화했을 것이지만, 다른 한편으로는 그것들이 제각각 병행한다고 하는 경영의 개별성도 강화시켰다. 그 때문에 물어 배워서 몸에 익히지 않으면 안 되는 일반적인 기술의 기준이 사회화될 필요가 증가한 것이다.

또 하나 간과할 수 없는 요건이 있다. 농서의 성립에는 소농이 그 '백성성립'을 위해 필요로 했던, 겸업[諸稼ぎ]적 생산의 사정이 반영되어 있다고 생각한다. 전기(前期) 농서를 대표하는『農業全書』에는 거래가 이루어져 교환된 작물에 대한 강한 관심이 엿보인다. 이는 근세 농서가 갖춰야 할 성격을 시사하는 것이라고 할 수 있다. 후기의 오쿠라 나가쓰네(大藏永常)의『廣益國産考』가 일관되게 이윤을 올리는 상품용 작물을 중시하는 데 비해,『農業全書』가 여전히 벼농사 중심의 입장인 것은 이미 지적된 바이지만, 이것으로 두 농서의 성격을 자급단계와 판매단계와 같이 구별해버린다면 매우 부정확한 판단일 것이다. 두 농서의 교환에 대한 관심은 근세 초기와 후기라는 시기의 차이로 인한 정도의 차이로 보아야 할 것이고, 상품생산을 목전에 둔 농서인 점에는 틀림없다.『百姓傳記』도 또한 판매를 권유하는 것은 아니지만, 가령 권11「五穀雜穀作集」중의「삼(麻)을 심는 일」이라는 항목에 보이는 "지금 고즈케국(上野國)·히타치(常陸)·시모쓰케(下野)·시나노(信濃)에서 경작하는 삼, 여러 쿠니(國)로 전달되는 상등 모시(上

苧)이다"라는 기사는, 기타칸토(北關東)나 시나노(信濃)로부터 여러 쿠니로 질 좋은 삼이 보내지는 것을 전하면서 삼의 경작을 설명하고 있다. 이것이 상업적 농업의 의미를 충분히 충족시키지는 못하더라도, 이러한 요소가 소농경영에 있어 중요했던 단계에 농서가 출현한 것은 의심할 바 없다고 생각한다.

상업적 농업에서 비료의 특징은 구입 비료가 증가한다는 점을 중심에 두는 것이 적절할 것이다. 1673년(寬文13)에 쓰인「전답 경작에 대한 구전을 적은 사본(田畠仕付之口伝書候写)」(『栃木縣史』 사료편 근세 1)은 '구전(口傳)'을 옮겨 적은 것에서 마침내 농서가 발생해가는 진행 방식을 시사하고 있는데, 이 농서의 원형[原農書]과도 같은 기술을 보면, 시모쓰케에서는 이미 간분기(寬文期: 1661~1673)에 목면 경작이 도입되어 있다. 이에 따르면 목면은 삼복 무렵[土用][152] 이후에 파종한다. 논에 씨를 뿌릴 경우에는 입추 전 18일의 기간[土用] 중 소의 날[丑日]로 하고, 파종량은 1묘(畝)에 1승(升)이었다. 밭에는 1反에 2두(斗)의 씨앗을 사용한다. 파종할 때는 물로 씻어서 비료와 섞는다. 이때 구입 비료를 사용하는 것이다. 파종 시의 비료는 말린 들깻묵 5두와 말린 정어리 5두를 재에 섞는다. 조나 무 등에도 말린 정어리를 사용한다. 벼농사의 볍씨를 뿌리는 데도 말린 정어리·재·마구간 분뇨를 배합한다.

17세기 중엽부터 말린 정어리가 내륙부에 들어와 있는 것을 이해할 수 있는데, 그 사용은 부농[大百姓]뿐 아니라 소농(小農)도 또한 필요한 농경기술로서 인정했을 것이다. 왜냐하면 소농의 경영자립 욕구를 강

---

152 [번역 참조] 원래는 입하·입추·입동·입춘 전의 18일간을 일컫는데 대체로 입추 전 18일간을 가리키는 경우가 많으며 한국의 삼복 무렵에 해당함.

하게 하면 할수록 효율적인 생산성이 요구되기 때문이다. 소농은 빚을 내서라도 말린 정어리나 들깻묵 등 유효한 비료를 투입하여 자립할 만한[一人前] 경영을 실현하려 한다. 그리고 자립을 위한 구입 비료의 조달이 자립의 방향과는 반대의 결과가 되어 경영을 위태롭게 하고, 비료를 위한 빚 때문에 땅을 저당 잡히고 소작하는 데에[質地小作] 이르기까지 했다.

이렇게 비료 구입율이 높아진 것은 분명하지만, 자급과 구입을 절대적으로 구별하는 것에는 찬성할 수 없다. 왜냐하면 자급 비료가 사라지지는 않고, 또 구입 비료는 유기질이라는 점에서 자급 비료와 질적으로 같기 때문이다. 구입 비료도 멀리서 생산자가 운반하지 않으면 안 된다. 게다가 구입 비료를 그대로 투입하는 것은 아니다. 잘게 부수거나 다른 구입 비료나 자급 비료와 배합하거나 뒤엎으면서 숙성시키거나 하면서 다양한 비료를 만드는 일이 필요하다. 자급도 구입도 농민의 다대한 노동을 필요로 했다. 비료 만들기는 근세의 전 시기를 통하여 노동량의 측면에서도 기술 면에서도 큰 비중을 점하고 있다. 구입 비료라고 해도 동식물을 직접 이용하는 것이고, 그런 의미에서 두 가지는 공통성을 가지고 있었다.

그러한 커다란 구조 속에서 변화가 진행되었다. 하나는 자급 비료의 구매 흐름이다. 도시 근교의 농민은 마치(町)의 인분뇨(人糞尿)나 생활 배설물을 비료로 활용했다. 도시는 농촌에게 있어 단지 소비하는 지역이 아니라 비료를 제공하여 생산에 관계하는 지역이기도 했다. 또한 해변에 가까운 농촌은 말린 정어리뿐 아니라 여러 해산물을 비료로 활용한다. 어촌 및 어업은 근세 농업의 발달, 특히 비료의 변화를 규정하는 중심의 힘이었다. 변화의 두 번째는 자각적으로 이루어지는 이윤 작물 재배 등에서는 비료의 투입량이 증대해가는 것이다. 첫 번째 비료뿐 아니라, 두 번째 비료, 세 번째 비료라는 식으로 정밀하게 덧거름을 주는 것도 시비량을 증대시킨다. 이러한 시비량의 증가는 한편으로 비료 구입의 양, 그 비용 부담을 증가시키지만, 그와 동시에 비료 자급을 위한 궁리도 진행되었다. 구입 비료가 자급 비료를 일직선적으로 구축해가는 것은 아니다. 생산지에서 비료의 구입을 생각한다면, 비료의 효과가 좋은 것과 비료가 부족하다는 것 두 가지가 그 도입의 동기가 된다. 비료의 효과가 좋으면 비료의 양은 적어도 되고, 자급 비료를 대량으로 공급할 수 있으면 구입할 필요는 없다. "인마(人馬)의 분뇨는 한계가 있기 때문에, 비료를 만들어야 한다"(「憐民撫育法」『近世地方經濟史料』6)라는 기술은, 한 경영 내에서 얻어지는 비료에 한계가 있기 때문에 비료 만들기[作肥]가 필요해지는 사정을 보여준다. 이 경우는 구덩이를 파서 통을 눕혀놓고 거기에 물을 넣고 풀을 썰어 넣어 비료를 만들 것을 지시하고 있는데, 이는 화학적 변화를 일으키는 것과 증량시키려는 것이다.

구입 비료가 상업적 농업에서 증가하는 이유는, 첫째로는 시비량을 늘리기 때문이다. 그 종류는 특별한 것이 아니어도 좋다. 자급 비료와 같은 종류라도 사용량이 늘어나면 그 부족을 메울 필요가 생긴다. 단적으로는 인분뇨(人糞尿)를 구입해서 증량시킨다. 소변의 시비 효과를 깨닫는 것은 중세로 거슬러 올라가며, 근세의 농가에는 변소[雪隱]가 상설되기에 이르렀다. 죠카마치(城下町) 주변의 농촌에서는 소변을 퍼가기 위해 이른 아침에 마치(町)로 나서는 움직임도 나타났다. 그렇지만 근세 구입 비료의 중심은 인분뇨는 아니다. 인분뇨도 에도로부터 사오는 것이 대규모 청원운동을 일으킬 정도였지만, 인간의 배설물에는 양적인 한계가 있다. 비료는 훨씬 대량으로 필요했다. 그리하여 구입 비료의 두 번째 형태로서 해산물 및 농산물이 가공된 것이다. 그 대표적인 것이 말린 정어리이다. 세 번째 형태는 기본적인 용도를 끝낸 것의 이차적 이용이다. 깻묵[粕]류의 활용, 또는 생선의 내장과 같은 부산물이나 폐기물 등이다.

중요한 점이지만, 구입 비료는 그대로는 작물에 줄 수 없다. 원래 시비에는 가장 소박한 형태의 이용에서도 변질시키는 과정이 수반된다. 인분뇨도 그대로 주면 작물을 해친다. 인분뇨는 희석하여 양을 늘리고 썩혀서 사용하는 등의 시도가 이루어졌다. 구입 비료는 모두 변질시킨 것을 이용한다는 점에서는 그 연장선상에 있다고 할 수 있다. 나아가 그것이 복합 사용(혼합)이라는 기술을 만들어내고 보다 정교한 시비 수순을 만드는 것이다.

작물을 보자면, 상업적 농업은 자급작물이 점차 판매작물화하는 경우와 처음부터 판매를 의도하여 작물을 재배하는 경우가 있다. 판매도 다시 인근에 자기나 가족이 팔러가는 경우와 중개상인을 사이에 끼고 원격지로 보내는 경우가 있다. 그리고 이들 과정에서 품종의 다양화, 분화가 촉진되었다. 벼도 연공 중 잉여미가 백성미(百姓米)로서 팔리고, 나아가 현금대납[石代納]의 일상화[常態化]로 인해 세미(税米)의 백성미화 현상이 진행되어간다. 여기서부터 시장에서의 평가 상승을 위해 품종개량에 대한 열의가 고조된다. 그 열의 속에서 중앙시장에서의 상표미[銘柄米]가 형성되었다. 쌀의 상품화를 담당한 중심계층은 지주경영이었지만, 소경영도 또한 그 중요한 버팀목이었음을 간과해서는 안 된다. 1808년(文化5)에 쓰인 『農家捷徑抄』(『日本農書全集』 22)에서 거론된 남녀 2인, 전답 4反步 · 고쿠타카(石高) 4석(石) 8두(斗)의 경영에서는, 자가용으로 쓸 2畝步의 찹쌀을 제외하고 1反 8畝步에서 경작한 조중만(早中晩)의 쌀을 1냥(兩) 1석(石) 4두(斗)의 가격에 팔고 있다. 쌀은 생산자의 주곡은 아니지만 구입자의 주식이었고 대도시의 성립으로 환금 추세가 활발해졌다.

그렇지만 상업적 농업을 대표하는 것이 쌀은 아니다. 쌀은 현실에서는 상품화되고 집약화를 위한 시도도 진행되지만, 동시에 강하게 영주의 통제를 받은 작물이었다. 생산자의 입장에서 보자면 벼농사는 어디까지나 연공미의 생산이었지 상품화를 겨냥한 작물은 아니었다. 연공 납입을 위한 환금이거나 또는 잉여미의 방출이다. 판매 작물의 중심은 밭작물이다. 도시 근교의 채소류는 자가소비용의 여분을 마치(町)에 가져가는 정도의 것에서부터 판매할 목적으로 재배된 것에 이르기까지 다양했지만, 모두 처음에는 근방의 소비지를 향해 출하되었다. 백성이 마치로 나가 행상을 하고 마치로부터는 소변이 운반되어 온다. 밭의 구석진 곳, 빈 곳 등을 이용해 소량을 판매할 수 있었던 것은 채소류였다. 그중에서 점차 멀리 운반해도 상하지 않는 것이 모색되었다. 에도의 네리마(練馬) 무, 교토의 쇼고인(聖護院) 무 등이다.

작물을 땅의 성질에 맞추고 시장에 맞추는 적지적작(適地適作)을 자각하는 지역이 증가하는 것도 상업적 농업의 특징이며, 그것이 '국산'이라는 단어로 표현되었다. 후기에는 쿠니별(國別) 사례를 들면, 목면(綿)은 세쓰(摂津)·가와치(河内)·미카와(三河)·세토나이(瀬戸内) 연안, 뽕(桑)은 고즈케(上野)·무사시(武蔵)·가이(甲斐)·시나노(信濃), 삼(麻)은 시모쓰케(下野), 쪽(藍)은 아와(阿波)·아키(安芸), 잇꽃(紅花)은 데와(出羽)·무쓰(陸奥), 유채씨(菜種)는 미노(美濃)·오우미(近江)·야마시로(山城)·가와치(河内)·치쿠고(筑後)·오스미(大隅), 닥나무(楮)는 도사(土佐), 옻나무(漆)는 아이즈(会津), 담배는 사쓰마(薩摩)·치쿠젠(筑前), 차는 야마시로(山城)·스루가(駿河)·오우미(近江), 밀감은 기이(紀伊), 포도는 가이(甲斐), 사탕수수(甘蔗)는 사누키(讃岐)·오스미(大隅) 등이 주산지의 사례이다. 이들 산물은 시장 측에서는 국산 관념으로 인식되어, 그것이 영주의 식산·전매 정책과도 연결되었다. 오쿠라 나가쓰네가 저술한『廣益國産考』(『日本農書全集』14)가 "그 국산의 근본을 발하고자 한다면 그 일에 숙련된 사람을 고용하여 그 자에게 모든 일을 맡겨 경작하게 하려면 2, 3反 혹은 4, 5反의 전답을 할당하여 마음대로 경작하게 한다. 그러면 농민은 스스로 보고 그 경작법에 감복하면 이익을 추구하는 세상이기 때문에, 나도 나도 하면서 그에 나란히 하여 익숙해지게 될 것이다"라고 서술한 것처럼, 영주에 대해 식산정책을 권유한 것이다. 다만, 그는 그러는 가운데 농민의 주체성을 최대한으로 중시했다.

『百姓傳記』에도 이미 상업적 농업을 지탱하는 작물의 대부분을 언급하고 있다. 권11「五穀雜穀耕作集」[153]에서는, 대두·팥·동부(小角豆)·조·기장·피·홍두(唐小豆)·메밀·강낭콩·제비콩(燕豆)·누에콩(空豆)·완두·녹두·옥수수·작두콩·빨강완두(猿豆) 등 이외, 참깨·들깨·겨자씨·삼(麻)·잇꽃(紅花)·쪽(藍)·지치(紫根)·후박(赤根)·어저귀·저마(靑苧)·목면 등에 대한 재배법이 적혀 있다. 또한 각 작물의 주산지가 어디인지도 명확하다. 권12「戰菜耕作集」에도, 무, 순무 이하 많은 종류의 채소 재배가 보이며, 이들 채소에 대해서도 이미 산지의 관념이 성립하고, 담배 경작도 평가되고 있다. 골풀(菅), 등심초(藺) 등도 권15「수초집목록(水草集目錄)」에 있고, 권4「가옥 대지의 비옥도, 수목집(屋敷構善惡, 樹木集)」에는 차, 옻나무, 뽕나무, 닥나무 등등이 거론되고 있다. 이러한 것들은 가옥의 대지, 논밭의 구석진 곳, 빈 땅, 산지를 이용하여 육성하고, 자가용으로 하는 동시에 잉여를 판매하는 단계의 것이기는 하지만, 이후의 상업적 농업의 전제가 되는

---

153 번역문 4쪽(원문 194쪽)의「五穀雜作集」은 오류인가. 확인 요함.

작물군은 빠짐없이 갖추고 있다.

　상업적 농업의 생산력 개선은 시비 효과를 떨어뜨리지 않고 연작으로 수확이 감소되지 않게 하며 작물의 생육기간을 아슬아슬할 때까지 바짝 붙여놓은 윤작체계를 궁리하기에 이르렀다. 경작지의 5할 이상을 면작에 충당한 가와치(河內) 지역은 전국적으로 보면 돌출된 섬[浮島]과 같은 존재로, 주곡·잡곡과 약간의 목면·담배 등을 조합한 것이 일반적이었던 것이다. 물론 재배기술은 주산지가 가장 첨단적이었다. 주산지는 도시의 팽창에 따라 다원화, 다양화했다. 대산지가 집중되는 한편으로 소산지가 몇 군데나 탄생한 것이다. 게다가 담배 등과 같이 단순히 수요량이 아니라 맛·풍미 등의 기호를 조건으로 해서 신산지가 생겨나는 현상도 일어나고 있었다. 주산지는 수준 높은 경작법을 지속하고, 그 속에서 경작법 궁리를 촉진하며, 그 결과 집약화가 한층 진전된다. 윤작의 효율을 보다 높게 하기 위해 곡식을 심을 때 땅을 갈아 일으키거나[耕起] 경작 도중에 사이사이의 흙을 갈아 부드럽게[中耕] 하는 데 모두 사용할 수 있는 농기구가 궁리되고, 제초 효율을 높이기 위해 제초용 괭이[钁能]류가 세분화되었다. 관개, 시비, 선종법 등의 경작·비배(肥培)의 정밀화도 마찬가지이다. 이렇게 주산지와 보통산지 사이의 기술관계는 어떤 것은 전파에 의해 평준화되기도 하고, 어떤 것은 격차가 확대되는 불균등한 전개가 보이는 것이다.

　상업적 농업은 원료작물의 생산과 판매만으로 완결되는 것은 아니다. 무언가 가공과정이 더해져서 상품이 되는 것이다. 주조(酒造)·직물 등은 소생산 농민으로부터 공간적으로도 분리된 특별한 가공업자를 만들어냈다. 그래도 주조의 경우 계절적인 분주함의 차이는 없어지지 않았고, 직물의 경우는 고용계약적[年季的] 인신지배가 강한 노동형태는 변하지 않았다. 그 기반에 광대한 마을(在村)의 소상품 생산 농업

이 있었다. 상업적 농업의 전범위에서 생각하면, 가공이 농가의 가내 노동 안에 포함되어 있는, 재배와 가공의 일체성이야말로 공통의 토대였다. 철저한 판매 작물 생산의 관점을 가졌던 오쿠라 나가쓰네는 한 소가족의 전 노동력으로 행함으로써 이윤을 창출하는 것을 가공의 이상적 모습으로 강조하고 있다. 어디까지나 "가족 전체가(家內打より)" 제조하는 것을 중심에 둔다. 등심초(席草)(『廣益國産考』)에 대해서는, "등심초(藺)는 가족 전체가 짠 돗자리로 내다 팔면, 품삯과 함께, 앞에서 말한 금액[金高]을 얻는다"라고 한다. 이 바로 앞부분에서는, "경작할 수 있는 쌀의 가치에 비추어, 또 등심초를 잘 재배하려고 경쟁하기 때문에, 벼는 다만 쌀의 값어치뿐 여분의 이익이 없다"라고도 서술하고 있다. 상품작물을 생산하는 게 유리하다는 오쿠라의 관점이 얼마나 철저했는지를 알 수 있는 동시에, 쌀 수확의 최종 과정에서의 '조정'과는 달리 '가공'으로 '여분의 이익'이 붙는다는 인식이 나타난다. 전국 각지의 상품작물 재배에 대한 열의는 이러한 인식이 소생산 농민의 인식이 되어 있었음을 보여준다. 다만 그것은 벼농사를 내팽개치고 전답 전체를 그와 같이 한다는 정도는 아니다. 시장의 허용량이라는 제약이 있었기 때문이다.

어떠한 농작물이든 그것을 수확할 때는 단지 베거나 줍는 것 이상의 행위가 부가된다. 예를 들면, 무 같은 것도 뽑는 것만으로는 끝나지 않는다. 씻고 말리는 작업이 부가된다. 이를 생식용으로 하는 경우에는 잎을 잘라내는 것은 이미 조정의 행위에 포함되지만, 시래기[干葉], 무 말랭이[干し大根], 단무지[漬物] 등으로 만드는 경우에는 잎을 잘라내는 것도 새끼줄에 엮어 매다는 것도 가공 작업에 가깝고, 완성된 것은 가공산물과 마찬가지이다. 완숙된 콩을 밭이랑에서 뽑아 말릴 때까지는 수확이지만, 열매를 쳐서 떨어뜨리고 선별하는 단계에서 조정 작업이

되고, 나아가 원래의 형질을 바꾸어 두부로 만들면 가공이다. 비지도 비료로 가공되는 것이다. 날 것의 식재료 중 좋은 것을 골라내는 것은 조정이지만, 보존식으로 만들어가는 것은 간단한 가공 작업을 수반하며, 그 결과는 가공식품이다. 벼농사에서는 베어낸 다음 말리고 탈곡하고 낱알을 말리고 찧는 수확 작업의 각 단계는 많은 노동과 시간을 요하지만, 이는 조정의 작업이다. 쌀을 찧는 작업도 가공이라고는 말하지 않는다. 그것은 쌀의 본래의 형질을 손상시키지 않고 조정의 과정으로 이어지고 있기 때문이다.

상업적 농업의 관점에서 말하자면, 가공의 중심은 직물=의료(衣料) 생산이다. 도시 측의 품질에 대한 요구, 선진 도시 기술과 지방 기술의 격차, 그를 메우고자 하는 생산지 측의 요구, 이러한 여러 요소가 서로 맞부딪혀서 공정의 분화와 기술의 고도화가 진전되었다. 직물에는 근세 전기부터 특정한 산지가 성립되어 있었다. 교토의 니시진(西陣)뿐 아니라 에치젠(越前)·고즈케(上野)·가가(加賀)·이와시로(岩代)·오우미(近江)·시나노(信濃)·가이(甲斐)·사가미(相模)·무사시(武蔵) 등은 견직물 산지이며, 견포에도 몇 군데의 산지가 있었다. 이들 산지에서는 양잠부터 제사에 이르는 잠사업이 발달했는데, 그 대부분은 농한기 돈벌이[農間稼ぎ] 속에서 직조되고 판매되었다. 담배 생산도 잎의 수확만이 아니라 그 이후의 긴 조정과 가공의 과정이 더해진다. 축산도 사육·판매가 항상적이게 되면 조정을 넘은 가공적 부가가치가 더해져서 우마(牛馬) 생산이 된다. 벼농사도 벼를 쌀로 만드는 계열의 작업은 가공으로는 간주되지 않으면서도, 그 노동 계열에서 벗어나 버려지는 볏짚을 사용한 다양한 세공은 가공으로 여겨진다. 새끼줄 꼬기, 돗자리 짜기, 짚신 삼기, 가마니 짜기 등은 밤이나 비 오는 날 집 안에서 하는 일에 편입되어 자가용으로 사용되는 동시에 농한기 돈벌이[農間稼

き]의 일부를 구성했다.

그리고 여러 산물의 '가공'의 일상화는, 원료 작물의 비배(肥培) 과정
에서 필요로 하는 비료의 양을 증가시키는 것이면서, 해산물은 말할
것도 없지만, 이윤작물의 가공 과정에서 이차적으로 얻어지는 가공생
산 비료가 늘어나는 것이기도 했다. 비료는 이렇게 상업적 농업에 호
응하면서, 가공된 비료의 구입 비율을 높이는 동시에 종래 자급하던
비료의 '가공성'도 높여가는 것이다.

다만 농민의 상품생산 중에는 상업적 농업에는 들어가지 않는 화약
[焰硝], 히나 인형(雛人形) 만들기 등도 있고, 임산물도 해산물도 국산
품에 포함됐으며, 김 만들기 등도 있었음을 간과해서는 안 된다. 이러
한 산물들로부터 농촌·산촌·어촌을 구별하기보다도, 백성경영이 어
떠한 토지에서든 그 지질·풍토의 특성에 입각하면서 잘 팔릴 물품을
만들어내려 했음에 주목해야 할 것이다.

3) 특산지와 가족생산

오사카(大阪) 주변에서는 처음에는 규슈(九州)·시고쿠(四國)로부터
말린 정어리가 공급되었고, 그 후 구주구리(九十九里)의 것이 우라가
(浦賀)를 경유하여 보내졌으며, 이어서 산리쿠(三陸) 해안의 것이나 막
부 말기(幕末)에는 마쓰마에(松前)의 산물인 청어 기름이 중요해진다.
말린 정어리 산지에 가까운 지역이 꼭 그 사용지가 되었다고는 할 수
없는 것이다. 말린 정어리는 목면, 쪽, 과수 등의 재배에 사용되었고,
그 여파로 주변 촌락들의 벼농사에도 사용되게 되었다. 기나이(畿內),
특히 셋쯔(攝津)·가와치(河內)는 최대의 면작지대였는데, 그 영향으로

말린 정어리·깻묵을 주변의 비면작지대가 중심 비료로 사용하게 되었다. 아키(安藝)·비젠(備前)의 면작지에서도, 미카와(三河)·오와리(尾張)·이세(伊勢)의 면작지에서도 주변 농촌과의 관계는 마찬가지로 진행된다.

그러나 기나이(畿內)는 첨단적이기는 했지만 보편적이었다고는 할 수 없다. 상업적 농업이라는 점에서도 기나이(畿內)는 돌출된 섬[浮島]과 같은 위치에 있었다. 가와치국(河內國)은 전 경지의 30% 이상이 목면 재배지[作付地]였다고 추정되는데, 그 조건으로서 대도시와 수로로 연결되고 히라노(平野)나 야오(八尾) 등의 면업지와 가까웠다는 점도 간과할 수 없다. 가와치(河內)에서는 벼를 베고 난 논에 뒷갈이[裏作]로 유채씨(菜種)를 심었는데, 이런 면에서도 상품작물 재배는 매우 왕성하였다. 그렇지만 기나이(畿內)의 모든 지역이 상품작물을 재배하고 구입 비료를 대량으로 사용하여 농사를 지은 것은 아니다. 지역에 따라서는 자급물 중심의 비료를 사용하여, 공유림[入會山]에서 풀을 베거나[採草], 초목의 줄기나 잎을 그대로 논밭에 주는 식[刈敷]의 비료 이용 비중이 극히 높고, 작물도 자급성이 높은 촌락들도 있었음을 간과해서는 안 된다.

기나이(畿內)의 도시는 주변 지역에 대한 영향력이 강했다는 점에서 일본의 다른 도시와 크게 달랐다. 근세 후반에 급속히 수도로서의 힘을 보이게 되는 에도는 그곳에 존재하는 상업 자본의 영향력이 크기는 했지만 생산 차원에서의 영향력은 강하지 않았다. 오사카(大阪)의 상업적 활력은 목면·유채씨·쪽 등에 대한 대규모 수요를 창출하고 주변 지역의 농업 구조를 자극하여, 직접 오사카 자본의 아래에 두었던 것이다. 기나이에서는 논도 또한 대개 상품 생산에 동원되었다. 이는 쌀이 상품화되었다는 것뿐 아니라 뒷갈이한 유채씨의 상품화 등이 진전되었기 때문이다. 원래 뒷갈이 작물은 농민의 식량으로 간주되어 면세[無年貢]가 일반적이었다. 그러나 그 영주와의 암묵적 약속[黙契]이라고도 할 만한 권리를, 농민은 판매할 작물을 경작하여 금전을 얻는 쪽으로 바꾸어 사용한 것이었다. 이렇게 일상생활과 연결된 뒷갈이 작물이 생활 농업에서 벗어나 판매 작물이 되어 있었던 것이다. 유채씨 재배의 경우, 농민에게 그러한 자극을 형성한 것은 가격과 수요량의 증가였는데, 그 너머에는 도시 생활의 조명 수단 변화에 따른 유채씨 기름을 사용한 등불의 보급이 있었다.

기나이(畿內)가 특별한 위치를 점한 것은 이 지대가 특산지였기 때문이지만, 각각의 이윤작물 차원에서 보면, 특산지는 기나이 이외의 각지에도 만들어지고 있다. 그 계기는 농민사회 속에 자생적으로 형성되는 것도 있고, 또는 영주가 특산물 도입정책을 주도하여 정치적으로 형성되는 경우도 있다. 쌀을 비롯하여 대다수의 농산물이 상표[銘柄] 산물이 되어 특정한 지역에서 산출되었다. 근세에는 이러한 특산지 형성은 대개 벼농사에 부적합하다는 주민의 지역 인식과 깊게 관련되어 있다. 연공미이기는 하지만 쌀 생산의 매력은 컸다. 그를 단념하는 것과 특산지 형성은 깊게 관련된 것이다. 가이국(甲斐國) 군나이(郡內) 지방은 후지산(富士山)의 북쪽 산기슭이라는 지리상의 불리함 때문에 벼농사 경영에 적합하지 않았는데, 그 때문에 점차 양잠·견직물이 확산되었고, 하치오지(八王子)·에도(江戸) 시장이 확대됨에 따라서 이번에는 간신히 궁리하던 벼농사조차 포기하고 전작화하여, 쌀을 사다 먹을 정도로 특산물에 의존하는 생활 구조가 되어 있었다.

이처럼 특산지, 그중에서도 산간의 특산지는 원래의 자연조건 때문에 곡물 재배[穀作]가 제약된 이상, 점차 다른 지방에 의존하게 되고, 극단적인 모노컬쳐(단식농법) 지역이 된 곳까지 나타났다. 그 정도는 아니더라도 특산지는 작물을 한정함으로써 다른 지방에 대한 의존도가 높아졌다. 그리고 다른 지방의 산물, 특히 오곡의 구매자가 되어 있었다. 어느 정도의 구매자가 되는지는 각각 다르지만, 크건 작건 소생산자 생활의 비자급적 생활은 강화되었다. 이러한 의미에서 특산지 농민은 다른 지방 주민의 화폐 경제화를 촉진하는 동시에 스스로도 화폐 경제화를 촉진한 것이다.

특산물은 영주의 식산정책하에서는 원격지의 중앙시장에 운송하기에 편리한 물품이 많았던 데 비해, 농민의 자생적 의욕에서 비롯된 상품작물은 채소류가 대표적이었다. 채소류는 멀리 운반하기 어려운 대신, 특권상인에 의한 생산 · 시장지배를 받기 어렵고 특권상인을 매개로 생산자를 장악하려는 영주의 통제에서 벗어나기 쉬웠다. 그러므로 도시 근교 농민만의 수익으로 한정되지만, 채소류 생산에서는 농민의, 말하자면 자주적 관리 능력이 가장 잘 발휘된 것이었다.

상업적 농업의 담당자들에게 대소 경영의 차이가 있던 것은 당연하지만, 중요한 것은 소작지를 포함한 소생산자 농민의 소유지에서의 상품작물 재배가 중심적인 의의를 갖는다는 점일 것이다. 소생산자 농민의 상업적 농업은 앞에서 서술한 것처럼 이념적으로는 가족 구성원에 의한 협업이 지향되었다. 철저히 상업적 농업을 주장하는 『廣益國産考』야말로 그러한 경향을 가장 열성적으로 보이고 있다. 오쿠라는 종이 생산에 대해서, "농가에서 농한기에 뜨지 않으면 이익을 얻지 못한다. 백성의 농한기라고 할 수 있는 것은, 먼저 벼를 베고 쌀로 만들어 연공을 바치고, 보리를 심고 나면 때때로 보리의 거름을 주어 가꾸는 등을 하는 것뿐이므로, 틈이 나는 법이다. 그때부터 동지(冬紙)라고 하여 뜨기 시작해서 다음 3, 4월경까지는 가족 전체가 떠야 할 것이다. 먼저 그 집주인[家主]은 1일의 임금 200몬(文)이나 되고, 부인은 종이

를 뜨기 때문에 150몬, 조모는 종이를 널판에 붙이는 등을 하므로 80 몬, 12~13세의 남자·여자는 1인 20몬 정도에 해당할 것이다. 합하여 470몬, 이 정도가 종이 만들기의 이득이다. 특별히 이득이라고는 없는 것이다"라고 관찰했다. 사람을 고용하는 것은 가족이 그 이후 자립해나가기 위한 기초가 될 기술을 도입하기 위한 것에 한정된다. 그 가족은 농경 때와 같이 장년자뿐 아니라 노유 남녀 모두가 각각 응분의 수작업을 하는 것이다. 이익을 얻기 위해 타인 노동을 사용하면 금세 손해가 된다. 이와 같은 가족 중심의 이윤 획득이라는 사고방식은 가족 성원의 집주인=백성에 대한 노동주체로서의 위치를 높이는 효과를 갖는다. 특히 '여성의 돈벌이[女稼ぎ]'라는 호칭으로 중시되었던 직물 등의 여성 노동 비중을 높이는 것이 된다.

이러한 사고방식은 '농서'뿐 아니라 소생산자 농민 자신이 주장하고 있다. 오슈(奧州) 난부번령(南部藩領) 구리바야시촌(栗林村) 백성 메이스케(命助)의 경영 구상은 야오야(やおや) 재배와 널리 팔기였다. 야오야는 채소 가게로 채소류를 의미하는데, 그 의도는 다양한 가공 산물을 만드는 것이었다. 야오야 재배와 널리 팔기를 도맡아 하는 것은 어디까지나 가족 구성원으로 한정되었고, 타인 노동에는 의지하려 하지 않는다. 메이스케는 옻나무 채취나 염색[紫染],[154] 닥나무로부터의 제지 등을 추천한다. 이 경우, 원료가 되는 목면포는 사들이고 그것에 염색 공정을 부가하는 것이다. "금 2주(朱)[155] 정도의 목면을 잘 염색하면, 2貫文[156] 정도에는 팔아치울 수 있기 때문에"(『獄中記』『民衆運動の

---

154 (역주) 쿠로모키 나무로부터 만든 염료로 염색한 검은 빛을 띤 담홍색의 염색.

155 (역주) 옛 화폐단위. 1냥의 16분의 1.

156 (역주) =貫. 옛날 화폐단위. 1관은 1,000몬(에도시대에는 960몬).

思想』, 日本思想大系 58)라고 가공이라는 측면을 드러내고 있다.

메이스케의 제안은 잘 팔리는 농산물뿐 아니라 식품의 가공에도 미친다. 상인을 매개하지 않고 자가 생산해서 직접 점포를 내고 직접 파는 것이 좋다고 하고 있는 물품은, 누룩 · 술 · 기름 · 간장 · 식초 · 된장 · 수수 · 떡[餅] · 경단[団子] · 전병[煎餅] · 두부의 11개 품목이다. 메이스케의 경영 구상의 경우에는 가족 내 협업이라는 소생산자의 소영업관은 확립되어 있지만, 이를 '상업적 농업'이라는 단어로 간단히 일괄하기에는 농업의 범위를 일탈해가는 내용을 포함하고 있다. 농업이라기보다 제업(諸業)이다. 메이스케가 농업을 경시하는 것은 아니다. 따라서 여기서 읽어내야 할 것은 농경이라는 범위에 속박되지 않는 농업자가 나타나기 시작한다는 경향이며, 상업적 농업자는 근세에서는 이러한 이농에의 흐름도 포함한 형태를 갖는다는 것이다.

나가며

상업적 농업을 근세 속에서 찾으려는 시각은 일본의 자본주의적 발전이 지체되었다는 시각에 입각하여 이를 증명하는 수단의 하나이기까지 했다. 그러나 오늘날의 관점에서는 인간의 근육을 직접 가동시키는 생산기술의 체계와 그를 지탱하는 노동, 숙련 · 비숙련이라는 숙련도에 대한 천착, 새로운 고안[新案]의 출현 방식 · 활용 방식, 그러한 특징들에 이끌려 형성되는 민중 인격 등이 상업적 농업을 고찰할 때의 과제가 되지 않으면 안 된다고 생각한다. 여기서는 그를 위해서 몇 가지 논점을 제시하려고 시도해보았다.

Ⅲ 근세의 시대적 위상

7. 근세 사회의 형질

7. 근세사회의 형질

들어가며

　오랫동안, 일본근세사에 대한 견해는 중세사에 비해 안정된 큰 틀로 유지되어왔다.

　중세사에 대한 견해는 50년대부터 70년대에 걸쳐 활발했던 시대구분론-사회구성체론 혹은 기본적 계급관계론으로 말해도 큰 차이는 없는-속에서 자주 세계사적 위상에 관한 논쟁에 휩쓸려드는 불안정한 상태에 놓여 있었다. 그러한 때에도 근세사의 방향은 무엇보다 의심할 것이 적었고 일본사회의 역사 속에서의 '봉건제의 시대'로서 이해되었다. 그와 동시에 근대와 비교되는 전근대, 봉건제사회라는 시대관의 큰 틀에서 근세사 인식의 토대는 근본적으로 흔들릴 것은 없었다. 따라서 근세사 연구자의 대부분은 이 점에 대해서는 말하자면 안심하여 그 위에서 막번체제 성립에서부터 해체에 이르는 시기에 대한 몇몇 시기 구분이나 유럽, 아시아 여러 민족들과의 비교에 따른 특징 등에 대하여 연구를 거듭하여 특질론을 전개해왔다. 봉건적 유제 극복, 근대적 사회관계 창출이란 과제를 느끼는 이유에서라도 이 관점은 납득하기 쉬웠다. 농업과 소규모 가족경영, 가족과 촌락 공동체사회, 신분의 특권과 차별, 억압적 지배와 규제 등, 구체적으로 보급된 방대한 사실(史實)들은 근대와 대치되는 봉건제의 전형적 이미지를 우리들에게 제공해왔다. 거기에 뿌리가 있다고 생각되는 신변적 사실들이 현실사회에서 적지 않은 것도 이 관점을 지속시키는 근거가 되었다.

그러나 20세기인 지금, 어떻게 생각해야만 할까. 봉건유제 극복과 관련된 과제가 차후 오랫동안 남아 있음에도, 그것을 중심에 두지 않는 문제의식 속에서 현대 일본의 극복 방향을 모색하는 시점에 우리가 살고 있다고 생각한다. 또 지금의 시대와 사회를 상대화하고 비판할 수 있는 관점과 각성되어야 할 요소, 힘의 기반을 근세사회에서부터 찾아내기 위하여, 여태까지 불변적 전제였던 사고틀에 접근함으로써 자유로운 사고를 해도 좋은 단계에 와 있다고 생각된다. 주의 깊게 살펴보면 최근 수십 년 이래 근세사 연구 동향 중에는 통념이 수정될 수 있는 논점이 여러 가지로 제기되어 있음을 깨닫게 된다. 그것들을 철저하게 검토하는 것이 근세라는 시대에 대하여 신선한 인식을 심화시키는 실마리가 될 것이다. 거론하면 몇 가지 문제들이 바로 떠오르지만 여기서는 필자 자신의 문제의식과 관심사와 관련되는 것만을 몇 가지 언급하는 데에 그치기로 한다. 이는 개별적인 것과 공동체적인 것, 법도의 힘과 신위(神威)의 힘, 전국적 성격과 지역적 성격, 일상생활과 투쟁상황의 네 가지 문제이다. 우선 이 네 가지 각도에서부터 근세사의 위치에 대해 측정해보기로 한다. 이것이 결국, '근대'와 '전근대'의 연관 문제를 구체적으로 일본근세 속에서 생각하는 방법이 된다고 생각하기 때문이다.

1) 공적·사적·공동적

근세사회에서는 공과 사, 개인과 공동체를 어떤 관계로 생각했을까. 근세의 공과 사, 개인과 공동체 관계에 대해서도 종래 다양한 언급이 있었다. 그러나 이 경우 공과 사, 두 가지 문제만을 거론하여 대비시켜 논의하는 방법이 일반적이었다. 게다가 공동체에 대해서도 곧바로 개인을 대비시키는 관점으로 보려고 하는 것이 일반적이었다. 이 논의 방법에 대해 두 가지 모두 필자는 의문을 느낀다. 오랜 인간사회의 역사 속에서 '사(私)'적 입장은 반드시 항상 최소의 살아 있는 몸체를 가진 인간이라는 의미에서의 '개인'은 아니었다. 갑자기 현대의 기본적 인권개념에 대응하는 개인을 잣대로 한 것이 아니라 우선은 개별적 양상을 질문해야만 할 것이다. 시대에 따른 사회의 구조적 차이를 무시하고 공과 사를 직접 대면시키는 것이 아니라 근세시대의 '개별적'·'공동적' 관계의 다양한 표현방법, 그 상호 간의 뒤얽힘, 그것들을 꼼꼼하게 관찰하는 가운데, 양자의 관계를 생각해보는 것이 필요할 것이다.

근세시대엔 생활·생산 주체라는 의미에서의 개인적 존재가 그 이전 시대와 비교하여 보다 비중이 증대되었음을 부정할 수 없다고 필자는 판단한다. 그 한 예로서 농구와 그것을 사용하는 노동주체와의 관계를 들 수 있다. 생산용구라는 점으로 근세시대를 일본사 속에 특징 짓는다면 쟁기의 시대라는 표현이 가장 적합할 것이다. 쟁기는 일본 전국 60여 지역 어디에서나 거주 농민들이 예외 없이 소지한 농기구였다. 그러나 근세에서 중요한 점은 쟁기가 어느 촌락에나 모두 존재했다는 것은 아니다. 그 형상이나 크기가 지역에 따라서 결코 똑같지 않았다는 점이 중요하다. 농부라면 누구나 똑같은 중량의 쟁기를 사용한 것은 아니었다. 힘이 있는 농부는 농구 만드는 대장간에 부탁하여

1관몬메[157]나 되는 무거운 쟁기로 만들었다. 그러나 힘이 없는 농부는 700몬메[158]나 800몬메[159] 쟁기를 힘이 부족한 만큼 가벼운 것으로, 각자 숙련된 대장간에 주문하여 사용했다. 이것은 개인적 역량 차이뿐만 아니라 땅의 비옥도나 작물에 연유된 부분이 컸으나 이런 사정 때문에 근세시대엔 거리가 3리도 떨어지지 않아도 쟁기모양이 달랐다고 말할 정도였다(오쿠라 나가쓰네 『농구편리론』).

근세농촌에서 사계절을 통하여 가장 많이 사용된 농구는 쟁기와 낫 두 가지였다. 쟁기와 마찬가지로 낫의 경우에도 비용이 조금 더 들어도 좋은 대장간에서 자기 체격에 맞는 것을 만들거나 수리하는 것이 좋다고 되어 있다. 이러한 모습은 당시, 균일한 규격으로 대량으로 농기구를 생산할 수 없었기 때문이라는 식으로 설명할 수 없는 것도 아니다. 그러나 손으로 만들던 시대였다 하더라도 똑같은 크기의 균질한 쟁기를 만들게 하는 것이 손에 익숙하고 능률도 오르는 것은 아닐까. 그런 식으로 생각하면 역시 경작자의 신체적인 능력이라는 개별적 자질이 중시되어 그것이 생산용구인 쟁기, 낫의 형태 및 무게에까지 영향을 미치게 된 점에서 바로 이 시대 주문생산의 핵심을 파악해야만 할 것이다. 동시에 근세가 쟁기, 낫의 소지주체로서의 농민뿐만이 아니라 그것을 사용하는 기술주체로서의 개개 농민상을 중요하게 묘사하기 시작한 시대였음을 깨달을 필요가 있을 것이다.

이와 같이 근세시대엔 개별적인 것이 '가문[家] 단위'를 넘어서 '개인별' 단계에까지 나타나게 되었으며 개인별 차이가 중시된 국면은 그

---

157 (역주) 一貫文目 : 1,000목(文)으로서 3.75kg.

158 (역주) 七百匁 : 2.625kg.

159 (역주) 八百匁 : 3kg.

이전 시대보다도 상당히 강해졌다. 다만 이들 쟁기 및 낫의 사용자는 물론 기본적으로 남성이자 소농이었으며, 그들의 노동이 가족일체 경영과 동반했다는 점으로서 그로부터 다른 방향으로 독립하고자 하는 힘은 아니었다. 그것은 '개별적'인 것이 개인 그 자체의 욕구라기보다는 '가문[家] 단위'의 욕구에 결부되어 나타나고 있다는 점이다. 그러나 중요한 것은 농부 한 사람 한 사람의 개성을 드러낼 정도로 그것을 포함한 가족적 개별성이 근세시대에 와서, 보다 전면에 떠오르게 되었다는 점이다.

이것은 또 '촌락'과 '가족'이라는 근세의 기초적인 두 공동체의 관계를 생각할 경우에도, 촌락보다도 가족 쪽으로 점차 중심이 기울어진 것이 근세였다는 점이기도 하다. 소농자립이라든가 근세농촌 성립이라는 범주에서 여태까지 파악해왔던 상태는 그러한 '개별 농가의 개별성'을 더욱 심화시킨 공동체가 등장하였다는 점이다. 영주의 방법도 이러한 동향을 따른다. 민간이 위정자의 정치 방향을 규정한 것이 근세시대였다. 근세영주의 기본적 농정이 '강한 백성'을 창출한 것이라고 말한다면, 이 '강함'은 가족이라는 범주 내에서의 '개별성'을 강화시킨 경영이란 의미가 동반되고 있다.

'개별'이라는 것을 부각시키는 또 하나의 특징으로 봉공인 보증서(奉公人の請狀)가 있다. 근세시대 봉공인 보증서에는 여러 가지 약속이 기술되어 있는데, 가장 중요한 것 중의 하나가 '정부의 금령(公儀御法度)'을 위반하지 않는다는 것이다. 이는 근세시대 동안 일관된 주요요건인데, 여기서 주의를 기울이고 싶은 것은 이뿐만이 아니다. 봉공인 보증서에 기록되어 있는 금령은 정부 차원의 것만은 아니었다. '정부의 금령'에 이어서 '촌락(御村)', 나아가 '가문 단위(御家)'의 공법 또는 작법 준수를 강조하는 것이 많았다. 여기서 필자가 흥미를 가지는 점은 정부의 금령과 향촌규정이 포고되었을 뿐만이 아니라 각 가호의 관습에 따랐다고 이야기되는 부분이다. 가문의 격식이 높은 집이기 때문에 그 집안 관습을 강조하는 것이 아니라 향촌규정만으로는 다 망라할 수 없던 독자적 규제력을 지닌 '한 가족의 규범'이란 것이 존재했기 때문에 이렇게 일부러 가호 단계 것까지 기록되어 있었다고 이해해야만 될 것이다.

'가문[家]'이라는 관점을 내걸지 않고 촌락의 강한 규제력으로서 설명하고자 한다면 그렇게 될 수 있는 일도 많다. 양자의 강약은 상대적인 것이기 때문이다. 그러나 고정되어 있는 한 측면에서가 아니라 어떤 경향을 보여주었는가에 시선을 둔다면, 촌락에 대한 가문이 가진 비중의 증가라는 점을 부정할 수 없다고 필자는 생각한다. 그러한 시각에 선다면 상기될 수 있는 것은 니노미야 숀토쿠(二宮尊德)[160] 등에 의하여 지도되었던 막부 말기 호토쿠(報德) 운동[161]이다. 또 그 이외 근세말기에 일어났던 다양한 촌락의 재건운동이다. 숀토쿠의 방법은 적어도 그 자신이 관계되고 또 의도했다고 생각해본다면 '촌락별'이라고 기보다는 '가문별'이라는 성격이 농후했다. 그러므로 실은 무가(武家)나 상가(商家), 농가(農家)라도 상관없었다. 숀토쿠의 개혁 자체가 그러한 경력으로 전개되었다. 근본은 집안생활 개혁(家政改革)으로 가족의

---

160 (역주) 1787~1856년. 에도시대 말기의 농정가이자 사상가이다.

161 (역주) 19세기 일본에서 일어난 반(半)종교적 농민운동. '농민 현인'으로 알려진 니노미야 숀토쿠가 창도했다. 그는 협동과 상호부조라는 절충적·비종파적인 윤리를 윤작 및 기근 구제라는 실제적인 경제조치와 조화시켰다. 호토쿠는 사람이 신과 자연, 조상들, 천황, 부모에게 입고 있는 은혜를 강조했다. 이 은혜는 경제적으로 근검 절약할 뿐만 아니라, 도덕적 성실성과 동일시되는 우주의 질서에 순응해야만 갚을 수 있는 것이다. 그의 제자들을 통해 널리 퍼진 니노미야 숀토쿠의 가르침은 19, 20세기에 일본 민중의 도덕성을 형성하는 데 중요한 역할을 했다.

생활방법이나 개조를 추구하는 것이었다. 방법은 행정이었지만 그것만은 아니었다. 그것은 숀토쿠가 직접 가지 않았던 곳에까지 파급되어 결사 운동의 성격을 지니게 되었다. 그것은 촌락을 주안점으로 한 것이 아니라 각 '가문'을 주안점으로 하였기 때문이다. 촌락 전체라는 인상을 주는 경우에도 그곳에서는 오히려 동지적 결합을 지향하였으므로 그 이전 양상에서 본다면 개별 가문에는 오히려 가혹한 성격을 지녔다.

각 사람의 노동성과를 가지고 촌민들로 하여금 투표해서 상을 부여한다는 식으로 근면을 촉구했던 방법이 이를 상징하고 있다. 거기에는 강함과 약함(强弱), 정밀함과 소홀함(精惰)이 공존하여 서로 보충한다고 하는 지금까지의 가문의 개별성은 발달했지만, 여전히 촌락성의 강한 양상에 대한 냉엄한 대치라고 말할 만한 태도가 있었다. 물론 각 지역의 호토쿠(報德) 양식의 실제가 촌락 전체적 성격이 강한 것에서부터 가문별 성격이 강한 것까지 다양하게 있는 것은 말할 나위도 없다.

그것은 호토쿠 양식이 근세 촌락의 공동성과 가문의 개별성이 서로 밀고 당기며 서로 반발하는 극한적 관계에 도전하는 것이었다. 이런 논리로서 재건하려는 시도가 각지에서 보였다. 그보다 근세말기 농촌 부흥을 단지 공동체의 회복만이 아니라 가문과 촌락의 복잡한 관계를 가문의 논리를 우선하는 방향으로 처리하는 것에서 가능성을 발견했다고 하는 것으로 이해해야 할 것이다. 이리하여 개인·가족·촌락─촌락도 또한 역사적 어떤 단계·상태하에서는 개별적인 것으로서 자기를 주장하는 존재이다─관계 속에서 개별성과 공동성은 서로 중첩되는 관계에 있었다. 그리고 우리들이 간파해야만 될 사실은 보다 적은 개별적 요소가 공동적 요소를 점차 밀어내어 승리한 것 같을 뿐만 아니라 그것이 서로 결합된 구조적인 존재였다는 점이다.

토지에 대한 관계도 그것을 보여주고 있다. 토지 소유에 대해서는 근대초기 농민적 토지혁명의 달성이 어떠했는가라는 관점에서부터 영주와 농민의 토지에 대한 권리정도에 대해 몇 가지 견해가 제기되어 있다. 그러나 근세사회는 영주와 농민의 권리 강약만으로는 현실을 이해할 수 없다. 그밖에도 촌락공동 토지와 소농가족 토지와의 관계라든가 토지소유에 대한 독특한 관념, 토지소유의 유지방식 등도 해명되어야만 할 것이다.

영주에 의한 공법적 토지지배권의 성립을 제외하고는 막번체제 존속을 생각할 수 없지만 그러나 그것은 농민이 매일 아침저녁으로 밟아줌으로써 단단해진 모든 토지에 대해 관철되는 것은 아니다. 고쿠다카(石高)에 연결된다는 것이 영주 토지지배의 근간이라고 한다면, 고쿠다카에 연결되지 않은 토지에 지배권이 있다고 해도 동질은 아니었다. 또 고쿠다카에 연결된 경우에도 몇 가지 단계를 지니고 있다. 고쿠다카 외부에 놓인 토지, 고쿠다카 안에 포함되어도 거의 고쿠다카 외부에 있는 것 같은 토지, 예외적으로 낮은 고쿠다카로 계산된 토지, 그것들은 산재하고 있으나 집적하면 광대하였으며 더욱이 각 농민들의 일상생활 속에서는 빠뜨릴 수 없는 것으로 혼합되어 있었다. 켄치(檢地)[162]를 받아 다카(高)에 연결된 백성 소유토지가 이른바 공법적 소유토지라고 한다면, 여기에서 제외되었지만 그러나 농민들의 일상생활에서 빠뜨릴 수 없는 토지는 '공(公)'의 관념에서도 '사(私)'의 관념에서도 다 파악될 수 없었던 바로 백성 공동 소유지에서는 제외되지 않는다. 이런 의미에서 근세시대엔 공적인 것과 사적인 것의 대항뿐만이 아니라 제3의 입장의 공동적인 것을 설정해야만 한다. 또 사적인 것에

---

162 (역주) 토지조사를 말한다.

대해 말하면 영주의 토지지배권도 사적 소유라고는 생각할 수 없다. 일찍이 지방 영주로 등장하여, 본래 영토의 쟁탈전을 벌였던 무렵의 무사에게는 대대로 전승되어 내려온 사적 영지의 형성을 이해할 수 있지만, 전국적인 통치자로서의 신분을 형성한 근세 무사의 영지는 국가적 색채를 지닌 공적 영지가 되어 그것을 묘다이(名代)[163]로서 지배하게 되었다. 다이묘(大名)의 영지에 대해서는 '사적 영지(私領, 게이쵸 8년 향촌규정 외)'란 단어도 사용되어 오랜 시간을 거쳐 형성되어 왔던 본관(本貫)의 소유토지라는 생각이 반영된 것처럼 보이기도 하지만 이것은 무사 신분구별을 나타내기 위해 사용된 면이 강했다.

고쿠다카(石高)와 연계되어 연공과 역무의 부담으로 공법성을 띠게 된 백성토지는 가옥을 중심으로 점차 개별적 소유 관념을 강하게 띠게 된 경향이 큰 대세였다고 인정해도 좋지만 이 경우에도 그것은 가족단위의 가산 관념으로서 순수한 개인소유는 아니었던 것은 살펴볼 필요가 있다. 백성이 영주에게 저항하기 위하여 토지반환―동시에 이는 백성 신분 반환을 의미함―을 요구하여 영주 측을 협박한 것도 근대 사적 소유 관념으로는 도저히 설명할 수 없다. 그러나 또한 여기에 무소유, 무산(無産) 관념을 찾는 것도 적절하지 않다. 그들에게 있어 경작지가 분담해서 수령한다는 성격을 상실하는 것이 아니라 난폭한 소유―과중한 부담은 바로 난폭한 소유였다―에 대해 저항하는 것이었다. 근세 초기, 단순한 공동이용(入會) 분쟁이 아니라 영주가 새롭게 산야 연공을 부과한 것에 대해 격렬한 투쟁이 종종 일어났다. 이것도 난폭한 소유에 대한 저항이었다.

기나긴 시간적 범위를 가지고 바라본다면 이러한 공동적 소유영역

---

163 (역주) 대리인을 말한다.

이 궤멸·상실되어가는 과정에 있다고 말할 수 있을 것이다. 그러나 지조개정(地租改正)[164] 이전 시대에 살았던 근세 백성과 토지와의 관련성은 오히려 이 점에 근거하고 있으며 토지와 관련된 토대는 오히려 여기에 있었는데, 토지를 둘러싼 그들의 행동논리는 이것을 기점으로 삼아야만 납득할 수 있을 것이다. 농민 토지는 대출금의 저당으로 담보로 잡히는 일이 많았으며 유실되어 소작관계가 확대된 것은 잘 알려져 있다. 종래 연구에서는 전당담보에 의한 토지집적 방향만이 크게 묘사된 채로 근대 지주제 전개로 연결되었다. 그러나 근세사회에서는 담보증서의 문구 그대로 기간이 지나면 당장에 토지가 유실되는 것이 아니라 장기간에 걸쳐서 되찾아올 수 있다는 관행이 각 지역에 살아 있었다는 것도 널리 알려져 있다. 이점에 대해 중시한 것이 오히려 최근의 연구동향이다. 증서의 계약기간이 도래하면 기한연기 증서를 다시 작성하는 일도 행해졌다.

와리치 관행(割地慣行)[165]은 일부 지역뿐이었으며 여태까지의 필자 자신의 연구관점에서 말한다면 다카우케치(高請地)[166]에까지 공동적 소유지의 힘이 직접 작용되고 있었음을 보여주고 있다. 개별적 가산 (家産) 의식이 신장되었다고 하더라도 그것은 공동소유 관념·관행과 서로 반발하기보다는 그에 의해 유지되고 도움을 받아 성립되었다. 이른바 가산적 개별소유와 촌락생산적 공동소유의 서로 밀고 당기는 관계 속에서 근세농민들은 존립 기반을 구축하고 있었다. 개별소유를 유지시키기 위해서는 공동소유적 세계가 유지되어 있어야 되는 관계

---

164 (역주) 1873년 메이지 정부에 의해 실시된 토지·조세제도 개혁을 말한다.

165 (역주) 토지를 재분배하여 평등하게 만드는 관행.

166 (역주) 고쿠다카로 편성된 토지.

였다.

개별적인 것의 실현과 공동적인 것의 실현이라는 두 방향에 대한 소망이 동시에 성립하고 있다―친인척(類緣) 집단인 본가(本家)·분가(分家)의 관계가 오히려 소농가족의 독립성 증가와 더불어 성립되었다고 생각되는 것도 이와 관련된 동향이다. 영주와의 관계로 말한다면 공법적 소유지가 되지만 촌락 속에서 말하면 촌락 구성원으로서의 촌락 전체의 재생산을 나누어 가진다는 관념을 함께 동반하는 것이 백성주(百姓株)라고도 불리는 가산적 소유토지였다. 그러나 그것은 자기 것이라는 땅을 가진 의식 쪽에 있는 것이지 남의 것이라는 빌린 땅(借地)이라는 의식 쪽에 선 것은 아니었다. 다만 농경조건이 나빠 토지 생산에 의지할 수 없는 곳에서는 도움이 되지 않았기 때문에 가산(家産) 토지소유 의식으로부터는 보다 자유로웠지만 이런 곳에서는 촌락 공동토지에 대한 관념이 그만큼 나날이 자각되는 정도가 강했다.

그러나 사적 소유에 대한 동력은 끊임없이 움직이고 있었다. 그것은 두 가지 방향에서 움직였다. 그 하나는 지주적 토지소유의 힘이다. 원래는 공법적 백성토지 소유 속에 포함되어 오히려 그 유지를 위해 융통적 역할을 할 것이었으나 18세기 전후부터 사적 소유 성격을 급속히 강하게 띠기 시작했다. 막번(幕藩) 권력이 이 처분권을 교호 연간 공식적으로 허락했던 것도 이미 말한 바 있다(1723년(享保8) 流地禁令撤回). 그리고 가산과 촌락생산이 결합된 백성의 토지관념이 지주적 사적 소유와 서로 반발하고 투쟁하면서―'사욕·횡령'이란 표현이 사용되었다―현실적으로는 패배 방향으로 가고 있었다. 또 하나의 동력은 토지를 상실·몰락한 자들 중에서부터 나왔다. 필자는 그런 농민이 다른 농민에게, 계약기간 동안 빌린 돈의 반환이 늦어져 증서에서 약속한 대로 다른 곳에 전매해버리는 바람에 마을 중의 빈축을 샀던, 19

세기경의 사례를 본 적이 있는데(深谷克己, 『八右衛門 · 兵助 · 伴助』, 朝日新聞社, 1978), 이런 계약기간에 대한 합리적 해석은 여태까지 촌락민들이 만들어왔던 촌락생활상의 '합리적' 범주와는 매우 어긋났다.

일상적 생활 속에서는 그러한 해결이 보이지만 고양된 국면에서의 농민의 집합의사는 이처럼 근세의 가산과 촌락생산의 범주로부터 자유롭지는 못했다. 위기에 선 이 토지소유의 범주를 자력으로 일거에 재생시키고자 하는 방향으로 발휘되었던 것이다. 개벽운동(世直し)[167]이 고양되는 속에서 저당 잡힌 토지를 회복하는 것은 바로 그러한 것이었다고 필자는 생각한다.

2) 위력의 교체

일본역사의 중세와 근세는 정치형태에서 대표되는 것처럼 많은 점에서 공통적 위상을 보이고 있다. 그러나 또한 많은 점에서 상이한 위상을 보이고 있다. 사람들이 규정을 위배했을 경우에 무엇에 근거해 처벌되었던가, 역으로 말하면 무엇이 규정을 유지하게 하는 위협적 힘인가라는 것이 두 시대를 구별하는 측면이라고 할 수 있다. 기쇼분(起請文)[168]이 쓰였다고 해도 기쇼(起請)의 위력 · 의미가 근본적으로 상실된 것이 근세시대가 아닐까 하는 중세사 측의 전망을 근세사 측에서는 어떻게 받아들이면 좋을까. 그것을 생각할 때에는 기쇼뿐만 아니라 신

---

167 (역주) 요나요시(世直し): 막말부터 메이지시대 초기에 걸쳐 발생했던 빈농 · 빈민에 의한 농민 · 도시민 운동으로서 사회개벽사상을 동반했다.

168 (역주) 신불 앞에서 맹세를 하며 자기 행동 · 언어에 거짓이 없음을 서약하는 문서.

의 위력과 법의 위력의 관계를 거론하는 것이 근세라는 시대의 위치를 파악하기 위해서는 좋다고 생각한다. 그리고 법에 대해서 생각하고자 하면 여태까지 논의해왔던 지방의 법이 국가의 법에 흡수될 것인지 여부와 도리(理)는 법령에 의하여 무너질 것인지 여부 등과 같은 문제들이 함께 대두될 것이다.

일본에 있어서의 종교왕국 성립 가능성은 혼간지(本願寺) 법왕국(法王國)의 패배나 그리스도 교도 잇키(一揆)의 전멸로 최종적으로 궤멸되었다는 견해, 막번체제가 벌거벗은 권력으로서 성스러운 영역을 결여하였다는 견해, 막번제 국가가 종교세력에 승리한 세속적 권력이라는 견해 등은 기쇼(起請)·서약 능력의 쇠퇴라는 견해로 이어진다. 한편 법적·기구적 지배에서 근세적 통일을 보는 막번체제론의 견해는 그것이 중세 이래 지방영주의 자의적·폭력적 지배를 극복한 결과라는 견해와 연결되어 있으며, 이것도 중세 신의 위력을 대신해서 근세에서 힘을 가지는 것은 법이나 기구·제도라는 것을 승인하는 관점이 된다.

이와 같이 생각한다면, 법도를 통한 지배와 규제가 진행된다는 것을 마치 개별적인 것의 강화라는 것과 같은 근세의 특징으로 볼 수도 있을 것이다. 법도는 금제(禁制)와 의미가 같다. 천하의 법도란 천하의 금제라는 의미이다. 그러므로 권리 약정은 아니지만 어찌되었든 법령의 성문화는 모든 단계에서 전개되었다. 사실에 근거한 증거, 수미일관적 경과 설명이라는 것을 사물의 시시비비(理非)를 판가름하는 데에 결정적인 수단으로 삼는다는 태도는 각 도처의 근세 사료에서 발견할 수 있다. 이러한 생활태도의 확대가 법의 시대를 탄생시킨 기저가 되었다고 필자는 생각한다. 강력한 정부의 기준으로 견인되는 법에 근거한 소송에 의한 분쟁해결 방식이 모든 신분에게 수용되어 정착되었던 것이 근세인데, 이것은 법의 위력의 신장(伸長)이라는 것과 사실·

증거·경과 등의 설득력이 증가하고 있다는 것을 보여주는 것이라고 말할 수 있다. 위법한 투쟁행동인 백성 잇키(一揆)도 또한 모든 행동의 중심에 호소의 원리의 연장이라는 고우소(强訴)[169]의 방식을 취하고 있었다. 법을 어긴다고 진압되었던 백성 잇키의 빈번한 발발은 역으로 법도의 시대라는 것을 표현하는 것이었다.

중세사회 속에 존재했던 자체 검단(檢斷)[170]과 자율(自律) 능력을 촌락으로부터 빼앗고, 근세의 지배 신분을 형성했던 무사에게서도 빼앗았던 것은 여러 논저에서 접할 수 있는 지적이다. 불에 벌겋게 달군 철봉 잡기[鐵火取り]−촌락 간 분쟁 해결을 위하여 불에 벌겋게 달군 철봉을 쌍방의 대표자가 잡아 승패를 결정하는−방식은 근세 초기엔 여전히 각 지역 관행들에서 찾아볼 수 있었으나 점차 영주에 의한 검사확인(檢分), 나아가 재판 쪽으로 변모해가는 것이 보고되고 있다. 이 사태는 한편으로는 지방의 자율적 재결(裁決)능력을 박탈하는 것과 동시에 또 다른 한편으로는 신의 뜻[神意]을 묻는 방식들에 대해 오히려 법적재판 방식이 점차 우세해지는 것을 보여주고 있다. 다만 이러한 과도기에는 법도와 도리[理]의 괴리도 엿보인다. 1615년(元和1) 발포된 「武家諸法度」[171]제 3조 '법도준수' 항에서 부가된 주해(注解) −『御當家令條』[172]−에서는 법이 예절의 근본이자 도리[理]보다 우선되기 때문에 정치[政道]에서 모호한 경우엔 법으로 도리를 깨는 것이 좋다("法是禮節之本也 以法破理 以理不破法")라고 설명하고 있다. 그 때문에 일본

---

169 일정한 절차를 밟지 않고 위정자에게 떼 지어 실력으로 호소하던 일.

170 (역주) 잘못된 행위를 조사하여 죄가 있는지 판별함.

171 (역주) 다이묘 영주들에게 내린 쇼군의 명령.

172 (역주) 에도시대에 편찬되었던 막부의 법령.

근세시대의 법의식 결여, 오히려 자의성이라고 보는 의견이 나오기도 하지만 그 견해는 적절하지 않다. 법이 없는 것처럼 보이는 것은 법이 아니라 신분 특권이다. 억압의 강함은 정치의 모습에서도 생활의 모습에서도 명확히 보이지만 그것은 무법이기 때문이 아니라 법도의 지배 내용이 그러했기 때문이다. 법은 하나의 이치를 전제로 하고 있지만 그 법리와 사회 속 생활자 운용의 도리 사이에는 괴리가 존재하여 근세에서는 그 괴리가 다양한 장소에서 분출하였다.

그 괴리는 막번권력 측도 무시할 수 없었으므로 사회적 도리와의 조정을 꾀하는 것은 부득이한 것이었고, 이는 백성 잇키의 처분 방법 속에도 반영되어 있었다. 백성 잇키는 정부의 법도를 어긴 것으로서 엄벌이 기다리고 있었다. 가령 합당한 이유가 있었다 하더라도 법을 어긴 까닭에 죄를 받았으며 주모자는 어디에서도 색출되었다. 그리고 만약 법이 도리를 항상 어그러뜨렸다고 한다면 백성 측의 요구는 모두 거부되었을 것이다. 그렇지만 실제는 그렇지 않았다. 예를 들어 사형인이 생겨도, 그 요구의 모두 또는 일부가 실현되는 일이 더 많았다. 즉 요구는 도리로서―그것은 '백성성립'을 근본 기준으로 하고 있다― 법이 그 실질을 완전히 무너뜨릴 수는 없었다. 이렇게 하여 법도와 도리는 국가와 사회 레벨에서 괴리를 일으키고 또 서로 밀고 당기면서도 중층적으로 진행한다고 하는 관계에 있었다. 조금 각도가 다르지만 아코의 낭인[赤穗浪士] 사례를 들어보기로 하자. 이에 대한 막부 재결 과정 중에서 무사 신분 내부에서도 법과 도리의 대립·모순이 보였으며 결국은 법이 도리를 이겼다. 그러나 그것으로 끝난 것은 아니었다. 아코 낭인의 자손에 대한 비호, 또 항간에서 극작 주신구라(忠臣藏)가 호평을 획득하는 사회적 동향 등을 살펴볼 때 막번체제를 유지하는 법에 동일화되어 미처 다 드러나지 못했던 도리가 사회 내부에 계속 살아남아 사람들을 움직이는 위력을 가지고 있었음을 이해할 수 있을 것이다.

그 상황은 실은 전혀 범주가 다른 법과 도리의 충돌은 아니었다. 여기서 도리란 결국 또 하나의 법, 지역 측의 법이었다. 그것은 큰 범주에서는 상위의 법으로 흡수되어 자유를 상실하면서도 여전히 자기주장의 힘을 다 잃는 일 없이, 다양한 형태로서 반발력을 보였던 것은 아니었을까. 자기경찰력·자기재판력·자기집행력으로서의 공동체 규제도 또한 도처에서 여명(餘明)을 보전하고 있었다. 그 속에서 새로운 자립적 요소를 탄생시킨 것도 있었다. 게다가 또 근세시대엔 공동체법이 국법 차원에까지 직접 반영된 것도 주목할 필요가 있을 것이다. 예를 들면 유배형이 아니라 거주지 퇴거 형태의 추방형벌은 국가법으로서는 기묘하지만 이것은 공동체 법령의 하나가 마치 문자 그대로 국가법에 반영되어 나타난 기묘함인 것으로 생각된다. 촌락인들에 의한 공동체로부터의 추방은 표면적으로는 완전히 금지되었지만 그래도 백성의 촌락 규정[村議定] 속에 당당하게 반칙에 대한 처분의 합의로 성문화된 것이었다. 또 백성들 합의에 의해 촌락추방에 대한 영주 금지령(禁制)이 나타난 것을 보면, 제재가 무라하치부(村八分)[173]에 멈추지 않고 그 정도까지 강제력을 발휘하는 경우가 있음을 보여주고 있다. 또 다른 한편으로 영주에 의해 거주지 추방에 처해졌던 자가 여러모로 빠져나갈 길을 준비하여 같이 마을에 거주했던 사실 등은, 공동체가 역으로 그러한 상부의 경찰력에 대하여 일정한 자율적 힘을 새롭게 만들어내는 경향을 띠기 시작한 것을 나타내고 있는 것이다.

법도 지배의 진행이라는 커다란 시대적 흐름을 거스를 수는 없었지

---

173 (역주) 마을 법도를 어긴 사람에 대한 마을 사람 전체가 시행한 따돌림의 규제.

만 정부의 법이 일원적으로 관철된 것은 아니었으며 거기에 규정되면서도 여전히 독자적 영역을 가진 각 사회집단의 도리=법이 중층적 또는 대항적으로 존재하였다. 이것은 영주법과 촌락의 관계뿐 아니라 다이묘의 자기 처리권을 의미하는 번 법령(藩法)에 대해서도 말할 수 있다. 그뿐만 아니라 율령법을 가졌던 조정에서도, 각 산문(山門)적 규정을 지녔던 지샤(寺社)에서도, 나아가 각 신분·분업의 조직에서 있어서도 그러했다.

그러므로 단지 법도의 위력이 강해졌을 뿐만 아니라 법에 중층구조가 존재하여 각자의 위상을 나타내 보였으며 그것도 오히려 후반기로 향하면서 막부 권능(權能)의 후퇴, 막부 분리의 심화라는 독자적 주장력을 가진 영역조차 형성되기 시작한 것이 근세 법도(法度)의 세계였다고 이해되어진다. 그렇다면 그런 법의 위력에 의하여 중세를 규제해왔던 신의 위력이 사라지고 말았다고 말해도 좋을까. 이 점에 대해서 말한다면, 지배자 세계도 생활인의 세계도 법이 일직선으로 신들을 밀어서 내치고 말았다고는 결코 말할 수 없다. 법도는 신의 뜻(神罰·佛罰)과 서로 밀고 당기며 보강하고 있었다고 보아야만 할 것이다. 다만 때마침 법이 대항성을 숨죽이고 중첩되었듯이 신들의 상극(相剋)이란 형태로서 일원화를 거부하는 힘이 움직이고 있으며 또 서서히 신격관의 변화도 진전되었다고 생각된다.

지배의 중심부인 막부는 가장 개명적 입장에서 법체계를 만들어 낸 것 같은 인상을 주고 있으나 동국(東國)정권인 에도막부는 닛코(日光)에 두쇼다이콘겐(東照大權現)을 만들어 성지로 만들고 관동지역 수호신으로 만들었다. 또 도에이잔 간에이지(東叡山 寬永寺) 창건은, 교토를 귀신(鬼門)으로부터 수호한다는 히에이잔(比叡山)에 준거하여 에도를 귀신으로부터 수호하기 위하여 구상되었다. 혼마쓰제(本末

制)[174]와 지단제(寺檀制)[175]에 의한 가호와 개인별 장악 방식은 팔종구종(八宗九宗)을 의식한 것이었는데, 즉 어떤 종파라도 상관없다는 원칙은 열린 종교정책인 것같이도 보였지만, 그러나 그리스도교 금지의 사상적 원점은 본 정권[本朝]의 주종제[主從]·친우신의[朋友の信義]·맹약(盟約)이 일본 신불에 대한 맹세에 의해 성립되었다는 (1612년(慶長 17), 노바·이스파니아 총독 앞으로 보낸 도쿠가와 이에야스의 답서) 점에 존재했다. 기쇼문(起請文) 제출은 사회의 모든 레벨에서 계속되었으며, 다이묘들은 쇼군에게 세이시기쇼문(誓詞起請文)을 바쳤다. 가신들이 취임 시에 제출했던 기쇼문(起請文)은 이미 관료기구화된 곳에서 형식에 지나지 않았다는 견해도 있지만 중세시대부터의 기쇼(起請)가 형해화(形骸化)되었다는 견해와 연관된다. 형해화가 전개되었음은 부정할 수 없지만 그것이 형해화가 완료되었다는 것은 아니다. 신의 벌[神罰]·부처의 벌[佛罰]에 대한 두려움이 어떻게 변화했는가에 대한 시기구분을 하는 것은 어렵지만 켄치(檢地)를 시행할 때 관원[役人]이나 안내하는 백성은 진분(神文)·세이시(誓詞, 맹세)를 제출하였으며 연공과 관련되었다는 점에서 백성 측에서 세이시를 제출하는 일도 있었다. 즉 무사와 백성의 지배관계를 유지시켰던 적어도 하나의 중심 기둥은 진분(神文)·신의 벌(神罰)이었다. 원래 농민 세계에서도 서로 세이시가 교환되었다. 이치미 신수이(一味神水)[176]에 의한 단결 방법도 전면적으로

---

174 (역주) 본사와 말사의 관계를 말하는데 말사는 본사에 대하여 봉사(出仕)·부과부담 의무를 가지고 있었다.

175 (역주) 俗家가 일정한 사원에 소속하여 그 절에 보시를 통하여 사원유지를 맡은 제도를 말한다.

176 (역주) 중세농민이 잇키맹세를 할 때의 의식으로서 신전 앞에서 서약문을 쓰고 가맹자가 서명한 다음 그것을 태워 재로 만들어 신전에 바친 정화수에 섞어 돌아가면서 마시는 의식.

는 아니더라도 계속되었다. 「五人組帳前書」에서는 이후 상당한 시점까지 신수이 금지령이 실려 있었다. 이로 보아 신수이에 의한 단결이라고 하는 사회의식이 지속되고 있었음에 틀림없다.

그러한 신의 위력이 가령 중세와 비교하여 위력 면에서는 약해졌다 하더라도 지속된 기초는 사람들의 일상생활에 있었다. 대지(大地)·하천(河川)·풍우(風雨)·한서(寒暑)와 직접적으로 접촉하면서 그에 좌우되면서 영위하는 근세 생산, 생활의 자연적 성격은 촌락의 수호신에 대한 서약을 경건한 것으로 만들었으며 가호 개별성의 강화는 조상신에 대한 경건함을 도리어 확대시켰다. 교류와 이동 거리의 연장은 오히려 여태까지 이상으로 내셔널한 신의 이미지를 크게 만들었다. 그리고 어떤 한 농가를 상정해보면 이 가족들에게 있어 조상 영혼[尊靈]과 마을 씨족신에 대해서 아마테라스 오미카미(天照大御神)·가스가 다이메이진(春日大明神)·하치만 다이보사츠(八幡大菩薩) 등과 같은 일본국의 신들은 인식은 하고 있었지만 구별되었다. 일상적 고리야쿠(御利益)[177]는 친밀감 있는 마을 씨족신들로부터 얻었으며 이에 대하여 전국의 신은 분노를 표현하는 일이 많고 게으름에 대하여 엄벌을 내리는 무서운 점을 가진 존재였다.

풍작을 바라면서 흉작을 피하기 위한 기도가 촌락의 일상생활 속에 존재하였으며 굶어 죽으면 그 공양을 위해서 불상이 축조되었다. 벼에 악령이 붙어서 충해를 일으키지 않도록 벌레 잡기(虫送り)가 거행되었다. 홍수(水難)·화재(火難)·전염병(病難)을 피하고 재앙의 희생자를 공양하기 위해 당사(堂社)가 건축되었으며 지장·약사·관음보살이 기도의 대상이 되었다. 들판에 부처를 안치하는 습관은 근세시대 동안

---

177 (역주) 신의 도움.

계속되어 단절되지 않았다. 몇몇 알려진 농민 일기 중에는 실제로 신앙과 관련된 기사가 매우 많다(『源藏 · 郡藏日記』 외). 관혼상제 · 생산 · 생활의 모든 국면에서 제재초복(除災招福) 기도가 계속되고 있었음을 생각하면 신의(神意)는 사람들 일상의 작법(作法)과 마음속 구석구석에 이르기까지 위력을 떨치고 있었으며 기쇼문(起請文)이 기쇼(起請)의 질적 변화가 전개되었다고는 하지만 단순한 종이 조각으로 전락되었다고는 잘라 말할 수 없다.

이러한 깊은 신심은 농민뿐만이 아니었다. 대장간 장인들이 가네코야 카미(金屋子神)[178]를 믿었던 것처럼, 상업에도 어업에도 수공업에도 인간활동 거의 모든 부문에 걸쳐서 그 생업 · 기능과 연결된 독자적 수호신이 있었다. 법도의 시대에 대응한다고 강조했던 백성 잇키도 실은 일면으로는 신위(神威)의 세계가 지탱되었다. 그 결집 방법 속에도, 예를 들면 발기인 그룹의 신전 앞에서의 서약, 본당 또는 경내에서의 집회, 쇼고 메이진상(宗吾明神像)의 휴대(1859년(安政6) 伊那南山一揆) 등에서 그런 요소들을 찾아볼 수 있다. 그러나 근세시대엔 잇키 결합 방법보다도 오히려 잇키의 사후, 즉 의민(義民) 창조와 그 공양, 잇키의 기념 방식 쪽에 이 요소가 짙게 나타났다. 사형당한 리더는 성불함과 동시에 신령, 특정한 효험을 가진 이익을 가져다주는 신(利益神)이나 농업의 신이 되어 잇키 농민 자손들과 오랫동안 대대로 교감할 수 있었다. 그것은 동시에 이 시대의 신 관념이 죽을 수 있는 인간을 신으로 제사지낸다는 인신(人神)적 형식 단계에 있었다는 것도 나타내고 있다.

신의 재판보다도 법의 재판에 의하여 사건을 해결하는 것이 우세하

---

178 (역주) 철의 신.

게 되었다. 이것이 기본적 흐름이라 해도 법이 완전히 신을 대신하는 방식으로 일방적으로 진전되지 않았다. 이것은 이른바 막말 창명(創唱) 종교의 활발한 탄생·수용을 보면 납득된다. 인간의 지식을 초월한 자연의 위력은 덴포(天保) 연간의 기근, 홍수, 화재, 지진 같은 자연현상 그 자체만은 아니다. 물가급등, 물품부족, 세상의 어지러움[世情騷然] 등 예지할 수 없는 사회변동도 또 자연 위력이나 하늘의 뜻으로 수용되었다. 사람들은 다양한 유행신을 창출하였지만 그러나 죽을 수 있는 인간이 아니라 살 수 있는 인간을 숭상하는 살아 있는 신에 대한 관념으로 나아갔다는 지적은 중요하다. 법도와 신위의 대항이라는 굵은 선이 인식될 수 있는 한편, 마침 법의 관념자체가 변해갔듯이 근세시대 신에 대한 관념자체가 점차 변화했던 것이다.

그런 방향으로 신에 대한 관념적 변화의 일환을 이루는 것에 개벽잇키(世直し一揆) 참가자들이 표명했던 요나오시 다이메이진(世直し大明神) 관념이 있다. 요나오시 신 관념은 그것을 부르짖는 자가 신의 위력에 놀라거나 이익을 의뢰하거나 하는 것이 아니라 다이메이진의 대행자로 스스로 신의 별(神罰)을 받아 요나오시 계약서(契狀)를 작성한다는 주체적 힘을 사람들에게 부여한 것으로 주목된다. 거기에 신의 위력이 법도보다도 반드시 대인관계를 처리하는 방법으로 보다 오래되었다고 잘라 말할 수 없는 것은 개별적인 것과 공동적인 것과의 관계에 대해 다음과 같은 점이 보이기 때문이다. 사람들의 교류에서 가장 강하고 절대적인 개인을 밀어낸 것은 실은 신문혈판(神文血判)이었다. 즉 부자(親子)·형제 혈연보다도 상위에 놓이는 것이 신에 대한 서약(神誓)이었으며 도리어 부자(親子)·형제 같은 이중, 삼중의 공동관계로부터 가장 작은 개별적 개인을 해방시켜 새로운 결합으로 매개하는 역할을 하였다.

3) 지방의 자각

　중앙집권적 강력함이 같은 시대의 유럽 국가들과 비교할 때 그 특징이 매우 두드러졌다는 견해는 예전부터 제기되어왔으며, 최근에는 문화적 차원에서의 민족성의 형성이라는 점에서도 주목받게 되었다. 즉 그 특징으로서 응집력의 강력함·균질함을 들 수 있기 때문이다. 여기에 국가 백성이라는 성격을 가진 백성 신분의 수적 증가와 그 생활공간의 확대를 포함시킨다면 '국민'의 형성이라는 점도 들 수 있을 것이다. 이런 점에서 중세사와의 이질성은 크다. 그러나 근대사 측에서부터 본다면 할거의 정치체제, 지방 시대, 자연촌락 세계라는 근세관도 강하여 전국적 성격을 지닌 시대라고는 볼 수 없는 것처럼 생각되어지고 있다. 에조치(蝦夷地),[179] 류큐(琉球)[180] 등 독자적 풍속을 지녔던 이역(異域)사회를 내부로 끌어들여 '세이다이쇼군(征夷大將軍)'직을 정점에 두고, 중국 책봉체제 외부에서 성장했던 소(미니추어) 중화국가가 막번체제였다라는 이해 위에서 해금체제(海禁體制: 鎖國)의 외곽에서 존재한 평화로운 단일민족 사회라는 발상에 빠지는 것은 경계해야 할 것이다. 하지만 그 점을 인식하고 있다면 중앙집권성이라는 견해도 성립할 수 있다고 필자도 생각한다.

　중앙집권적이라고 해도 전국적 요소가 지방적 요소를 일직선으로 내몰아버렸다란 견해에 선다면 설명하기 어려운 점이 여러 가지 보인다. 전국적인 것이 발전하면 그에 비례하듯이 지방적인 것도 성장한다는 것이다. 또 지방적인 것이 전국적인 것의 후방이 되어 점차 비중이

---

179 (역주) 현 북해도를 말한다.
180 (역주) 현 오키나와를 말한다.

증가하는 것도 있다. 그런 의미에서는 중세에서부터 바라본 미래인 근세를 보는 시야와 메이지 시대 이후에서 돌아다보는 과거인 근세에 대한 인상은 동일하지 않다.

근세 국가의식에 대해 그 질을 논의하기 시작하면 난해한 일이 많지만 보급 확대라는 점에서만 말한다면 '일본국'이란 표현은 이른 시기부터 널리 사용되었다(1613년(慶長18) 그리스도교 금령 외). 통일권력자나 지식인이 대외관계를 의식하고 있었음은 당연하며, 또 전국적 지배 신분으로 상승한 무사가 지배영역뿐만이 아니라 일본의 통합을 알고 있었음도 의심할 여지가 없다. 폐쇄적 생활공간에 살고 있다고 되어 있던 백성들도 농서 등을 보면 이미 17세기에 '일본국'이란 표현이 나타난다(『百姓傳記』 등).

당시, '쿠니(國)'라는 말은 분국(分國)이라는 이미지가 강하였으며 '국가'라는 말은 다이묘 지배 영역을 가리키는 곳도 있었다. '국익'은 근세 후기 번(藩)정책의 공통목표 같은 위치를 차지하는데 이것은 다른 나라[異國]와 대비해보면 일본 전체를 위해 사용된 것이 아니라, 번(藩)의 이익과 같은 뜻이었다. 그러나 그렇다 해도 근세시대 제반 신분들이 일본 전국이란 인식을 결여하고 있었다는 것은 아니다. 중국뿐만이 아니라 아시아 여러 국가들을 다른 조정(異朝)이라 하고 일본국을 본조(本朝)·본방(本邦)이라 파악하는 방법은 옛날부터 있었다. 불교를 매개로 한 천축(天竺)·당(唐)·본조(本朝)라는 삼국적 세계관도 확대되었다. '천하'라는 말도 그 경계 인식이 명확하지 않는 구석이 있는데, 60여 주 방방곡곡(六十余州 津津浦浦)이란 말과 거의 같은 의미이며 전국에 대한 인식 표현임에는 틀림없다. 국가가 일본 전토에 대응하는 개념으로서 사용되는 일도 있었다.

16세기 중엽 이후, 유럽과의 접촉이 시작되어 그리스도교가 보급되자 그리스도교 국가와 신의 나라(神國)·부처의 나라(佛國)의 대비로서 일본을 파악하려는 인식이 적어도 지배계층에는 확대되었다. 이와 같은 세계인식이 무사나 공경(公卿)만의 것이 아니었음은 예를 들면 17세기 말『農業全書』등을 펼쳐보면 알 수 있다. '중화'·'당(唐)'·'이국(異國)'과 대비된 '우리나라(我國)'·'본조(本朝)'·'천하'·'일본'·'본방' 등의 표현을 얼마든지 찾아볼 수 있다. 도시주민도 또 문예·연극 등을 통하여 본조(本朝)·화조(和朝)라는 인식을 할 기회가 있었다.

『農業全書』가 '기나이의 여러 쿠니(畿內 諸國)'·'우리나라의 여러 쿠니(本邦 諸國)'이라 기록하며 농업생산을 설명하였듯이 중층적 국가의식이었다는 것도 인정해야만 할 것이다. 중요한 것은 일본국 의식만이 있었던 것이 아니고 또 향토의식만이 존재했던 것도 아니며 중첩하고 있다는 점이다. 그러한 국가의식 레벨에서가 아니라 밑으로부터의 민족의식 형성이 광역시장·광역투쟁을 통하여 전개되었다는 의견도 있지만 이 경우에도 주의를 요하는 것은 전국적 교류·인식의 전개와 더불어 오히려 지방(地方)이 자각되기 시작하게 되었다는 점이다. 특산물·유명한 상품[銘柄品]이라고 하는 특정한 곳에서부터 송출하는 물품이 생겨나게 되자, 생산자 측도 소비자 측도 매매를 매개로 그 지방을 특별한 눈으로 보게 되었다. 신앙적 참배여행이 확대되면서 주요 도로 연변이나 목적지에 명소·명물이 탄생하여 그 토지의 지명도를 높이게 되었다. 다양한 종류의 명소 지도는 전국인식과 지방인식 양쪽 모두의 심화를 가져왔다. 중앙에도 특정한 제례가 행해지게 되는데 각 지방에서도 단순한 수호신(우지가미) 축제가 아닌 다양한 축제·행사가 탄생하고 민요가 성립하여 점차 널리 알려짐으로서 그 지방을 찾게 만들었다. 사람도 또 중앙 인물뿐만이 아니라 지방에 거주하면서도 실적을 쌓는 자들이 나타났다. 이리하여 지방은 전국적 성격의 전개 속에 더욱더 자각되어 '향토'가 타 지역에서 온 자로부터 주목된 것이 아니라 향토에 대한 자부심을 동반하면서 성립한 것이다.

이때 그런 지방은 아마도 초기부터의 지배영역 그대로는 아니었을 것이다. 지역과 영역의 괴리현상이 동시에 전개되었다. 이른바 광역투쟁 기반이 될 지역사회의 탄생이었다. 근대사적 측면에서 바라본다면 발전사적 사고에 막혀서 아무래도 지방의 시대로만 보이던 근세사회가 이렇게 하여 19세기 이후 현저한 변동을 겪게 된다는 양상이다. 이렇게 지역성이 강해지면 인간유형이란 점에서 보아도 그 지역향촌 사람 같은 형태가 만들어지는 경우가 있다. 결코 폐쇄적이기 때문에 형성되는 것은 아니었다. 그와 반대로 다른 지역과의 교류가 그런 형태를 만들어주었다. 이른바 문화적 기반에 밀려 '일본인'화 되면서 '향토인'화되어가는 과정이기도 하였다.

전국과 지방이 중층화되어가는 것이 명확해지는 과정 중에서 3도(三都)[181] 및 죠카마치(城下町)를 중심으로 한 도시 견인력도 컸다. 장기간·원거리의 참배·순례의 여정에서, 도시는 신앙대상과는 다른 행락·지적 흥미의 대상지역이 되었다. 각 지역 농민의 일기에는 도시의 예능 극단(一座)의 순회방문들을 기록하고 있는데 이러한 예능활동도 또한 중앙·고차원 기술의 지방전파라는 결과를 낳았다. 다른 생산기술도 마찬가지였다. 그리고 단지 지방이 중앙으로 순종[隨順]하는 것이 아니라 지방의 자립도를 유지시키는 것이 되었다. 물론 이 자립은 강하게 연결되었다는 의미에서 단순한 독립은 아니었다. 고립은 더 이상 허락될 수 없었다.

근세일본은 중앙과 지방뿐 아니라 동·서의 2대 중심을 가진 사회

---

181 (역주) 에도·교토·오사카를 뜻한다.

였다. 그 때문에 전국·향토, 중앙·지방이라는 것을 생각할 때엔 또 하나 무시할 수 없는 점이 근세일본의 동과 서의 구별이다. 금의 사용과 은의 사용, 서국(西國) 다이묘와 동국(東國) 다이묘, 막부의 동국정책과 서국정책 등, 역시 근세에 있어서도 동과 서의 상대적 독자성이 지속된 것은 틀림없었다. 그 역사적 경위는 매우 장기간에 걸쳐 있으며 촌락·도시의 인간관계, 농경법, 민속차원에까지 깊이 파고 내려가지 않으면 그 근거는 명확히 될 수 없지만 이것도 단지 자연적인 조건의 연장이라고 생각하면 안 된다. 근세사회 속에서 동·서의 구별을 두드러지게 한 조건이 된 것은 교토·오사카·에도라는 세 도시의 배치였다고 생각된다. 특히 오사카의 존재는 전국경제를 에도로 일원화시킬 수 없는 조건이 되었으며 에도의 번영은 가미가타(上方: 교토)에 대한 또 하나의 문화발달 전개축을 탄생시켰다. 전국화와 지방화, 서국과 동국의 독자성이라는 것을 조건 지우는 위에서 도시 기능이 커다란 의미를 가졌다고 생각되지만 중세는 농촌의 시대, 근세는 도시의 시대라고 대비시킬 수 있을 정도로 근세 도시가 성숙하였을 때, 도시는 수많은 몰락자를 지방으로부터 흡수하면서 지방에 대한 우월한 생활감정을 키웠다.

에도를 대표하여 근세도시에는 시골을 조롱하는 입에 담지 못할 말들이 발달하고 있었다. 그것은 빈부와는 일단 별개의 문화적 우위 의식이라 말해도 좋겠지만, 시골사람의 무지·무신경을 야유하고 비웃는 감각을 길러나갔을 때, 역설적으로 말하면 도시가 독자적 존재가 되었다고 말해도 좋을 정도였다. 그런데 그때 바로 어느 어느 지방이라고 지칭하는 것이 아닌 시골세계가 도시 세계와 대비되어 형성되었음을 말할 수 있는 것으로, 세련됨·풍(スイ)이 도시적 변두리나 도시 한 구석 유락지(惡所)에서 세련되어갈 때 농사꾼(시골뜨기), 타코헤이 촌

뜨기(野暮天)들도 또한 그들에게 어울리는 시골 문화인을 내세워 자신들의 소망하는 작품, 예술을 탄생시켰다고 말할 수 있다. '자이(在)'라는 말은 이것을 사용하는 본인의 자각은 없었다 하더라도 단지 도시·촌락 구별적 의미가 아니라 생활과 인간의 전체를 아우를 수 있는 특징을 부여하기 위해 사용되었던 것 같다.

동과 서, 전국과 지방을 생각하는 데에는 단어도 간과할 수 없다. 근세사 사료를 읽기 쉽게 하고있는 이유의 하나는 어느 지방의 문서라 해도 거의 공통된 문자로 기록되어 있다는 것이다. 공식 문서라면, 규슈(九州) 백성이 동북 지역 백성 기록을 판독·이해하는 데 조금도 곤란을 느끼지 않았다. "삼가 두려운 마음으로"라든가 "없습니다"라는 식의 공식문서 표현은 어디에서라도 공통으로 사용되었다. 당초부터 모든 개인은 아니었지만, 모든 촌락(村)에 읽고 쓰는 능력이 획득되어 있지 않으면 병농분리제도하에서의 지배는 절대적으로 불가능했을 터이다. 무라야쿠닌(村役人)의 기능은 연공(年貢) 징세인이었지만 영주 측은 켄치(檢地)·나요세쵸(名寄帳) 등의 장부관리도 위탁했던 것이다. 근세사회에서 몸에 익히게 했던 문자 서식·용어법은 사회의 전국 일치성을 여실히 말하고 있다. 그러나 생활자가 실제로 사용하는 말은 문서상 용어와는 크게 달랐다. 각 지역에서 사용되는 단어의 차이는 동북 지역 백성과 규슈 백성이 만나면 의사소통이 불가능할 정도였다. 신분·계층 상하에 따른 단어의 차이, 남녀노소에 의한 단어의 차이도 컸다. 게다가 토대를 부여하는 것으로서 지역에 따른 단어의 차이가 있었다.

어떤 지방의 구어체를 바깥으로부터의 정치적 개입을 막기 위한 강제였다고 하는 설명은 무리가 있지만 공통 공문서 언어와 지역생활 언어의 뚜렷한 이중성이 있으며 그것을 지속하고 있다는 것은 의심할 바

없다. 실제로는 농촌사 연구를 한다고 해서 지역 언어를 잘 안다는 것은 아니다. 무라가타(村方: 농촌지역)의 공문서, 경영이나 증서 등의 사문서도 모두 공통언어로서 기록되어 있기 때문이다. 각 지역 언어는 기행문이나 여행을 취급한 문예작품 등에 반영되어 있으나 향촌사회에 잔존한 사료 중에도 매우 드물게 나타나는 일이 있다. 잇키 발기인에 대한 조사 시에 상세하게 주고받은 조사 기록(「弘化三年(1864) 美濃國多良九ケ村一揆史料」 등)이나 잇키 두목의 자필 유서 속에는 어떻게든 그 지역의 언어 표현이 발견되는 일이 있다. 막부 말기의 난부번(南部藩) 잇키에 참가한 백성(百姓) 묘스케(命助)가 가족에게 보낸 '옥중기(獄中記)'는 지금은 널리 알려지게 되었으나 노모나 처, 자식들에게 읽히려 했던 목적도 있어 그 지역의 표현이 풍부하게 사용되고 있다.

그 지역의 독특한 언어는 지역문화의 중요한 내용을 이루는 정도이지만 전국과 지방, 동과 서라는 관심에서 본다면 그 차이가 의사소통이 결정적으로 방해받는다는 정도는 아니었다. 도호쿠 백성 묘스케(命助)는 도카이도(東海道) 연변을 여행하여 필요차 교토에도 가게 되었는데, 묘스케의 방언이 그것을 방해하거나 그 기분을 둔화시키거나 하는 것은 아니었다. 이미 이중적 표현법을 몸에 지니고 있었다는 것이 근세 인간들이었다고 말해야만 할 것이다.

4) 난관의 타개

일상생활과 비일상적 상황의 잇키나 소동 관계를 어떻게 설명할 것인가 하는 문제는 여태까지도 또 차후에도 반복하여 질문하여야할 테마 중의 하나이다. 어떤 견해에 따르면 일상생활 경험이 잇키나 소동의 가교가 될 요소들을 많이 축적하고 있었다고 강조한다. 또 다른 어떤 견해에 의하면 강한 억압과 부자유가 일상을 반전·비약시켜 완전히 이질적인 비일상적 상황을 노출시켰다고 지적하고 있다. 또 행동 양식에 대해서도 회합이나 소송사건 경험을 잇키 요인으로서 중시하는 견해가 있다면 축제 등 공식행사 경험 등을 농민운동 고양(高揚)요인으로서 중시하는 견해도 있다.

연표나 잇키 관련 사료집 작성이 근세사 연구에서는 대사업일 정도로 제반 신분 간 투쟁이 큰 비중을 차지함이 분명한 이상, 또 일상생활과 투쟁이라는 상황이 이질적인 두 개의 국면이라는 사실도 분명하다고 하는 한, 다수 생활자의 역사적 체험을 이해하기 위해서도 그들에게 일상적 거주상황과 투쟁상황이 어떤 회로로 연결되었는가에 대해 해명하는 노력을 거듭해야만 할 것이다. 이때 요구와 투쟁이란 식으로 틀을 만들어버릴 것이 아니라 일상생활의 순환방법과 변동관계, 그리고 그 변동에 대한 대처 방법 즉 다시 말하면 난관 타개법이 무엇이었는가에 대해 생각하는 식으로 사고를 전개해야만 될 것이다.

백성의 입장에서 본다면 그들에게 무엇보다도 가장 중요했던 것은 가업, 가산(家産), 가내평안[家內息災]을 포함한 경영의 전체적 지속, 즉 '백성성립'이었다. 물론 그 필요불가결한 외부적 조건에 촌락 '성립'이 있다. 그리고 이 경영의 지속과 함께 가족노동을 토대로 하면서도 부귀롭게 사는 것을 행복 목표로서 삼고 있었다. 이것은 살고 있는 촌락 내에서의 경작활동을 무사히 지속('상속')한다는 것과 동일하나 생로병사·추위와 더위·풍작과 흉작·제례·금기 등은 이 무사한 생활 속에 존재하였다. 깨끗함, 혹은 최근에는 깨끗함–더러움이라고도 말해지는 일상–비일상, 상승–하강의 왕복은 여기서 거론하고 있는 일상–변동의 대비로서 말한다면 변동 쪽이라기보다는 오히려 일상 내부에서의 율동 내지는 순환인 것처럼 생각된다.

상주(常住) 내용의 생산·생활 중에서 생산측면에서는 가족 노동이 개별노동을 중심으로 이웃(隣緣)·친척(類緣)·촌락 전체, 더 나아가 야산·용수의 공동이용 등처럼 하나의 촌락범주를 초월하여 촌락들 간 공동노동 협조에 의하여 성립되고 있다. 생활측면에서도 의식주 및 육아활동도 역시 개인별 가호와 촌락의 연합으로 시행되었다. 생산과 생활, 즉 노동과 가사는 명확히 선을 긋지 않고 많은 부분에서 함께 서로 관련되어 있었기 때문이다. 촌락주민의 가장 공적 정치생활은 정식 백성 신분을 지닌 가장과 촌장 이하의 무라야쿠닌(村役人)으로서 구성된 회합을 통해서 행해졌다. 전체 마을 행사나 농휴일이 규정되어 영주에 대한 보고·답변·상납·출원 등이 이 회합에서 논의되었다. 촌락들 중에는 영주 측에서부터 본다면 사적이고, 그러나 주민 측에서 본다면 공적인 몇몇 집단(청년회·여인회·계모임 등)이 존재하여, 촌락과 가족 중간의 조직활동을 행하였다. 이 이외에 약간의 마을 연중행사, 가호와 개인 생활레벨에서의 각 통과의례 등이 추가되었다. 이른바 경사스러운 날이다. 옷과 음식을 정결히 준비하고 집도 청소하여 깨끗이 정리했다. 신과 인간이 만나며 죽은 자와 산자가 만나는 날이었다. 가옥개축 및 긴 순례·참배 여행도 여기에 추가되어도 좋을 것이다.

이와 같이 찾아오는 경사스러운 상황을 비일상이라 부르고 생산·가사·육아 쪽을 일상으로 하여 서로 대립하는 것으로 이분하는 사고방식이 성립할 수 없는 것은 아니지만 이 사고방식이 빠지기 쉬운 약점을 간과해서는 안 될 것이다. 그것은 위의 두 가지를 완전히 별종적인 사항으로 구분해버려, 양자가 서로 교착·혼합하여 구성해내는 일상적 실제상에 대한 관심이 결여되어 있다. 전답 일구기(耕起) 작업에서부터 수확에 이르기까지의 작물 재배과정은 사계절 전환과 동반하여 그 자체 내에 짧고 긴 시간, 이완적 시간, 농밀한 시간을 함께 하며 그 자연적 성격이 강하면 경작 재배자의 긴장 · 불안 · 감정의 집중, 희로애락의 감정적 변동을 일으킨다. 일상이라 말하면 단조롭고 목가적인 반복일 뿐이라고 말해버릴 수가 없는 격심한 기분의 격차가 나날의 노동 · 생활 속에 이미 포함되어 있다. 연중행사와 생산노동은 그것이 행해지는 시간상에서도 서로 혼합되어 있었다. 농휴일은 촌락 회합에서 결정되는 것이지만 그 대부분은 신사 · 불사를 하는 기회이다. 화전(火田)의 생산노동 개시의 경우, 신을 진정시키는 행사를 하며 벼의 생육과정 중에도 약간의 신사(神事)가 동반된다. 의복을 청결하게 하는 것이 아니라 특정 농작업 자체가 봉납적 의미를 가지는 일이 있다. 스모(相撲) · 축제의 연극(地芝居) · 축제의 춤(地踊り), 마을 순회 예능단(一座)을 초대하여 관람하는 인형극(操人形), 가부키, 교겐(狂言)[182] 등의 흥업은 봉납신사로서의 기본 성격을 지속시키면서도 신과 사람이 함께 더불어 먹고 기뻐하는 장소로서 점차 오락적 성격을 강화해갔다. 생노병(生老病) · 관혼상(冠婚葬) 등 같은 개인적인 기념일(節日)이나, 춘추 경작과 관련된 풍년기원, 재화초복(除災招福) 등의 기도는 일상생활 영위와는 다른 의미를 부여하면서도 일상과 교류하고 일상적 테두리 안에서 순환하였다.

고양(高揚) · 충동(衝動) · 기쁨[愉悅]을 동반하며 일탈적 위력이 일상 속에서 나약해진 힘을 재생시키는 것이 바로 축제인데, 동시에 일상 속에서 애매해져버린 상하 격식 · 분별(分際) 등이 신 앞에서 재차 확인되는 것도 축제 자리였다. 축제는 질서를 뒤흔들고 일상적 가치를 역전시키지만 동시에 질서를 회복시킨다는 이중성을 가지고─일상도 또

---

182 (역주) 일본 전통 예능의 하나로 能樂 막간에 상연하는 대사중심의 희극.

질서를 보수하지만 동시에 질서를 풍화시키는-있음을 간과할 수 없다. 그런 의미에서 일상·비일상의 순환자체를 위협하는 것처럼 보이는 이상한 사건-사태 급변-이 생활자를 습격할 때가 있다. 즉 누구나 흔히 걸리지 않는 전염병을 비롯하여 나이들어 죽는 것이 아닌 사고사·자살·살인, 대화재·대지진·대홍수, 평상시 수준을 초월한 대한해·대수해·대충해, 또 흉작·기근에 의하여 일상적 가격변동 범위를 초월한 물가 등귀, 보릿고개[端境期]에 의한 식량감소가 아닌 주곡의 부족, 발각된 나누시(名主)의 부정, 지위[役威]·유서(由緒)를 이용한 횡포, 재력을 믿고 자기 마음대로 행동하는 오만방자함, 주변 마을의 억지, 신법에 의한 갑작스러운 영주에 의한 부담증대 및 유통관행의 파괴 등등의 예이다. 이러한 것들은 생활자 입장면에서는 일상의 난제들에 대한 대처보다 훨씬 어려운 난관이었다. 이런 복잡다단한 상황들에 대해서 그들은 어떤 방법으로 타개하려 했던 것이었을까.

필자의 견해로는 크게 세 가지 큰 방침에 따라 행해졌던 것 같다. 그 중에서 하나만을 이용하는 것도 있고 세 가지 다 구사하는 것도 있었다. 그것은 변동 즉 난관의 성질과 규모에 따랐다. 그리고 이 세 가지 모두 원리적으로는 똑같은 것이 일상생활 속에서도 사용되었다. 즉 첫 번째는 재앙을 쫓고 복을 부르는(除災招福) 부처의 은혜를 비는 고리야쿠(ご利益) 기도이고 두 번째는 반칙자에 대한 공동체 규제 발동으로서의 제재이며 세 번째는 영주 권력에 의한 해결을 요구하는 소송이다.

한발이 계속되면 비를 내려주기를 기원하는 기도가 계획되는데 만약 효험이 없다면 점차로 멀리 떨어진 위력이 센 신에게 소원을 빌었으며 점점 규모도 커지고 따라서 농휴일이 증가하여 경비도 많이 들게 되었다. 자연현상에서도 사회현상에서도 재앙을 쫓는 기도는 고통을 타개하는 방법으로서 현실적 의미를 가지고 있었다. 평생소원을 거는 것과는 상이한, 난관에 대처하는 기원 방법이 있었던 것이다.

촌락 내에서 어떤 누군가의 사욕 때문에 발생한 자의·횡포·억지에 대해 촌민들은 자기들 힘으로 제재를 가했다. 그 가장 격렬한 형태가 파괴행위(打毀し)였다. 파괴행위란 원리적으로 일상 공동체적 규제에 깊은 관련을 가지고 있지만 통상 사용되는 것은 아니었다. 살고 있는 마을 멤버들에 대해서가 아니라, 다른 마을이나 도시 사람, 때로는 이웃 마을로 향해졌다. 산 이용에 대해서 출입하는 다른 마을사람들의 도구를 압수해버리는 것도 이와 연결되는 제재였다. 파괴행위는 근세시대 속에서 봉쇄되었던 가장 직접적이고 집단적인 징벌행위의 순간적 부활이다. 이 비일상적 행위 속에서 생활자의 억압되었던 마음들이 가장 잘 해방되었다. 이는 단순한 충동·폭력이 아니라 쳐부수는 대상의 죄의 경중을 물었으며, 절도 및 방화금지, 폭력을 당할 대상자와 거래하던 리더 가옥도 쳐부수고 만다는 금욕·규율적 측면도 포함하여 스스로 역전된 상황을 만들어낸다는 자부심이 우울함을 해방시켰다. 소송에 의한 상황타개가 세 번째 방법이다. 다만 법에 순응하는 방식에 따랐던 것은 아니었다. 원리가 연결되어 있으나 발현하는 형태는 위법적—무리 짓는 성질에 기초한 세력을 가지지 못한 자들(無筋)의—소수에 의한 직소 내지는 다수의 고소(强訴)[183]였다. 소송 형식을 취하기는 하지만, 실제로는 담당자를 통하여 자력으로서 교섭을 진전시키고, 해결증서(스미구치쇼몬: 濟口証文)를 만들어 내밀한 처리(內濟—示談解決)로 끌어가는 촌락 내, 촌락 간 분쟁도 일상 범주를 뛰어넘은 난관 해결법이었다

기나긴 근세시대 동안 이러한 사회변동은 국지적으로 종종 찾아왔

---

183 (역주) 일정한 절차를 밟지 않고 떼 지어서 위정자에게 실력으로 호소하던 일을 말한다.

지만 때로는 서국(西國) 일대와 동북 지역 일대처럼 넓은 범위에 걸쳐서 공통적 난관을 체험하는 곳도 있었다. 그것이 가장 넓고 전국적으로 공통적 고통상황에 직면한 것이 막번체제 해체기 또는 변혁기라고 불리는 막부말기이다. 세 가지 타개방법 중에서 어떤 방법이 우선했던가를 시기별로 판명하기는 어렵지만 점차 소송 방법이 중요시되었다고는 말할 수 없다. 점차로 후기에서 말기의 운동이 격동적이고도 소요적인 성격을 강화하게 된 것은 자율적 제재 방식이 더욱 성행하게 되었기 때문이다. 이와 같이 상주(常住) 세계가 시도했던 난관상황 타개에 대한 회로는 세 가지였다. 그중 두 가지는 우리들이 투쟁상황이라 부를 수 있는 회로였다. 다만 잇키에도, 파괴행위에도 기원·서약적 요소는 결합되어 있다. 이것들은 상주 세계 속에 뿌리를 내린 방식의 확대·팽창이란 의미에서는 일상과 비일상이 중첩되어 있었다. 그러나 평상시의 소송과 위법적인 고소(强訴), 평상시의 촌락규정 위반에 대한 규제와 거주촌락 범주를 훨씬 초월한 공동체 외부인에 대한 파괴적 징벌 간에는 이질성 및 비약이 있었다는 의미에서 일상과 비일상은 대립 관계에 있었다.

근세민중의 투쟁은 무라가타 소동(村方騷動)에서도 백성 잇키에서도 일단 일어난 운동은 악정·부정 당사자의 직무 파면까지 가는 성격을 띠고 있었다. 잇키나 지키소(直訴)[184]적 성질을 가진 것에서부터 탈피하여 공적 상소(公儀上訴) 논리를 가진 것이 중시되었으나 세세한 내용을 담은 다수 조항으로 된 근세 백성들 요구의 경우, 결국 무라야쿠닌(村役人)일 경우엔 돌아오지 못하거나 교체되었고, 번(藩)의 관리인 경우엔 파면·처벌 방향으로 전개되었다. 여태까지는 이런 것을 주로

---

184 (역주) 재판 과정을 거치지 않고 직접 나서서 호소하는 일을 말한다.

요구하는 것을 쇼야 불귀 투쟁(庄屋不歸依鬪爭)이라고 불렀다. 또 악한 다이칸(代官)·부교(奉行)·가로(家老)의 파면, 간혹 영주(藩主) 교체까지도 요구했던 잇키나 사악한 신하의 신병인도 요구는 특히 정치적 성격이 강한 것으로서 주목되고 있는데 무릇 피치자 측에서는 악정(신법)·부정한 당사자 교체야말로 개혁이라고 널리 생각되어 온 증거가 많은 불귀 투쟁이나 파면요구였던 것은 아닐까. 정치가 통치자의 인격에 많은 것을 걸었던 사회에서는 사악한 관리를 배제하는 것이야말로 중요하였다. 잇키나 소동에서는 피치자 측이 거의 정치를 행하는 측으로 이행하는 것처럼 등장하여 악의 명시와 배제를 행했다. 이때 백성은 자기 자신들도 또 공적 백성[御百姓] 신분을 포기할 용의가 있음을 명시했다. 근세농민에게 걸식·히닌(非人)의 처지는 실은 매우 가까웠으며, 그러한 불안이 백성의 윤리적 긴장을 야기하는 것으로도 되었다(『百姓傳記』). 실제로 근세에 '달리다(走)'·'후토(不斗(風与)出)'·'출분(出奔)'·'결락(欠落)' 등의 용어들이 많이 등장하는 것을 보노라면 가산 소지라 해도 언제 붕괴할지 모르는 위험성은 우리들 상상 이상의 것이었을 것이다. 잇키에 이르는 상황은 영주 측이 '백성성립'을 파괴하는 자로서 출현한다고 인식되었기 때문으로 '백성성립'을 깊이 의구하면서 백성 신분과 그에 연결된 공법적 백성소유지의 반환을 제기하고 나선 백성 잇키도 있었던 것이다(1727년(享保14) 奧州大森川俣代官所一揆 등).

백성이 걸식을 나서는 것은 흉작·기근 시에 종종 보이며 기근 시에 먹을 것을 구하며 배회하는 백성은 히닌(非人)이라고 불렸다. 잇키 시에도 히닌 형태로서 음식 구걸행위를 동반한 자가 있었다. 함성을 올리며 절의 종을 치며 '히닌'이라고 부르짖으면서 잇키 세력을 집합시키고자 하는 자도 있었다(慶応二~三-〈一八六六~七〉年津山藩改政一揆).

'히닌 소동(非人騷動)'이라 불리던 잇키도 있었다(元文四⟨一七三九⟩年作 州非人騷動). 이때 백성들은 작대기와 봉을 들고 낡은 도롱이(古蓑)·갓(古笠)·(菰)·짚가마니(荷俵)·돗자리(上敷) 등을 걸치고 히닌 차림 (非人 裝束)이 되어—도롱이·갓·장속은 백성 차림이고 잇키도 일반적 으로 이런 차림이었으나 찢어진 도롱이·갓은 히닌 차림이었다—모든 것을 상실하여 아무것도 소유하지 못한 자의 모습으로 시위하였다. 모 순되는 것 같지만 무소유를 원점으로 하여 소생산자·소소유자로서의 부활·재생을 지향하였다. 그 부활이 각 개별자에게 달성되면 그만이 아니었음은 에도막부 말기의 요나오시(世直し: 세상개벽)이라는 표현 속 에도 나타나 있다. 요나오리(세상이 바로 잡히다)와 요나오시(세상을 바로잡 음)를 구별하는 견해도 있지만 필자는 언어의 표현적 차이에는 그다지 무게를 두지 않는다. 보다 주목해야만 할 것은 우선 첫째, 개개 가호 를 바로잡는 것이 아니라 한꺼번에 '세상'(세계전체)을 '바로잡는다'(혁명 한다)는 것이 요구되고 있다는 것이다. 개별자로서의 재건은 세계전체 의 재건 속에서 실현되었다. 그것은 마치 같은 시기의 민중창도(民衆創 唱) 종교가 세계구제를 선행시키는 것에 의해서 결과적으로 개인 구제 를 실현하고자 한 것과 연결되어 있었다. 여기서도 개별적·공동적인 것의 상호 보완 관계는 앞에서 언급했던 토지를 둘러싼 그것과 동일하 다. 시대의 최종장면에서 분출되었던 이와 같은 양상은, 근세사회의 전체적 성질로 이어지는 것으로 이해되어야만 할 것이다.

나가며

지금까지의 연구에서는 모순적 요소를 가진 것에 대해서는 오래된 것과 새로운 것의 관계로 나누어 설명하였으나, 그래도 기본적 · 본질적이라는 말로써 설명하는 것이 일반적이었다. 그런 태도는 사물에 대한 명석한 인식이라는 점에서는 공적이 크지만 전체를 과부족 없이 인식하는 방법으로서는 약점을 지니고 있다. 현재 필요한 것은 그러한 이분법적 분할을 할 수 없는 역사적 파악인 것처럼 생각된다. 전함 야마토(戰艦大和)와 살아 있는 인간신(現人神)이 동거하는 근대일본을 경유해온 역사적 사실(史實)도 우리들에게 그것을 요구하고 있으며 전면적 억압 · 해방을 서로 맞대면하는 것만으로는 현재 상황을 살아가는 역사의식으로서 부족하지 않을까 하는 걱정도 있다. 전후 일반에서 뿐 아니라 고도성장 이후의 현대에선 상주(常住) 속의 억압(관리)과 자유(탈관리)의 조합 방향, 그 겉과 안(表裏)의 틈새로부터 자유가 확대될 회로를 발견하는 것이 특히 추구되고 있는 것처럼 생각된다. 이것은 바로 소위 현대 일본인들의 역사인식 방법에 대한 요청이라고 말할 수도 있지 않을까.

이 책은 필자 자신이 여태까지 공식적으로 발표해왔던 잇키사·개인사·농업사·국가사 등과 관련된 논점들을 써 내려갈 의도였으나 실제로는 이미 발표했던 몇 개 원고들을 바탕으로 하고 있다. 이 책의 목차와 대조하면, 〈Ⅰ장 근세 백성의 위치〉의 「1. 부담과 구제(「取立てとお救い−年貢·諸役と夫食·種貸−」山口啓二他編『日本の社会史第四巻負担と贈与』岩波書店, 1986년)」, 「2. 토지와의 관계(「百姓」『一九八〇年歷史学研究会大会報告別冊特集号』青木書店, 1980년)」, 「3. 촌락과 가족(「家族と共同体」『歷史評論−八六年度大会特集·歷史における家族と共同体』441號, 1987년 1월)」, 〈Ⅱ장 근세 백성의 실태〉의 「1. 백성의 인격(「近世的百姓人格−『百姓伝記』にあらわれた−」『早稲田大学文学研究科紀要』第26輯, 1980년)」, 「2. 농경과 겸업 (「江戸時代の兼業農業−『兼業農業観の転換を』−」『現代農業』1979년 2월)」, 「3. 상업적 농업의 기술(「商業的農業と生産技術」永原慶二他編『講座·日本技術の社会史1農業·農産·加工』日本評論社, 1983년)」, 〈Ⅲ장 근세의 시대적 위상〉의 「1. 근세사회의 형질(「日本近世の相剋と重層」『思想』726號, 1984년)」 등이다. 그 각각의 원고에 대해서 가필·삭제·정정·교체를 행하였으므로 논점에는 그다지 차이가 없으나 서술내용은 대폭 변화되었음을 미리 알려두고자 한다.

본서는 필자에게 있어서는 본인 나름대로 축적해왔던 막번체제 인식의 정수(精髓)라고 말해도 좋겠지만 이러한 형태로서 정리할 수 있게 되었음은 오로지 하나와 출판사[塙書房]의 호의 덕택이었다. 다시 한 번 깊이 감사드리는 바이다.

1992년 10월

후카야 가쓰미(深谷克己)

이 책은 후카야 가쓰미(深谷克己)의 『百姓成立』(塙書房, 1993)을 번역한 것이다. 후카야 선생은 일본근세사를 전공하여 많은 저작을 남겼으며, 최근에는 그의 저작집, 『深谷克己近世史論集』(전6권, 校倉書房, 2009-2010)이 간행된 바 있다. 그 이후에도 『東アジア法文明圏の中の日本史』(岩波書店, 2012), 『民間社会の天と神仏—江戸時代人の超越観念(日本歴史 私の最新講義)』(敬文舎, 2015)를 비롯한 여러 권의 저서를 출간하였다. 이 가운데 『東アジア法文明圏の中の日本史』(岩波書店, 2012)는 최근 한국에서 번역 소개되었다(『동아시아 법문명권 속의 일본사 : 유교핵 정치문화를 중심으로』, 한울, 2016).

후카야 선생은 특히 근세 민중(운동)사에 깊은 관심을 가지고 연구해 왔으며, 일본 근세 민중운동사 연구를 대표하는 연구자이다. 그가 수행해온 민중사 연구의 특징은 무엇보다 민중사를 근세사 전체성이나 정치사, 정치사상 내지 정치문화라는 맥락 속에서 고민해 왔다는 점이다.

필자가 후카야 선생과 인연을 맺게 된 것은 1991년이다. 한국 중국 등 동아시아 다른 나라의 역사 연구자들과의 활발한 교류를 계획하던 후카야 선생은 1991년 〈アジア民衆史研究会〉를 조직하고 그 대표를 맡아 일본 학계의 민중운동사 연구자들과 함께 한국을 방문한 바 있다. 그때 박사과정에 다니며 '동학농민전쟁'에 대한 관심을 가지

고 있던 필자가 한국 측 실무를 맡게 되면서 후카야 선생을 처음 만났던 것이다. 이후 정기적인 교류가 이어지면서 지속적으로 접할 기회를 가질 수 있었고, 민중사 연구에 관해서만 아니라, 역사연구자로서 가져야 할 많은 점들을 배우고 자극받을 수 있었다. 이 책을 한국학계에 소개해야겠다는 생각도 그 과정에서 가지게 되었지만, 번역 작업이 매우 늦어지고 말았다. 이 자리를 빌려 후카야 선생께 심심한 사과를 드린다.

이 책은 사실 제목부터 간단치 않다. '백성성립'이라는 말은 저자도 서문에서 밝히고 있듯이 일본 근세사회를 아래로부터 지탱하는 존재였던 '백성'들의 농업경영이 재생산 가능한 수준으로 성립되고 또 유지해나간다는 것을 의미한다. 여기에는 일본 근세의 역사적 위상에 대한 저자 특유의 생각이 반영되어 있다. 후카야 선생은 일본의 중세에서 근세로의 이행이 가지는 의미를 이전에 비해 법적·기구적 지배를 향해 나아간 데서 찾고 있다. 이는 곧 민중적인 제반 권리가 '백성'이라는 공민적 신분에 의해 '보장'되고, 백성들의 정치적·사회적 지위가 보다 안정적으로 되었음을 의미한다는 것이다.

후카야 선생이 축적해온 "막번 체제 인식의 정수"라 할 수 있는 이 책이 일본 근세 백성의 위상과 농가경영을 이해하고, 동아시아 차원에서 농민의 위상과 촌락사회를 비교사적으로 이해하는 데 도움이 되길 기대해본다.

이 책의 번역 과정에는 곡절이 많았지만, 성균관대 인문한국연구소의 지원을 받아 출간할 수 있었다. 초고 번역에 수고해주신 부경대학의 박화진 교수(일본 근세사 전공), 초고를 윤문하며 다듬어준 역사문제연구소의 김헌주, 문일웅, 소현숙, 양지혜, 이정선, 장미현 선생, 그리고 전체 원고를 수차례나 반복하며 교정해준 김경태, 김한신 선생에게도 이 자리를 빌려 감사드린다. 지지부진한 진행을 감내해준 성균관대학교 출판부 여러분들께도 감사드린다.

2017년 5월
배항섭 씀

백성성립

초판 1쇄 인쇄 2017년 5월 23일
초판 1쇄 발행 2017년 5월 31일

지은이   후카야 가쓰미
옮긴이   배항섭 · 박화진
편집인   진재교(동아시아학술원)
         성균관대학교 동아시아학술원 02)760-0781~4
펴낸이   정규상
펴낸곳   성균관대학교 출판부 02)760-1252~4
등록   1975년 5월 21일 제1975-9호
주소   03063 서울특별시 종로구 성균관로 25-2

ⓒ 2017, 성균관대학교 동아시아학술원

ISBN 979-11-5550-226-6 94910
     978-89-7986-833-3 (세트)

• 본 출판물은 2007년 정부(교육부)의 재원으로 한국연구재단의
  지원을 받아 수행된 연구임(NRF-2007-361-AL0014).